ESSAI
SUR LA
PHILOSOPHIE DE DUNS SCOT

THÈSE POUR LE DOCTORAT ÈS LETTRES

PRÉSENTÉE A LA FACULTÉ DES LETTRES DE PARIS

PAR

E. PLUZANSKI

PROFESSEUR AGRÉGÉ DE PHILOSOPHIE AU LYCÉE DE RENNES

PARIS
ERNEST THORIN, ÉDITEUR
LIBRAIRE DU COLLÈGE DE FRANCE, DE L'ÉCOLE NORMALE SUPÉRIEURE
DES ÉCOLES FRANÇAISES D'ATHÈNES ET DE ROME
7, RUE DE MÉDICIS, 7

1887

A

M. LOUIS ROBERT

DOYEN DE LA FACULTÉ DES LETTRES DE RENNES

HOMMAGE AFFECTUEUX.

ESSAI
SUR LA
PHILOSOPHIE DE DUNS SCOT

INTRODUCTION

La philosophie du moyen âge ne figure pas dans les programmes d'enseignement ou d'examens de l'Université de France, ou n'y obtient qu'une très petite place. Cependant, depuis que V. Cousin, qui ne regardait aucune partie de l'histoire de la philosophie comme devant être négligée, en avait appelé de l'incroyable dédain où la scolastique était tenue au temps des Daunou [1], les travaux n'ont pas manqué en France sur la philosophie du moyen âge, et même de très remarquables ont eu pour auteurs des professeurs de l'Université [2]. D'un autre côté nous assistons à une

---

1. Daunou, *Disc. sur l'état des Lettres au* XIIIe *siècle*, p. 179 : « Duns Scot portait la scolastique au dernier terme de la démence ».
2. Voir la Notice bibliographique à la fin du volume.

grande tentative, dans l'Eglise catholique, de restauration scolastique, et cette tentative a déjà donné naissance à de nombreux écrits. Nous ne croyons donc pas, en essayant de rechercher quelles ont été exactement les idées philosophiques de Duns Scot, nous engager dans une voie trop délaissée ni entreprendre un travail absolument dépourvu de tout intérêt actuel.

Nous n'aurons pas le mérite, qui a été celui de M. Charles dans sa thèse sur Roger Bacon, de M. Luguet, dans son livre sur le *Traité de l'âme de Jean de la Rochelle*, de faire connaître un philosophe dont les œuvres soient restées ou en grande partie ou complètement inédites. Notre étude ne portera pas sur autre chose que sur les œuvres philosophiques de Duns Scot, telles qu'elles ont été réunies et imprimées au XVIIe siècle. Mais à défaut de cet attrait que donne l'analyse de documents inédits, notre sujet se recommande et par la place plus grande que Duns Scot a tenue dans la philosophie scolastique, et par la singulière diversité des jugements que portent sur ce philosophe les écrivains modernes.

En disant que Duns Scot a tenu une plus grande place, nous ne prétendons pas diminuer la valeur de Roger Bacon; mais Roger Bacon n'a pas eu de disciples : Scot a laissé après lui une école.

La philosophie de Duns Scot, selon M. Hauréau [1], est « sinon la plus sage, du moins la plus originale que le moyen âge nous ait laissée. » Peut-être, comme nous le montrerons, est-elle plus sage et moins origi-

---

1. *Hist. de la phil. scol.*, 2e part., t. II, p. 173.

nale que ne le pense le savant historien. L'importance n'en est pas mise en doute par ceux qui en parlent, mais ils se font des idées très diverses sur son contenu. On dit d'ordinaire que le réalisme exagéré de Duns Scot appelait comme une réaction inévitable le nominalisme de Guillaume d'Occam : au contraire, si nous écoutons entre autres M. Weber [1], les doctrines de Scot sur les universaux et sur l'individuation ont très naturellement ouvert la voie à ce nominalisme. Lorsqu'on a essayé des rapprochements entre la doctrine de Scot et celle des philosophes modernes, ils ont été encore des plus contradictoires. M. Hauréau et M. Rousselot, se rangeant à l'avis de Bayle, voient dans Duns Scot « le spinosisme avant Spinosa [2]. » Au contraire, c'est au sujet de la doctrine de saint Thomas, dont il exagère l'antagonisme avec celle de Duns Scot, que M. Sécrétan écrit que « le spinosisme est au bout de la pente », tandis que Duns Scot lui paraît un des précurseurs de la philosophie de la volonté [3]. Nous retrouvons le même point de vue dans l'*Histoire de la philosophie* de M. Fouillée [4], et dans ce passage du *Descartes* de M. Liard : « Descartes franchit d'un bond l'intellectualisme des âges précédents, et renouvelant les profondes spéculations du moine Duns Scot, il fait de Dieu l'absolue liberté : c'est le trait essentiel de sa métaphysique [5]. » Au contraire,

1. *Hist. de la phil. européenne*, 3ᵉ édit., pp. 227-228.
2. Hauréau, ouvr. cité p. 225. — Rousselot, *Etudes sur la philosophie du moyen âge*, t. Iᵉʳ, p. 76. — Bayle, *Diction.* t. Iᵉʳ, p. 56.
3. Sécrétan, *Philosophie de la liberté*, t. Iᵉʳ, p. VII et p. 76.
4. P. 211.
5. P. 192.

M. Hauréau trouve que chez Duns Scot « les prémisses sont platoniciennes », c'est-à-dire assurément tout l'opposé du « volontarisme. » — En rencontrant de telles antinomies chez les historiens de la philosophie, il nous a paru curieux d'essayer de les résoudre par l'étude des textes mêmes.

Ces divergences d'appréciation ne pourraient-elles pas s'expliquer par un défaut de clarté de Duns Scot et ainsi devenir un grief contre lui? Assurément la manière dont il expose sa doctrine peut souvent donner lieu à des méprises. Rabelais paraît le désigner comme obscur entre tous les docteurs de l'Ecole : *Barbouillamenta Scoti!* dit-il [1]. C'est la facétie d'un clerc émancipé de la scolastique. Mais tous ceux qui ont étudié Scot se sont plaints de la difficulté de bien saisir sa pensée, et même se sont irrités. Nous avons dit quel cas M. Hauréau fait de Duns Scot comme philosophe, mais il lui reproche son « habitude de donner aux mots un sens particulier [2] » ; « son jargon [3] », son « langage ténébreux [4] qui a trompé ses disciples eux-mêmes sur ses véritables sentiments. » Les commentateurs et les panégyristes de Duns Scot eux-mêmes conviennent de la difficulté de le comprendre. Maurice du Port s'exprime ainsi dans la préface de ses *Remarques sur les Questions Métaphysiques de Scot* : « Sensa ipsa brevia sunt et occulta, et quibus, nisi

---

1. *Pantagruel*, l. II. ch. VII.
2. 2ᵉ part. t. II, p. 189.
3. P. 217.
4. P. 242.

totus adsis, facillime hallucineris[1], » et dans un passage des mêmes *Remarques*[2] : « Pertransibis lento passu illud chaos metaphysicale Scoticum ! »

Nous oserions dire que si le défaut de clarté est toujours une infériorité, il n'est pas un crime capital en philosophie. En pareille matière il n'est pas aisé d'être assez habile dans l'ordonnance de son discours et assez maître de la langue pour que dans l'exposition la pensée ressorte pour tous parfaitement lumineuse et incontestable. Si l'on voit toujours ce qu'a voulu dire un Leibniz, n'y a-t-il pas des obscurités dans un Kant ou un Aristote ? Nous préférerions, s'il fallait choisir, ce qui serait profond quoique présenté parfois d'une manière embarrassée à ce qui, avec un style aisé, serait superficiel, — Maine de Biran à Destutt de Tracy. Saint Thomas d'Aquin, à la différence des idéologues, est un génie profond ; de plus, il a le mérite d'une grande netteté d'exposition. Lui reconnaître cet avantage ne doit pas empêcher de peser avec soin les contradictions ou restrictions que Scot lui a opposées, parfois avec de longs et embarrassants détours.

Mais les méprises qui ont été commises au sujet de la doctrine de Scot, peuvent tenir aussi à une chose que nous ne saurions lui reprocher, nous voulons dire à la position qu'il a prétendu prendre dans les débats philosophiques. Ueberweig méconnaît le véritable rôle de Scot, lorsqu'il le représente[3] comme appliqué unique-

---

1. Scoti opera, t. IV, p. 508 : *Epistola prooemialis*.
2. Id. p. 710.
3. Ueberweig, *Histoire la philosophie*, §. 102 : « Duns Scot est par rapport à Thomas d'Aquin ce que Kant est par rapport à Leibniz. Duns Scot

ment à détruire les argumentations des docteurs précédents. Ce que Scot prétend faire, c'est seulement éprouver les raisonnements de ses devanciers et en appeler des doctrines mal établies à la raison plus éclairée. Il veut réformer, non détruire : rarement sa propre doctrine est absolument opposée à celle qu'il critique. M. Jourdain caractérise bien son rôle en disant [1] que « ses ouvrages sont un correctif minutieux de la philosophie du treizième siècle. » Mais si l'on ne suit pas dans toutes ses distinctions et ses réserves cette incessante controverse, on peut tomber dans quelques confusions sur ce que Scot accorde ou rejette.

Ces corrections proposées par Duns Scot aux doctrines de saint Thomas d'Aquin, d'Henri de Gand et des autres docteurs, sont-elles des corrections heureuses? Notre opinion est qu'elles le sont souvent. Nous essaierons non seulement de les préciser, mais encore de les apprécier. L'histoire de la philosophie doit sans doute s'écrire avec une grande impartialité; mais, selon nous, elle perdrait beaucoup de son utilité si elle n'était pas pour ceux qui la racontent ou la lisent une occasion

---

et Kant ont été des critiques qui ont plus ou moins ébranlé les démonstrations proposées pour les théorèmes de la théologie naturelle, spécialement pour l'existence de Dieu et de l'immortalité de l'âme, mais ils n'ont point nié la vérité de ces théorèmes eux-mêmes : ils ont l'un et l'autre fondé leurs convictions, pour lesquelles la raison spéculative ne leur fournissait plus d'arguments, sur la faculté morale à laquelle ils ont donné la priorité sur la raison. Mais une différence fondamentale, c'est que finalement Scot en appelle à l'autorité de l'Église catholique, Kant à la conscience morale personnelle, et encore que la critique de Kant est radicale et universelle, celle de Scot seulement partielle. » Nous parlerons plus loin du prétendu scepticisme ou mysticisme de Duns Scot.

1. *La philosophie de saint Thomas d'Aquin*, t. II, p. 71.

de philosopher par eux-mêmes, si, en constatant quelles questions les anciens se sont avisés de soulever et quelles solutions ils leur ont données, il ne nous était pas permis de nous arrêter, chemin faisant, et de nous demander si les mêmes problèmes doivent encore se poser pour nous et ce que nous pourrions bien en penser à notre tour en nous aidant de ce qu'en ont pensé les autres. De cette façon l'on trouve non seulement un intérêt d'érudition, mais un véritable profit philosophique, dans cette « conversation avec les plus honnêtes gens des siècles passés, » comme disait Descartes, un grand contempteur pourtant de l'histoire de la philosophie.

Nous croyons que le Docteur Subtil est de ceux avec lesquels il peut y avoir ainsi profit à converser. Comme nous l'avons déjà dit, de nos jours le clergé catholique des différents pays revient, en philosophie, à la Scolastique : l'enseignement des Jésuites au Collège Romain, les défiances de la Congrégation de l'Index pour les autres philosophies, les recommandations et les prescriptions formelles des papes Pie IX et Léon XIII, ont provoqué et généralisé ce mouvement. Nous ne nous en plaindrons pas : la philosophie scolastique est une philosophie moins ennemie de la raison que le traditionalisme de Bonald ou de Ventura, et moins aventureuse que l'ontologisme de Malebranche et de ceux qui l'ont pris pour maître. C'est à saint Thomas d'Aquin que se sont rattachés avant tout les néo-scolastiques. Mais, sans blâmer leur choix, il nous semble que plus d'un parmi eux se montre le disciple trop exclusif et trop intolérant de l'Ange de l'Ecole. Nous voudrions leur rappeler que l'Eglise n'a jamais renié Duns Scot, que jusqu'au dix-huitième siècle il y avait dans les Universités des chaires où l'on enseignait les thèses scotistes en face de celles où l'on ne jurait que par saint Thomas[1], qu'enfin Suarez, le grand docteur de la Compagnie de Jésus, qui met constamment en regard les opinions scotistes et les opinions thomistes, incline parfois, dans son éclectisme modéré, vers les premières.

Quant à ceux qui, plus attentifs aux choses modernes, seraient portés à n'avoir que de l'indifférence pour ces anciennes controverses, nous les avertissons qu'ils auraient tort, car, en partie du moins, les questions qui s'y agitent sont encore celles qui divisent les philosophes de notre temps.

L'objet de notre étude est la philosophie de Duns Scot; toutefois nous ferons précéder notre analyse critique de ses doctrines d'un chapitre sur sa vie et ses écrits. Il y a très peu de chose de nouveau à dire sur ce sujet, mais il convient, dans une monographie sur Duns Scot, de faire une fois de plus justice de toutes ces légendes qui pour lui ont remplacé l'histoire.

[1]. Pour le xviie siècle, voir Wadding, *Vita Scoti*, Scoti opera, t. I, p. 25; pour le xviiie, Brucker, *Hist. critica philosoph.* t. III, p. 826.

CHAPITRE PREMIER

VIE ET ÉCRITS DE DUNS SCOT

I

Une notice, dont l'auteur est M. Renan, a été consacrée à Jean Duns Scot frère mineur, dans le tome xxv de l'Histoire littéraire de la France publiée par l'Académie des Inscriptions et Belles-Lettres ; mais, comme en avertit l'auteur lui-même, le rôle de cette notice, dans sa partie biographique, est surtout négatif, et se borne presque à retrancher les fables par lesquelles on a suppléé à l'insuffisance des renseignements certains sur la vie de Duns Scot. « Il serait difficile, dit en effet M. Renan, de citer un homme célèbre du moyen âge dont la vie soit moins connue que celle de ce personnage.... C'est après coup, et pour l'opposer à saint Thomas d'Aquin, le docteur par excellence de l'école dominicaine, qu'on lui créa une biographie légendaire [1]. »

Il est certain que Jean Duns Scot, qui fut surnommé le Docteur Subtil, est mort à Cologne le 8 novembre 1308; mais on ne peut être fixé ni sur le lieu ni sur la date de sa naissance. « Plusieurs villes, dit Luc Wadding [2], le dernier et le principal éditeur des œuvres de Scot et l'auteur des Annales des franciscains, se disputaient la gloire d'avoir vu naître Homère : ce sont non des villes, mais des royaumes, qui revendiquent Duns Scot. » On l'a prétendu en effet tour à tour Anglais, Ecossais et Irlandais, et nous conviendrons qu'on ne saurait décider ce débat.

On a supposé en général que les deux noms de Duns et de Scot, ou tout au moins l'un des deux étaient tirés de son pays natal, comme les noms d'Alexandre de Halès ou de Guillaume d'Ockam; mais cette conjecture fournit peu de lumières. Les villages du nom de Duns, ou dans le nom desquels le mot Duns entre en composition, sont nombreux en Irlande, en Ecosse et en Angleterre. Au XIVe siècle encore les Scots sont aussi bien les Irlandais (Hibernia seu Scotia major) que les Ecossais. Et pourquoi un Anglais de la même époque n'aurait-il pu avoir le nom de Scot, comme beaucoup parmi nous s'appellent Langlois ou Lallemand ?

Le plus ancien témoignage sur le lieu de naissance de Jean Duns Scot, est une note reproduite à la fin de

---

[1]. Ouv. cité p. 404.
[2]. *Vita Scoti*. — Scoti opera, édit. Wadding. t. Ier, p. 2.

neuf des manuscrits de notre docteur conservés à Oxford : cette note le fait naître « dans un hameau appelé Dunstan, de la paroisse de Emyldon au comté de Northumberland, » par conséquent en Angleterre. Ces neuf manuscrits, nous apprend M. Renan [1], sont tous écrits par un copiste allemand vers 1460, c'est-à-dire un siècle et demi après la mort de Duns Scot. Mais, vers 1490, rapporte Wadding [2], l'italien Paul Amalthée fait de Duns Scot un Irlandais, du même pays que Maurice du Port, archevêque de Tuam, qui a commenté ses Questions sur la Métaphysique, et qui est originaire des environs de Down Patrick, « la ville sainte de l'Irlande. [3] » Un peu avant Wadding, le savant Ecossais Thomas Dempster [4], avait vivement revendiqué pour l'Ecosse le Docteur Subtil, en s'appuyant, entre autres, sur le dire de François de Mayronis, franciscain, mort en 1323 ; ce dernier témoignage serait à peu près décisif s'il était vérifié, car François de Mayronis est donné comme ayant été à Paris le disciple de Duns Scot. Pour conserver Duns Scot à l'Irlande, ses éditeurs irlandais produisent un argument psychologique qui est assez ingénieux [5]. Dans l'Exposition sur les douze livres de la Métaphysique publiée parmi les œuvres de Duns Scot, on lit au livre 7, texte 17 : « Dans la définition du blanc, homme n'entre pas nécessairement, mais c'est le contraire dans la définition de saint

---

1. P. 405.
2. Ouv. cité p. 2.
3. Renan, p. 407.
4. Wadding ouvr. cit. p. 3.
5. Wadding, ibid. — Hugo Cavellus, *Vita Scoti*, c. 1.

François ou de saint Patrice. » Voilà le cri du cœur, selon Wadding, voilà les noms qui viennent d'eux-mêmes sur les lèvres d'un franciscain irlandais ! Mais, fait remarquer M. Renan, cette Exposition elle-même porte à la fin cette mention qu'elle a été rédigée par Antonio Andrea, d'après des notes conservées de l'enseignement de Scot. Soit, dirons-nous, mais Andrea était Aragonais : il n'eût pas inventé l'exemple de saint Patrice, s'il ne l'avait pas recueilli de Duns Scot, et l'argument ne nous paraît pas à dédaigner.

Cavelle note de plus que Scot, pour désigner les mendiants imposteurs [1], emploie le mot *trutani* : « or c'est dit-il, un terme irlandais. » Sans doute l'origine du mot est le gaëlique *trudanach*, vagabond, ou *truaghan*, pauvre ; mais on pourrait répondre à Cavelle que le français et l'anglais en avaient déjà tiré *truand* ou *truant* [2].

Le même Cavelle cite encore [3] des vers irlandais d'où il semblerait résulter que la tradition populaire de l'Irlande faisait de Duns Scot une gloire nationale :

> Cia an doctuir, as mor iul,
> Lend ion-tur clu mathàr dé ?
> Aingiol glormhar, deamhan sud,
> No as é Scotus o Dune ?

Cavelle ne traduit que les deux derniers vers :

---

1. Scot, *In 4 Sent.* D. 15, q. 2, n° 24.
2. Cf. Ducange, *Dict.* au mot *Trutanus* : Invenitur in Concilio Trevir. an. 1227. t. 7. Collect. Marten. col. 117.
3. *Vita Scoti*, c. 1.

«. Unus es trium, angelus e cœlo, diabolus ab inferno, vel Scotus de Duno » Mais un savant celtisant de la plus haute compétence nous assure que la traduction du tout pourrait bien être : « Quel est le docteur dont la science est si grande, qui *pour nous* est un solide rempart [mot à mot, *apta turris*] de la gloire de la mère de Dieu ? Est-ce un ange, un démon, ou Scot de Dun ! » Mais de quelle époque sont ces vers ? quelle est la valeur de cette tradition ? Il n'y a pas là de preuve, mais tout au plus une présomption en faveur de l'origine irlandaise de Duns Scot.

On n'est pas plus fixé sur l'âge qu'avait Scot quand il mourut. « Il naquit, dit Wadding [1], l'an 1266, si ce qu'écrit André Thevet est vrai, que Scot est mort dans sa quarante-troisième année. Mais si, comme d'autres prétendent, il n'a vécu que trente-quatre ans, sa naissance se placerait en 1274, l'année de la mort du docteur séraphique, saint Bonaventure : merveilleuse disposition d'une Providence pleine de tendresse pour le petit troupeau des frères Mineurs, qui, lorsqu'un soleil de la doctrine se couchait pour eux, en faisait lever un autre à leur horizon ! » Le savant Fabricius [2], après d'autres, fait vivre Duns Scot soixante-trois ans, ce qui reporterait sa naissance en 1245, mais sa notice sur Duns Scot paraît assez mal faite, car il le donne comme auditeur d'Alexandre de Halès qui mourut précisément en cette année 1245. Scot lui-même, faisant allusion en un passage [3] à saint Bona-

---

1. *Vita Scoti*, p. 5.
2. *Biblioth. med. et infim. latinit.*
3. Scot. *In I Sent.* D. 26, q.1, n° 23.

venture, l'appelle un ancien docteur, *antiqui cujusdam doctoris* ; or le docteur séraphique est mort vingt-neuf ans après Alexandre de Halès.

Quand Scot entra-t-il dans l'ordre des franciscains ? Est-ce tout jeune, par reconnaissance pour deux religieux franciscains qui l'auraient amené à Oxford, comme le rapporte Major [1] ? ou est-ce après avoir professé et après avoir écrit au moins ses Questions sur la Métaphysique, comme le prétend Maurice du Port [2]. Nous ne saurions choisir entre ces témoignages. Une seule chose est sûre : c'est à Oxford que Scot acheva ses études et commença d'enseigner.

On croit qu'il y eut pour maître Guillaume de Ware ou Varron, qu'il cite plusieurs fois, mais sans se donner pour son disciple. Guillaume Varron enseigna successivement à Oxford et à Paris, et mérita le surnom de « docteur solide », *doctor fundatus*. Ses manuscrits existent, mais n'ont jamais été publiés : on y trouverait, suppose-t-on, la preuve que Duns Scot a largement puisé dans les écrits de son maître [3]. Cela rendrait plus vraisemblable que Scot, mort, selon beaucoup, à trente-trois ans, ait pu composer autant d'ouvrages. Dans leurs commentaires des Sentences ou leurs Sommes, les docteurs scolastiques, parcourant un ordre convenu de questions, ne visant nullement à l'originalité de la forme, ne se faisaient pas faute de profiter de ce qu'avaient écrit leurs devanciers quand ils ne croyaient pas devoir les contredire et les

---

1. *De gestis Scotorum* l. IV, cité par Wadding, *Vita Scoti*, p. 5.
2. Scoti opera, t. IV, p. 508.
3. *Hist. littér. de la France*, t. XXI, notice sur *Guillaume Varron* par Lajard.

réfuter[1]. Duns Scot semble aussi s'être inspiré sur plusieurs points de Roger Bacon[2], mais il n'a pas pu être son élève, et il n'a pu le connaître que dans l'extrême vieillesse lorsque Nicolas IV fit enfin cesser sa longue captivité : Scot n'avait peut-être que vingt ans quand Roger Bacon mourut en 1294.

Scot enseigna à Oxford après Varron et y commenta avec un grand succès les Sentences de Pierre Lombard, la base de tout enseignement théologique depuis le treizième siècle. On raconte, d'après une tradition recueillie par Pits, que telle fut la renommée de Scot que bientôt trente mille auditeurs affluèrent autour de sa chaire, alors que le dernier recensement de l'Université d'Oxford ne donnait que trois mille étudiants[3]. « C'est évidemment, dit M. Hauréau[4], un chiffre fabuleux. Comment se fier pour le reste aux gens qui racontent naïvement ces choses-là ? »

C'est à Oxford que Duns Scot a sans doute écrit ses principaux ouvrages, ses Questions sur Aristote, le *De rerum principio*, surtout son premier commentaire sur le Maître des Sentences, cité sous le nom de *Scriptum Oxoniense*. On trouve dans cet ouvrage quelques indications relatives à la date de sa composition. Dans la deuxième question du prologue, il y est fait une allusion à une grande victoire des chrétiens en Orient

---

1. C'est ainsi que saint Thomas s'est servi de la *Somme des vertus* d'Alexandre de Halès. — Voir, sur ces emprunts, Simler : *Des sommes de théologie*, p. 120-122.
2. Charles : *Roger Bacon*, p. 242.
3. Cité par Wadding. *Vita Scoti*, p. 7.
4. *Hist. de la phil. scol.* 2 part. t. II, p. 172.

et à la chute prochaine de l'Islam ; il ne peut s'agir que de la victoire remportée en 1299 sur le sultan d'Egypte par les Templiers alliés aux Mongols et aux Arméniens : Jérusalem, dont cette bataille ouvrit les portes aux chrétiens, ne fut pas gardée par eux une année entière. L'ouvrage, ou le premier livre au moins, avait donc été rédigé avant que ce revers ne fût connu en Angleterre. Mais, dans le quatrième livre (*Dist.* 25, *q.* 1), il est cité une bulle de Benoît XI, lequel fut élu pape en 1303.

Les franciscains devaient désirer produire celui qui illustrait ainsi leur ordre sur un théâtre plus célèbre encore qu'Oxford, à Paris même. C'est à cette introduction de Duns Scot dans l'Université de Paris qu'est relatif le seul document historique, cité à son sujet, qui date de son temps même : c'est une lettre, adressée au gardien du couvent de Paris par Gonsalve, ministre général des Franciscains ; Wadding en reproduit le texte [1]. Il y est dit que le moment est venu pour l'ordre franciscain de présenter un candidat au baccalauréat, et comme, d'après les statuts du couvent de Paris, c'est le tour d'un candidat étranger à la province de France, Gonsalve, après avoir fait le plus grand éloge de Scot, prescrit de le présenter. Cette lettre est datée d'Ascoli, dans la Marche d'Ancône, du quatorzième jour avant les calendes de décembre de l'an 1304. Il semble, d'après le contenu de la lettre, que Duns Scot était déjà à Paris, mais depuis peu, car il y est dit qu'on présente aussi au

1. *Vita Scoti*, p. 9.

baccalauréat le frère Albert de Metz, « s'il peut revenir au couvent », et Scot y est encore considéré comme étranger à la province (franciscaine) de France. Nous savons d'ailleurs que ce n'est qu'en avril 1304[1] que Benoit XI avait rendu à l'Université de Paris le droit de conférer les grades qui lui avait été enlevé par son prédécesseur, et Scot n'était sans doute venu à Paris que pour profiter de ce rétablissement dans son ancienne dignité de la première des Universités.

Ce document unique laisse encore des doutes[2]. D'abord il est question de Jean Scot et non de Jean Duns Scot : or un homonyme du Docteur Subtil, également franciscain, est cité[3] comme ayant écrit aussi sur la métaphysique. De plus, comment Gonsalve peut-il dire qu'il connaît non seulement par la renommée, mais encore par une longue expérience, (*partim experientia longa, partim fama*), un religieux qui s'était illustré à Oxford, mais qui en 1304 n'avait peut-être encore que trente ans et n'avait point quitté l'Angleterre?

Le séjour de Duns Scot à Paris paraît avoir été au plus de quatre années. « Les statuts de l'Université imposaient à ceux qui prenaient leurs grades en théologie de commenter le Maître des Sentences. Jean reprit donc le sujet de son enseignement d'Oxford[4]. » La trace de cet enseignement se trouve en effet dans

---

1. Jourdain, *Hist. de l'Université de Paris*, t. II, n° 368.
2. Renan, ouvr. cit. p. 410.
3. Un *Scotus* et un *Joannes Scotus* figurent parmi les quarante docteurs qui ont signé une approbation des œuvres de Raymond Lull en 1309. — Wadding. *Vita Scoti*, p. 20.
4. Renan, p. 411.

l'écrit intitulé : *Reportatorum Parisiensium libri IV*.

Si l'on en croit Wadding et Cavelle [1], il se serait passé à cette époque à Paris un événement qui aurait mis le comble à la gloire de Duns Scot. Pour apaiser les vives controverses soulevées entre les franciscains et les dominicains au sujet de l'immaculée conception de la Vierge Marie soutenue par les premiers et contestée par les seconds, le pape, ou peut-être simplement l'évêque de Paris, aurait ordonné un débat solennel entre les deux partis devant l'Université de Paris. Duns Scot y aurait été le champion de la thèse franciscaine. Dans sa jeunesse, à un moment où il désespérait de réussir dans ses études, n'avait-il pas eu pendant son sommeil une apparition de la Vierge Marie qu'il avait invoquée dans son désespoir, et n'avait-il pas promis de se faire le défenseur de sa gloire? Soutenu par les grâces d'en-haut, favorisé d'une nouvelle apparition, Duns Scot serait descendu dans la lice armé de deux cents syllogismes. Son triomphe aurait été complet, le surnom de Docteur Subtil lui aurait été décerné et bientôt l'Université aurait décrété qu'elle n'admettrait plus aux grades quiconque ne jurerait pas de soutenir l'Immaculée Conception.

Mais la critique ne laisse rien subsister de toute cette légende. C'est seulement en 1497 que le décret auquel elle fait allusion fut rendu. « En 1387, dit M. Renan [2], nous voyons Jean de Montson, dominicain, soutenir encore devant l'Université de Paris des thèses

---

1. Cavelle, *Vita Scoti*. c. III. — Wadding, c, III et VII.
2. P. 414. — Cf. Jourdain, ouvr. cité. n° 836 et suivants, et p. 187.

contre l'Immaculée Conception. Il est combattu et vivement censuré. Mais sûrement l'Université n'avait fait auparavant aucun décret sur ce point, et le savant d'Argentré, si bon juge en une pareille question, déclare expressément n'avoir trouvé dans les annales de l'Université de Paris, avant l'année 1384, aucune trace de dispute sur l'Immaculée Conception. » Ce n'est qu'après Duns Scot que franciscains et dominicains se combattirent sur ce terrain, les premiers pour être victorieux des seconds, contrairement à leur habitude, soutenus qu'ils étaient par le courant de la dévotion populaire. Sans doute, saint Thomas d'Aquin n'avait pas admis l'Immaculée Conception à proprement parler : suivant lui, « la bienheureuse Vierge a contracté à la vérité le péché originel, mais elle en a été purifiée avant d'être sortie du sein de sa mère [1], » car « il est raisonnable de croire qu'elle a reçu des privilèges plus grands que les autres. » Mais nous trouvons tout à fait la même doctrine dans saint Bonaventure qui proteste même que la croyance à l'Immaculée Conception est contraire à l'autorité des saints et à tout enseignement des docteurs chrétiens de son temps [2]. Duns Scot

---

1. Saint Thomas, *S. Theol.* 3ª p. 27 q. 27 a. 2 ad 2ᵘᵐ. — Le commentateur explique qu'il n'y a pas de contradiction avec ce passage de saint Thomas, *In* Iᵘᵐ *Sent.* D. 44 a. 3 ad 3ᵘᵐ « Virginis quæ a peccato originali et actuali immunis fuit. » *Immunis* signifie une immunité conférée à un certain moment, non une exemption innée. — Au surplus, voir saint Thomas, *De Malo*, q. 4, a. 6; et surtout *Quodlibetales quæstiones* VI, a. 7 : Resp. dicendum.

2. Saint Bonav *In* 3ᵘᵐ *Sent.* D. 3 Iª p., a 1, q. 2 : Nullus autem invenitur dixisse de his quos audivimus auribus nostris Virginem Mariam a peccato originali fuisse immunem.

commence un changement dans cet enseignement : au troisième livre de son commentaire des Sentences (D. 3. q. 1), à cette question : Marie a-t-elle été conçue dans le péché originel? il répond « que Dieu a pu faire qu'elle n'ait jamais été atteinte par le péché originel; que Dieu a pu faire qu'elle ne soit demeurée dans le péché qu'un instant; qu'il a pu faire que dans le dernier instant de ce temps, elle ait été purifiée... De ces trois choses qui sont possibles, laquelle a eu lieu? Dieu le sait. Si l'autorité de l'Eglise ne s'y oppose, *il semble plus probable* d'attribuer à Marie ce qui est le plus parfait. » Il y a encore loin de cette opinion pleine d'une prudente réserve au zèle éclatant que la légende prête à Duns Scot, et il n'a pu être le chevalier résolu et victorieux de l'Immaculée Conception qu'elle le suppose.

En 1308 un ordre du même général des franciscains Gonsalve, qui avait si bien recommandé Duns Scot en 1304, l'enlevait à cette Université de Paris où il aurait eu d'après la légende un rôle si important, et l'envoyait à Cologne. Les biographes nous donnent diverses conjectures sur ce fait. Etait-ce pour essayer de fonder une Université à Cologne, où il ne put s'en instituer une qu'en 1388? N'était-ce pas plutôt parce qu'un théologien savant et habile était nécessaire à Cologne pour être opposé aux Bégards et autres du même genre qui s'y montraient en grand nombre vers 1308, agitateurs dangereux pour l'Eglise et la société civile, sectes excessives sorties du même mouvement qui avait produit les ordres mendiants, et que ceux-ci devaient combattre tout les premiers pour n'être pas compromis par elles?

Reçu, dit-on, à Cologne non comme un régent en disgrâce, mais comme un personnage venu pour une mission importante [1], Duns Scot y mourut le 8 novembre de la même année. Les légendes contradictoires ne manquent pas plus sur sa mort que sur sa vie. Paul Jove [2] prétend que Duns Scot, tombé en léthargie, avait été enterré vivant et que son cadavre fut retrouvé la tête fracassée près de la porte de son sépulcre, où il s'était traîné et avait dévoré ses mains. Mais Paul Jove écrit au seizième siècle, et quelle créance mérite celui que Charles-Quint appelait son Menteur? Pour rejeter ce qu'il qualifie de misérable tragédie, Wadding [3] s'appuie sur le silence à ce sujet des écrivains qui ont parlé de Scot avant Paul Jove, et sur les usages constants des franciscains de Cologne pour les sépultures; ils attachaient leurs morts sur une planche et les enfouissaient ainsi à même dans la terre sans jamais établir de caveau, ce qui rend impossible l'histoire du malheureux enseveli vivant et se relevant dans son sépulcre pour heurter contre les parois. Il est inutile de parler de « la nuit profonde qui couvrait certains faits dans les monastères, » comme M. Rousselot [4] qui ici soupçonnerait presque un crime : Duns Scot n'était pas

---

1. Wadding. *Vita Scoti*, p. 13.
2. *Elog. virorum illustrium*, p. 9.
3. P. 14-15. — De même Cavelle, *Apologia pro J. Scoto contra Bzovium*, c. 9, déclare avoir constaté qu'il n'y a jamais eu de caveau au couvent de Cologne.
4. *Études sur la phil. dans le moyen âge*, 3me part. p. 6.

à Cologne au milieu d'ennemis, comme Abélard à Saint-Gildas. Le plus vraisemblable à tirer de Wadding et des témoignages anciens qu'il rapporte, c'est que Duns Scot est mort subitement ou après une très rapide maladie, peut-être d'une attaque d'apoplexie, dans le moment de ses plus ardentes controverses contre les Bégards, et cette brusque disparition d'un homme célèbre et encore jeune suffit pour expliquer que de tragiques légendes se soient formées autour de son tombeau.

Qu'était Duns Scot comme homme? Quelle idée nous faire de son caractère? Ses biographes franciscains nous le montrent tout animé de l'esprit du fondateur de leur ordre [1], poussant à l'extrême l'amour de la pauvreté, mendiant sur le chemin d'Oxford à Paris, de Paris à Cologne [2], d'une piété ardente, sujet à des ravissements, favorisé d'apparitions. Wadding raconte [3] qu'après une nuit de Noël où l'Enfant Jésus reposa un instant dans ses bras, Duns Scot résolut de s'abstenir complètement de viande, de n'avoir plus même de sandales, de porter toujours la même robe déguenillée [4]. Au lieu d'en croire des biographes qui, comme on l'a vu par le prétendu débat sur l'Immaculée Conception, sont si peu sûrs, essaie-t-on de deviner l'homme d'après les écrits? Peut-être pour cela ti-

---

1. Wadding, *Vita Scoti* c. 14. Cavelle, c. 3.
2. Il enseignait que l'institution de la propriété était le résultat de la déchéance de notre nature. Voir *In* 4um *Sent.* D. 25, q. 2, t. XI, p. 151-152.
3. Wadding. ouvr. cité p. 24.
4. Vers 1705, les Franciscains soulevèrent la question de sa canonisation, **mais sans succès**. Voir Renan, ouvr. cité, p. 423.

rerait-on quelque indication des œuvres inédites de Duns Scot, comme les Sermons, ou le Traité de la perfection des états (dans lequel l'état des religieux devait être comparé aux autres), dont personne n'a même donné une analyse. Wadding, qui inscrit bien un *Tractatus de perfectione statuum* au nombre des œuvres de Duns Scot[1], raconte[2] qu'il a eu entre les mains un soi-disant manuscrit de cet ouvrage de Duns Scot, mais qu'il ne peut en admettre l'authenticité par cette seule raison « qu'il s'y trouvait des choses qui soufflent la discorde et soulèvent la haine, des choses enfin qu'un homme bien pensant ne dira jamais. » Mais le franciscain du dix-septième siècle aurait-il oublié les hardiesses des premiers généraux de son ordre, des Jean de Parme et des saint Bonaventure? Ou bien Duns Scot serait-il, sans comparaison avec eux, un tribun violent, destiné à troubler l'ordre social et religieux du moyen âge encore bien plus que les Bégards, s'il n'était mort au début de sa controverse avec ceux-ci?

Les écrits de Duns Scot qui ont été publiés ne peuvent guère nous renseigner sur le caractère de l'auteur. Cependant M. Renan[3] y trouve l'occasion d'un jugement assez défavorable : « Duns Scot s'y montre, en général, avec un naturel violent, avec un génie inculte et négligé. Il n'est pas aussi modéré que saint Thomas. Il a le ton sévère, rude, tranchant : il se

---

1. *Scriptores ordinis Minorum*, p. 203.
2. Renan, ouvr. cité p. 423.
3. P. 424.

laisse entraîner jusqu'à l'invective ; il est également très intolérant... L'extrême sécheresse de ses écrits ne ferait pas soupçonner chez lui les vertus que la tradition franciscaine lui attribua, et surtout cette ardeur mystique, cet amour de la pauvreté évangélique, cette charité sans bornes qui lui faisait embrasser tous les hommes dans une tendre affection. » Ce jugement nous paraît devoir être atténué. La sécheresse du style de son Commentaire des Sentences n'est pas plus grande que celle de la Somme Théologique de saint Thomas ou des Commentaires de saint Bonaventure, et le ton de tel petit écrit sur le Premier Principe qui se termine par les belles invocations à Dieu peut rappeler les élans pieux de l'Itinéraire de l'Ame. Sans doute, Duns Scot se montre trop empressé à faire une critique méticuleuse des propositions des docteurs qui l'ont précédé, pas seulement de saint Thomas et de Godefroy, mais encore d'Henri de Gand, et de S. Bonaventure lui-même ; sans doute il ergote souvent sur des nuances, sur des expressions, lorsque pour le fond il est à peu près d'accord avec ceux contre lesquels il dispute [1]. Mais nous ne voyons pas que l'invective lui soit familière. Il parlera bien des « honteuses » erreurs d'Aristote [2], à propos de la nature de l'âme, ou de certaines questions de morale pratique,

---

1. On a pu dire : « Tandis que saint Bonaventure semble s'ingénier à se mettre d'accord avec saint Thomas d'Aquin alors même qu'il en diffère, Scot au contraire trouve moyen de le combattre là même où il est d'accord avec lui. » Waddington : *De l'autorité d'Aristote au moyen âge.* — Acad. des sc. morales, Compte-Rendu par Vergé, 1877. 2e Sem., p. 741.

2. *De rerum principio*, q. 9 a. 2 ; et *In 1um Sent.* Prologi, q. 1.

mais cela ne l'empêche pas d'avoir en général le culte de l'autorité du Philosophe. Il traite Averroës de maudit, mais c'était péché commun parmi les docteurs ou les artistes chrétiens de ne pas ménager le philosophe arabe. Lorsque Duns Scot critique des auteurs chrétiens, il s'abstient de les qualifier de la sorte; comme Cavelle et Wadding le remarquent[1], très rarement il les nomme, et presque jamais il ne condamne de tout point leurs opinions.

L'autorité de Duns Scot éclipsa très promptement dans l'ordre franciscain celle d'Alexandre de Halès et de saint Bonaventure. Celui de ses auditeurs qui fit le plus pour sa gloire est l'aragonais Antonio Andrea, dont nous avons déjà parlé, qui a publié les Questions de Métaphysique de Scot. Un autre, François de Mairon ou de Mayronis, se déclare avec enthousiasme son disciple, mais ne reproduit pas exactement ses doctrines. Guillaume d'Ockam combattit certaines théories de Duns Scot, en exagéra d'autres; il avait été son élève à Oxford, suivant les uns, à Paris, suivant les autres; s'il le contredit, il ne lui donne pas moins le titre de *Doctor Ordinis*[2], de Maître de l'école franciscaine.

II.

Nous reproduisons la nomenclature des œuvres de

---

1. *Vita Scoti*, p. 25.
2. Wadding : *Annales Minorum*, t. III, p. 94; Cavelle, *Vita Scoti*, c. III.

Duns Scot telles qu'elles sont comprises dans l'édition en douze tomes in-folio, enrichie de notes, scolies et commentaires, publiée en 1639 à Lyon par Luc Wadding, franciscain irlandais, et dédiée au cardinal Alphonse Richelieu, archevêque-comte de Lyon, et frère du grand ministre. On trouvera tout ce qui peut être dit au sujet de l'authenticité de ces diverses œuvres soit dans la notice de M. Renan [1] soit dans les « censures » que Wadding lui-même a mises en tête de chaque ouvrage.

Le tome premier contient 1° la Vie de Jean Duns Scot, par Wadding ; — 2° *Tractatus de modis significandi, sive grammatica speculativa,* souvent attribué à Albert de Saxe, de l'ordre de saint Augustin ; — 3° *In universam Logicam quæstiones,* ce qui comprend : 1) Super Universalia Porphyrii ; 2) In librum prædicamentorum ; 3) In primum et secundum librum Perihermenias 4) In libros Elenchorum ; 5) In librum primum et secundum posteriorum Analyticorum ; 6) Expositio quæstionum Doctoris subtilis in quinque universalia Porphyrici, par le franciscain Maurice du Port, archevêque de Tuam.

Le tome second contient 1° *Quæstiones in VIII libros physicorum Aristotelis,* avec un commentaire de François Pitigiano d'Arezzo. Wadding conteste pour des raisons assez plausibles l'authenticité de cet ouvrage : Duns Scot y est cité comme un autre auteur ; des opinions contraires à celles qui sont professées dans ses ou-

---

[1]. P. 425.

vrages authentiques, y sont soutenues [1] ; — 2° *Quæstiones super libros Aristotelis de anima*, avec des notes de Hugues Cavelle, franciscain, qui fut professeur de théologie à Louvain et à Rome, et un supplément par le même « relatif à toutes les questions soulevées par les anciens ou les modernes au sujet de l'âme. »

Le tome troisième comprend 1° *Meteorologicorum libri IV* — 2° *Quæstiones disputatæ de rerum principio* sive quæstiones universales in philosophiam. Ces mots *de rerum principio* ne sont pas précisément, comme écrit M. Renan, ceux par lesquels commence l'ouvrage, mais après que dans les premières questions l'auteur a traité du principe des choses et du pouvoir créateur de Dieu, il traite ensuite des créatures, de l'âme humaine, puis du temps comparé à l'éternité, enfin de la nature du Christ, à la fois créé et incréé, etc. [2] Les Météores et le traité du Principe des choses sont accompagnés de notes marginales et de scolies par Wadding ; — 3° *De primo rerum omnium principio*, avec des commentaires par Maurice du Port, et des scolies et des notes par Hugues Cavelle ; — 4° *Theoremata subtilissima* ad omnes scientias speculativas, avec des commentaires et des scolies par les mêmes, — ouvrage particulièrement obscur au témoignage de Maurice lui-même [3], suite de propositions et de rai-

---

1. Voir Wadding, t. II. *Censura*.
2. Ce traité, très important pour l'étude de la doctrine de Scot, est inachevé.
3. Scoti opera, t. III, p. 262.

sonnements très brefs où Scot paraît parfois raffiner sur sa propre pensée et mettre en doute ce qu'il a démontré ailleurs ; — 5° *Collationes* seu disputationes subtilissimæ, avec des notes et des scolies de Hugues Cavelle. Elles ont pour sujet l'intelligence et la volonté, dans l'homme, puis en Dieu, enfin les personnes divines. Ces « confrontations » sont non des dissertations suivies de conclusions mais un recueil d'arguments contradictoires à la suite desquels l'auteur ne livre pas sa propre pensée. Wadding y a joint des solutions tirées des autres écrits de Duns Scot ; 6° et 7° deux traités inachevés *De cognitione Dei*, et *Quæstiones miscellaneæ de formalitatibus*, avec notes et scolies de Luc Wadding.

Le tome quatrième contient 1° *Expositio in duodecim libros metaphysicorum Aristotelis* ; c'est une glose assez développée des principaux textes d'Aristote. On lit, à la fin, cette double observation : que, suivant l'usage, la glose n'a pas été étendue aux treizième et quatorzième livres comme faisant double emploi avec d'autres parties de la métaphysique ; et que celui qui a rédigé l'ouvrage s'est servi d'un écrit laissé par Duns Scot ou s'est inspiré de sa doctrine pour compléter cet écrit. Wadding et Cavelle attribuent cette rédaction à Antonio Andrea. — Il est certain, par des renvois que Scot fait lui-même dans ses *Questions sur la métaphysique*, qu'il avait écrit aussi une glose du même ouvrage. — Wadding y a joint des sommaires et des notes de Cavelle ; — 2° *Conclusiones utilissimæ ex XII libris metaphysicorum Aristotelis*, résumé de la métaphysique avec quelques explications ; 3° *Quæstiones subtilissimæ in metaphysicam Aristotelis*, avec des remarques de Maurice du Port, et des scolies et des notes de Cavelle. Le onzième livre manque, et l'ouvrage se termine avec le douzième.

Les tomes V, VI, VII, VIII, IX, X, contiennent : *Super libros quatuor magistri sententiarum quæstiones*, avec des notes et des scolies de Wadding, et des commentaires développés par François Lychet, (mort en 1520), pour le premier, le second, et une partie du troisième livre, par J. Poncius pour la fin du troisième livre, enfin par Ant. Hiquæus, pour le quatrième livre. Ces trois commentateurs sont des franciscains, et même les deux derniers des Irlandais. C'est le plus célèbre des ouvrages de Duns Scot. Il est souvent cité avec le titre de *Scriptum Oxoniense*. Il n'a pas été achevé par Duns Scot, et la fin du quatrième livre depuis la douzième question de la distinction 49 a été transcrite des *Reportata Parisiensia* dont nous allons parler.

Le tome onzième comprend un nouveau commentaire de Pierre Lombard sous le titre de *Reportata Parisiensia*. Il est moins développé que le commentaire d'Oxford, dont il est tantôt un supplément et tantôt simplement une reproduction ou un sommaire. « Plurimos ex illo opere, dit Wadding [1], *reportavit* seu transportavit ad hos commentarios ; qua de causa passim reportata seu reportationes vocantur, et a loco, scriptum vel lectura Parisiensis. »

Le tome douzième comprend 1° *Quæstiones quodli-*

---

[1]. Scoti opera, t. XI, Censura.

betales, avec des notes marginales et des scolies par Wadding, et un commentaire par Lychet. Cet ouvrage renferme vingt et une dissertations : les huit premières et la quatorzième se rapportent au dogme de la Trinité ; les questions de 9 à 12 sont sur la puissance de Dieu ; les questions 13, et de 15 à 18, roulent sur la volonté humaine et la moralité ; la question 19 est sur la nature du Christ, la question 20 sur les intentions de messe, la question 21 sur la bonne fortune ; — 2° *Conciliationes locorum* ex quodlibetis Scoti cum aliis ejusdem doctoris locis quæ inter se apparenter opponi videntur, par Wadding ; — 3° *De 243 contradictionibus* quæ in Scoti operibus apparere videntur, par le franciscain Guido Bartolucci d'Assise [1].

[1]. Wadding, dans les *Scriptores ordinis Minorum*, p. 203, donne la liste suivante des ouvrages inédits de Duns Scot : Lectura in Genesim. — Commentarii in Evangelia ; — In Epistolas Pauli ; — Sermones de tempore ; — de Sanctis ; — Tractatus de perfectione statuum. — Des manuscrits de la plupart de ces ouvrages, et en particulier du dernier qu'il serait le plus intéressant de connaître, se trouvent actuellement à Oxford et à Florence. — Voir Renan, notice, p. 446.

CHAPITRE II.

I

DE L'IDÉE GÉNÉRALE DE LA PHILOSOPHIE
D'APRÈS DUNS SCOT

Avant de parcourir les différentes parties de la doctrine de Duns Scot, il est à propos de nous demander quelle idée il se fait de la philosophie, ce qu'il pense de la certitude qu'elle peut avoir, de la méthode qu'elle doit suivre.

Le treizième siècle croit à la philosophie, nous voulons dire, croit que la raison humaine peut parvenir à quelques solutions certaines sur les principes des choses, sur l'âme et sur Dieu ; il ne pense pas que « se moquer de la philosophie ce soit vraiment philosopher »[1]. Duns Scot ne diffère point là-dessus des scolastiques qui le précèdent, de saint Thomas, de saint Bonaventure, d'Henri de Gand. Nous trouvons chez lui la

1. Pascal, *Pensées*, édit. Havet, art. VII.

même confiance dans la raison, comme la même méthode de philosopher et la même forme d'exposition.

Comme eux, il sépare très nettement, en principe, le domaine de la théologie révélée de celui de la philosophie [1]. Comme eux, dans la pratique [2], il ne se refuse pas d'éclaircir des problèmes philosophiques à l'aide d'arguments empruntés à la Révélation, ni surtout d'interpréter la Révélation à l'aide de la philosophie. Dans ce mélange pratique des deux sciences, c'est en effet la philosophie qui usurpe sur la théologie, plutôt que le contraire. Les principaux ouvrages de Duns Scot sont des ouvrages de théologie, des leçons professées dans une chaire de théologie : il ne néglige aucune occasion d'y soulever des questions purement philosophiques, et Aristote est bien plus souvent cité dans ses Commentaires des Sentences que les textes sacrés dans les Questions sur la Métaphysique, œuvre purement philosophique. On sait combien Roger Bacon protestait contre l'invasion de la philosophie dans la théologie et contre la place qu'elle tenait dans les leçons des Commentateurs des Sentences [3]. Duns Scot, s'il a professé la théologie avant la mort de Bacon, n'a pas dû moins indigner son vieux confrère que n'avaient fait Albert le Grand et Alexandre de Halès.

Toutefois, si l'appareil de la théologie est aussi philosophique, le dogme n'en est pas moins le criterium secret qui guide la philosophie scolastique. Nous mon-

---

[1]. Voir Scot, t. V. *Prologi Sentent.* q. 1, et q. 3.

[2]. Sur cette distinction théorique et ce mélange pratique de la philosophie et de la théologie voir Simler : *Des Sommes de théologie*, p. 202.

[3]. *Opus minus* — Voir Simler, ouvrage cité p. 131.

trerons, par exemple, que c'est la préoccupation de faire ressortir toutes les conséquences logiques du dogme, inconnu des philosophes grecs, de la liberté de la création divine, qui a inspiré à Duns Scot les conceptions les plus originales et les plus profondes de sa métaphysique.

Le scepticisme est l'abus de l'esprit critique : comme Scot manifeste éminemment l'esprit critique, il a paru sceptique [1] ; et, comme il n'y a pas de doute qu'il ne place l'autorité de la foi au-dessus de toute critique, on lui a attribué un certain mysticisme [2]. Etre mystique en effet, c'est admettre qu'il y a des raisons de croire « que la raison ne connaît pas [3]; » lorsqu'on admet même qu'il n'y a que celles-là, le mysticisme est de plus un scepticisme. Saint Bonaventure est un mystique sans être un sceptique : la confiance en la raison est aussi ferme dans ses Commentaires des Sentences que dans les Sommes de saint Thomas ; mais saint Bonaventure reconnaît cette dialectique de l'amour, parallèle à celle de la raison, dont Platon avait parlé mais que le péripatétisme néglige, et, après les Commentaires des Sentences, il écrit l'*Itinerarium Mentis ad Deum* et l'*Incendium Amoris* [4]. Nous ne trouvons pas chez

---

1. Brucker : *Hist. critica philos.* t. 3. p. 828 : « Nugis tricisque totum detentum,.. ancipiti disputandi genere scepticismum jam in orbe philosophico invalescentem in sede regia collocasse. »

2. Voir Waddington, Mémoire cité, p. 738.

3. Pascal, *Pensées*, édit. Havet, art. xxiv, § 5.

4. *Incendium amoris*. Prolog. : Istum ergo librum offero intuendum non philosophis, non mundi sapientibus, non magnis theologis infinitis quæstionibus implicatis, sed rudibus et indoctis magis Deum diligere quam multa scire conantibus. — *Itinerar.* c. 5 : Si autem quæris quomodo hæc

Duns Scot ce mysticisme du cœur, qui cependant était tout à fait dans le génie de son ordre et même qui semblerait s'accorder avec certains traits de la biographie qu'on lui a faite. Il ne nous semble pas non plus qu'il y ait chez lui le mysticisme de l'esprit, si l'on peut appeler ainsi la disposition d'un esprit qui après avoir par une critique à outrance aboli ou trop réduit les certitudes de la raison, se sauve par une suprême ressource de la raison pratique, par exemple en se soumettant à l'autorité de la foi révélée, comme fait Guillaume d'Ockam. Mais nous conviendrons qu'en certains endroits Duns Scot peut avoir l'apparence d'un sceptique et même d'un sophiste. C'est l'homme des distinctions raffinées, des critiques méticuleuses : c'est pourquoi l'admiration de ses contemporains lui a donné le surnom du Docteur Subtil que nous sommes tentés de prendre en mauvaise part. Après s'être montré si acharné à la critique, il paraît souvent hésiter à conclure[1]. Nous avons dit que les *Collationes* n'étaient qu'un recueil d'arguments contradictoires sur les principaux sujets discutés de son temps. Je veux bien que ce ne soit là qu'un exercice d'école, qu'en somme la conclusion secrète du docteur y soit même indiquée, la thèse qui est la sienne étant sur chaque question énoncée la seconde : est-il bon de s'exercer plutôt à disputer qu'à chercher sincèrement la vérité [2]? Les *Theoremata* peu-

fiant, interroga gratiam non doctrinam, desiderium non intellectum, gemitum orationis non studium lectionis, sponsum non magistrum.

1. Par exemple, dans les *Questions sur la Métaphysique*. — Voir Opera t. 4, *Annotatio Mauritii in Prologum*, p. 508.

1. T. 3. — Cavelle s'exprime ainsi dans la *Préface* qu'il ajoute aux

vent nous surprendre encore plus. Ce qu'ailleurs Duns Scot a longuement démontré, ici est déclaré impossible à démontrer, par exemple : *Theorema* XIV 1) « Non potest probari Deum esse vivum. » 2) « Non potest probari Deum esse sapientem vel intelligentem. » 3) « Non potest probari Deum esse volentem », etc. Si, comme le dit Cavelle, ces négations viennent de ce que dans cet opuscule Duns Scot parle « *de probatione demonstrativa sumpta in rigore juxta regulas logicas,* » conclurons-nous que les démonstrations données ailleurs par Duns Scot n'ont pas une valeur absolue, par conséquent que le fond de sa doctrine est un demi-scepticisme[1] ? Nous ne le penserons pas, si nous faisons attention aux raisons, très sommaires, produites par Duns Scot à l'appui de ces propositions : on y verra non une négation de la théologie rationnelle, mais une réminiscence des raffinements de la théologie négative des Clément d'Alexandrie et de l'auteur des Noms Divins[2], où Scot se sera laissé momentanément entraîner beaucoup plus qu'il n'a coutume, comme nous le montrerons.

Collationes : « Habent hic juniores theologi quasi armarium bene instructum unde sine labore in scholasticis dissertationibus et veluti ex opere ut aiunt operato disputent. » — Mais le souci de n'être jamais vaincu dans la dispute, n'est-il pas d'un sophiste plutôt que d'un philosophe ?

1. Ockam, qui fut l'élève de Duns Scot, rejette en effet les démonstrations de la théodicée rationnelle. Cavelle nous apprend que Guillaume de Ware, qui fut le maître de Scot, faisait de même. Scoti opera, t. 3, p. 284.

2. *Theor.* XIV, 1ᵃ *Non potest* etc... Tum, quia Primum habet perfectionem nobiliorem vita, sicut et sol habet, non tamen vivit. 2° *Non potest*, etc. Tum ex proxima ; tum probatur ut illa, 3° —. Probatur ut illæ, t. 3, p. 284.

Ce qui a encore donné à Scot une apparence de scepticisme c'est sa doctrine même sur la liberté divine. En théologie il rejette les démonstrations par lesquelles on établissait la convenance et presque la nécessité morale de l'Incarnation et de la Rédemption. En philosophie il admet que les lois de la justice sociale sont arbitrairement instituées par Dieu. Selon Scot, Dieu a agi après un choix parfaitement arbitraire. « *Non quærenda ratio*, dit-il, *quorum non est ratio*[1]. » Il critique donc tous les raisonnements par lesquels on prétendait expliquer le plan divin et se garde d'en proposer d'autres à leur place : se bornant à critiquer, il a pu paraître n'avoir pas de doctrine.

II

Duns Scot oppose les sciences qui ont pour objet les êtres (*habitus intellectivus speculativus realis*) et celles qui ont pour objet les formes de notre pensée ou les lois du langage (*habitus intellectivus speculativus rationalis*). Les premières sont pour lui : les mathématiques, la métaphysique, et la physique. (Ce sont les trois sciences qu'Aristote appelle *théorétiques*, après avoir dit que la science théorétique a l'être pour objet). Les secondes sont : la logique, la rhétorique, la grammaire. (Ce sont les sciences *poétiques* d'Aris-

---

2. *Quodlibet*, q. 16 — t. xii, p. 454.

tote)[1]. De même qu'Aristote, Duns Scot ne marque pas la place de la science de l'âme dans sa classification : il la rattacherait sans doute à la physique.

Scot, de même que saint Thomas, distingue la logique formelle et la logique pratique[2] (*uno modo in quantum est docens, alio modo in quantum utimur ea*) et pour tous les deux, la première seule est une science, la seconde n'est qu'un art. La première est la théorie de la démonstration menant à une conclusion nécessaire[3] ; l'autre, l'art de la discussion qui se sert de raisons plausibles à défaut d'évidences qui s'imposent. Nous trouverions la première dans les *Analytiques* d'Aristote, la seconde dans les *Topiques*.

Une science est l'ensemble des vérités sur un sujet. L'idéal de la science, selon Duns Scot, serait d'avoir pour principe, par l'intuition complète de son objet, la définition qui en exprime l'essence, et d'apercevoir les conséquences nécessaires d'un tel principe[4]. Mais il avoue que cet idéal n'est pas possible pour nous ; une distinction lui est familière entre la science en soi et la science par rapport à nous, et aux questions posées sur l'objet et la méthode de la science, les solutions qu'il donne diffèrent suivant ces deux points de vue succes-

---

1. Scot, *In* 3um *Sent.* D. 34, t. 7, p, 728. — Cf. Aristote, *Metaph.* l. 6, c. 1 ; Ravaisson, *Essai sur la métaph. d'Arist.* t. 1, p. 251-252. — Même classification dans le *De reduct. artium ad theolog.* de saint Bonaventure.
2. Scot, *Super Univers. Porphyrii*, q. 1, t. 1, p. 87 ; saint Thomas, *Metaph.* IV, lect. 4.
3. Scot, ibid. q. 3, p. 89 : Subjectum primum et proprium logicæ est syllogismus.
4. Scot, *In* 3um *Sent.* D. 24, t. vii, p. 483 ; *Report.* Prologi q. 1, art. 1.

sifs [1]. « Le propre de la métaphysique, dit-il [1], est de fonder ses divisions et définitions sur l'essence, puis de faire des démonstrations par la considération des causes essentielles absolument premières... Mais c'est le propre de la métaphysique en soi. Ce n'est pas ainsi que nous en avons la science, ni qu'elle est enseignée par Aristote. Cherchez dans tout son livre : vous n'y trouverez pas une seule démonstration de métaphysique à priori, car, par suite de la faiblesse de notre intelligence, c'est en partant des choses sensibles et moins intelligibles (*minus notis*) en elles-mêmes que nous venons à la connaissance des choses immatérielles qui en soi sont plus intelligibles (*notiora*) et devraient être en métaphysique prises comme les principes de la connaissance des autres choses. » L'ange peut-être aurait pu, selon Duns Scot [2], « de la connaissance naturelle de Dieu déduire toute autre connaissance; » mais ce n'est pas notre cas, et nous ne pouvons commencer la science en supposant l'existence de Dieu ni la fonder sur sa notion [3] : en effet, avant l'expérience des sens,

---

1. *Quæst. in Metaphys.* Prologus : Proprium hujus scientiæ est dividere et diffinire per essentialia simpliciter et colligere seu demonstrare per causas essentiales simpliciter priores et notiores, et maxime per causas altissimas... Hoc modo est Metaphysica secundum se scibilis. Non tamen sic eam scimus nec sic invenitur ab Aristotele tradita. Quære si in toto libro invenias unam demonstrationem metaphysicam *propter quid*... t. IV, p. 507.

2. *Quæst. in Metaph.* lib. I, q. 1. — T. IV, p. 520.

3. Ibid : Potest igitur prima scientia possibilis homini per rationem naturalem acquiri, et poni scientia *quia* et de Deo ut de subjecto primo, et de omni ente, ut de materia in quantum attribuitur ad primum ens : quæ nec supponat Deum esse nec ab ejus notitia incipiat ad cognoscendum alia, licet utrumque oporteret si esset scientia *propter quid*.

il n'y a aucun principe qui nous soit naturellement connu [1].

La méthode de philosopher de Scot est donc, comme celle de saint Thomas, comme celle de tous les péripatéticiens, ouvertement a posteriori, prenant son point de départ dans l'observation des faits. Mais l'ordre d'exposition des scolastiques est inverse de cette méthode.

Les écrits les plus considérables de Scot sont des commentaires, sur les Sentences de Pierre Lombard, ou sur la Métaphysique et sur le Traité de l'Ame d'Aristote : il y traite les diverses questions de philosophie et de théologie à mesure que les textes qu'il commente lui en fournissent l'occasion. Cependant, si nous considérons le Traité des Principes, les Quolibets, etc., il semble que l'ordre que Scot eût adopté s'il eût exposé sa doctrine philosophique dans une grande œuvre dont il aurait réglé le plan lui-même, eût été celui des Sommes de saint Thomas, l'ordre aussi du recueil de Pierre Lombard, l'ordre du Credo [2], à savoir celui qui commence par la théodicée et qui continue par la psychologie et la morale. Mais, quoi qu'on puisse conjecturer à cet égard, nous estimons qu'il n'y a aucun inconvénient, qu'il y a même avantage à modifier cet ordre et à commencer l'étude de Duns Scot par sa psychologie. Celle-ci pour Duns Scot, pas plus que pour saint Thomas, n'est une déduction de la métaphysique ; mais se suffit à elle-même, par conséquent

1. *Quæst. in Metaph.* l. II, q. 1, t. IV, p. 551.
2. Simler : *Des sommes de théologie*, p. 11, 224.

peut être mise avant ou après la théodicée. On pourrait plutôt dire que la théodicée de ces docteurs dépend de leur psychologie. C'est parce que dans la théorie de la connaissance ils n'admettent pas d'idées innées dans l'âme ni d'intuition directe de l'Absolu, qu'ils croient nécessaire de prouver l'existence de Dieu ; et l'on verra comment Duns Scot en particulier pour parler de la nature divine, s'appuie sur la considération de nos facultés et de nos aspirations. Nous exposerons donc la psychologie de Scot avant sa métaphysique, et en traitant de celle-ci, nous renverrons après les questions de l'existence de Dieu et de ses attributs, des questions comme celles des genres, de l'individuation, de la matière première, des principes de la morale, dont Scot a de quelque façon rattaché la solution à la théodicée, ou dont les solutions données par lui risquent d'être mal comprises si l'on ne fait pas attention à sa théodicée.

CHAPITRE III

THÉORIE DE LA CONNAISSANCE

Toute l'Ecole, avec Aristote, distingue deux facultés cognitives, les sens et l'entendement ou intellect : La première ne peut exister qu'à l'aide des organes corporels ; bien qu'en fait l'activité de la seconde soit accompagnée d'un certain travail des organes, par essence elle est indépendante des organes. Les sens sont communs à l'homme et à l'animal : nous possédons seuls l'intellect.

Nous examinerons successivement ce que Scot dit des sens et de la sensation, puis ce qu'il dit de l'intellect, de son rôle dans notre connaissance des choses sensibles, de la connaissance que l'âme a d'elle-même, de notre connaissance de Dieu, enfin des rapports de notre intelligence avec Dieu considéré comme son principe.

I

La sensation elle-même est considérée par Duns Scot comme une sorte d'activité [1]; selon lui, le sujet de la sensation subit sans doute une influence, mais son état n'est pas cette complète passivité qui est le contraire de la véritable activité causatrice. En effet l'antécédent de toute sensation est une modification d'un organe, une « espèce » imprimée sur l'organe : or, remarque Scot, cette modification peut avoir lieu sans que la sensation se produise, lorsque, l'organe étant intact, l'activité de l'âme est ou suspendue ou tournée d'un autre côté [2] : pour sentir, il faut donc que l'âme coopère avec la cause qui agit sur les organes. Saint Thomas, plus près d'Aristote, avait au contraire regardé les sens comme des puissances purement passives [3].

Les « espèces » jouent un grand rôle dans les théories scolastiques de la connaissance. Scot compte quelque part trois sortes d'espèces sensibles [4] : celle qui

---

1. *De Anima*, q. 7. — T. II, p. 502 : actio acta vel producta quæ non est de genere Actionis.

2. *De Anima*, q. 12, p. 523 : In organo cæci vel dormientis oculis apertis sicut leporis imprimitur visibilis species, tamen nullum istorum videt. — Cf. sur les effets de la préoccupation : *De Rer. princip.* q. 14. t. III, p. 119 : Dum sensitiva retardatur per aliam virtutem superiorem...

3. Waddington: *De la psychol. d'Aristote*, p. 337 : « Aristote avait exagéré le caractère passif de la sensation. » —

4. *De Rer princ.* q. 14, p. 124: Habet species sensibilis esse tripliciter, scilicet : in objecto extra, quod est esse materiale, in medio, et hoc esse est quodammodo spirituale et immateriale ; habet esse in organo, et hoc adhuc magis spiritualiter et immaterialiter quam in medio.

est l'apparence de l'objet et qui n'en est pas détachée, celle qui traverse le milieu situé entre l'objet et l'organe, celle qui est formée dans l'organe ; mais il ne refuserait pas d'ajouter à cette liste, l'espèce, sensible encore, qui à la suite de la sensation se produit dans l'imagination (ou plutôt dans son organe) et qui prépare la production de l'espèce intelligible [1].

Nous parlerons plus loin des espèces intelligibles. Quant aux espèces sensibles, Reid est tombé dans une étrange méprise quand il dit [2] : « Aristote et les Scolastiques après lui ont avancé que des images ou espèces s'échappent des objets et s'introduisent dans l'esprit par le canal des sens. » Ici il y a une distinction à faire. 1° Veut-on dire, pour expliquer la sensation, que quelque substance matérielle se détache des objets et vient faire impression sur nos organes ? Cette théorie de l'*émanation* est celle de Démocrite [3] et d'Epicure. Nous la trouvons vraie pour le sens de l'odorat et du goût, et fausse pour les autres. Quant à Aristote et aux Scolastiques, ils rejettent formellement les « espèces » au sens de Démocrite. Saint Thomas dit très exactement [4] : « Aristote a admis avec Démocrite que les actions de la partie sensitive sont l'effet des impres-

---

1. Comment. de Lychet sur Scot. *In 1um Sent.* d. 3. q. 6, p. 533 : Objectum distans, puta lapis, prius causat speciem sensibilem in sensu exteriori ; deinde causatur species sensibilis in virtute phantastica, quæ species dicitur phantasma, et ipsum phantasma una cum intellectu agente est causa immediata speciei intelligilibis.

2. *Essai* II, ch. 14, trad. Jouffroy, t. II, p. 243.

3. Démocrite veut qu'il y ait des effluves spéciales pour chaque sens. Voir Chauvet : *Des théories de l'entendement humain dans l'antiquité*, p. 107.

4. S. *Theol.* 1ᵃ p. q. 84, a. 6.

sions produites par les objets sensibles sur les sens. Mais tandis que Démocrite voulait que cette impression fût produite par l'effluve des atomes corporels, Aristote disait que c'était par une opération qu'il ne déterminait pas. » — 2° Veut-on dire que la cause externe la plus prochaine de la sensation est un changement produit dans le milieu qui est entre notre corps et les autres corps qui sont la cause plus éloignée de la sensation? Telle est la théorie d'Aristote [1] et des Scolastiques; Scot paraît seulement faire quelques réserves pour le toucher [2] et admettre le contact possible de deux corps solides sans eau ni air interposé, ce que n'admet pas Aristote [3]. Si nous nous bornons à parler de la vue et de l'ouïe, la théorie péripatéticienne est très exacte : il y a véritablement une image du son ou de la forme colorée, une « espèce » voyageuse qui va des objets aux organes, qui traverse l'air sans l'altérer, qui produit la sensation et qui est elle-même insaisissable aux sens, qui par suite est appelée par les Scolastiques spirituelle ou immatérielle [4].

Les philosophes de l'école Ecossaise, pour qui les « espèces » ne sont que des intermédiaires chimériques, demandent [5] pourquoi l'esprit ne percevrait pas direc-

1. *De l'Ame*, II, c. 11, § 7.
2. *De Anima*, q. 3.
3. Voir saint Thomas : 2° *De Anima*, lect. 23.
4. Saint Thomas, *S. Theol.* 1. p. q. 78 a. 3. — Scot, *De Anima*, q. 4, p. 493, distingue dans les effets de l'impression des objets sur nos organes, l'*immutatio naturalis*, lorsque l'organe prend la qualité de l'objet, comme la main qui devient chaude par l'impression du feu, et l'*immutatio intentionalis vel spiritualis* dans le cas contraire : ainsi l'œil ne devient pas lumineux dans la vision.
5. Voir *Œuvres de Reid*, trad. Jouffroy, t. III, 1ᵃ p. 345, p. 140.

tement les objets mêmes. Scot pour sa part, convient qu'il n'y a pas d'impossibilité absolue qu'un objet corporel produise directement une connaisssance dans un esprit ; l'ange peut ainsi connaître les choses matérielles [1]. Mais pour nous qui avons des organes, un cerveau, notre loi est de nous en servir, et nous ne percevons que par les espèces qui y ont été imprimées par les objets et dont la survivance explique en partie la mémoire.

Comme tous les péripatéticiens, Scot reconnaît cinq sens particuliers externes et un sens commun qui est interne. Les sens particuliers se distinguent entre eux moins par leurs sensations que par leurs organes. Ainsi le toucher, qui perçoit le chaud et le froid comme le dur et le mou, n'est qu'un seul sens parce qu'il n'y a qu'un organe [2] ; le goût, qui suppose un contact, pourrait être confondu avec le toucher, si pour s'exercer il n'avait pas besoin d'un intermédiaire spécial, la salive dans laquelle doit se dissoudre l'objet goûté [3].

Chaque sens spécial fait connaître des contraires [4], mais les contraires du même ordre, comme pour la vue le blanc et le noir. Par le sens commun, nous percevons les différences des sensibles d'ordres divers, comme celles du blanc et du moelleux, du blanc et du sonore [5]. Son objet est donc aussi bien les sensibles

1. *In 2um Sent.* D. 3, q. 11.
2. Scot, *De Anima.* q. 1. — Cf. saint Thomas, S. *Theol:* 1ª p. q. 78, a. 3. Ad 3um. Sensus tactus est unus in genere, sed dividitur in multos sensus secundum speciem.
3. Scot, *De Anima*, q. 6.
4. Ibid. q. 8.
5. Ibid. q. 10, p. 513. — Cf. saint Thomas, S. *Theol.* 1ª p.q. 77, a. 4.

propres, que ce qu'Aristote appelle les sensibles communs [1], comme la grandeur et la figure, sensibles communs à la vue et au toucher. Il est la cause et la racine de tous les sens particuliers. Scot le compare au centre d'un cercle; et encore à un roi qui, assis sur son trône, reçoit et juge les informations des sens spéciaux [2]. Aristote en plaçait l'organe dans le cœur; les médecins et Avicenne, nous dit Scot, le placent dans le cerveau. Scot essaie de les concilier : la base de l'organe, selon lui, est dans le cœur et sa terminaison au cerveau [3].

On a dit avec raison : « Cette hypothèse du sens commun, longtemps reçue en philosophie, paraît inutile du moment que l'on admet l'unité du principe qui voit par les yeux, entend par les oreilles et perçoit par tous les sens, et qui par conséquent est en état d'en comparer les données diverses [4]. »

Duns Scot suit la doctrine commune de l'Ecole, que les organes des sens, l'œil, l'oreille, etc., sont 1° le siège, 2° d'une certaine façon, le sujet de la sensation. Nous trouvons chez les scolastiques modernes deux interprétations de la seconde opinion : ils disent, ou bien que l'organe est « un principe substantiellement participant à l'acte de sentir [5], » ou bien qu'il est non le « co-principe » mais la « condition intrinsèque »

---

1. Ibid. p. 514.
2. Ibid. p. 513 : Causa et radix omnium sensuum particularium.
3. Ibid. p. 514 et q. 2, p. 489. De même saint Thomas *De sensu et sensato*, lect. 5.
4. Waddington, *La psychologie d'Aristote*, p. 337.
5. Bourquard, *Doct. de la connaissance d'après saint Thomas*, p. 155.

de la sensation¹, ce dont l'action peut seule expliquer que le sujet sentant reconnaisse une certaine surface à ses impressions. Scot ne s'étend point sur la question, mais cette seconde interprétation, plus facile à défendre contre le reproche de matérialisme, nous paraît plus conforme à son langage². Quant à l'opinion scolastique qui place le siège des sensations dans les organes des sens, et non dans le cerveau, comme nous préférerions dire, remarquons combien elle est atténuée par la théorie, scolastique aussi, du sens commun. Dans cette théorie, l'organe du sens commun est un organe central, le cerveau même plutôt que le cœur : or toutes les sensations des sens particuliers sont comme répétées dans le sens commun afin d'y être comparées ; bien plus, elles y sont plus complètes, puisque c'est au sens commun que les scolastiques attribuent la conscience sensitive, c'est-à-dire l'aperception réfléchie par laquelle le sujet connaît qu'il a une sensation (sans connaître encore sa propre nature ³).

Outre le sens commun, saint Thomas admettait trois autres sens internes : l'imagination, le sens appré-

---

1. Palmieri, *Institutiones philosophicæ*, vol. 2, p. 287-292.
2. Voir Scot, *De anima*, q. 5, n° 3, p. 495.
3. Saint Bonaventure cite comme un principe communément admis Quod cognitio sensitiva exterior non habet perfectionem absque interiori. *In 3um Sent.* D. 1, art. 1, q. 2.— Cf. Scot, *De anima*, q. 9, et Cavelle Annotat. ibid. p. 510.— Saint Thomas, *De veritate*, q. 1, a. 9 : Sensus autem qui inter cæteros est propinquior intellectuali substantiæ redire quidem incipit ad essentiam suam, quia non solum cognoscit sensibile sed etiam cognoscit se sentire ; non tamen completur ejus reditio quia sensus non cognoscit essentiam suam.

ciatif et la mémoire [1]. — Duns Scot rejette « l'estimative » ou le sens appréciatif, cette faculté inférieure à l'intelligence et encore tout organique, par laquelle on sentirait, sans juger, ce qui est utile ou nuisible, ce qui est à fuir ou à éviter. Ce sens, supposé pour expliquer la nature de l'animal, est inutile aux yeux de Scot, puisque, selon lui, les actions de l'animal pourraient à la rigueur s'expliquer même sans la mémoire, c'est-à-dire sans la faculté de se représenter le passé comme tel [2] : l'imagination suffirait. Nulle part Scot ne compte le sens commun, l'imagination, et la mémoire, comme trois sens distincts [3], et il paraît plusieurs fois les confondre, ainsi qu'avait fait Alexandre de Halès. Par exemple, quand il veut prouver que le cerveau est l'organe ou une partie de l'organe du sens commun, il allègue ce fait que l'exercice de la pensée (qu'accompagne toujours suivant Aristote l'exercice de l'imagination) a pour conséquence une fatigue de la tête [4]. Des gouttes de pluie, dit-il encore [5], semblent former une ligne continue; si l'on fait tourner une baguette, on voit un cercle de la couleur de l'extrémité de la baguette. Or, ajoute-t-il, il est impossible à un sens particulier d'apercevoir l'objet où cet objet n'est pas. Scot attribue ce

---

1. *S. theol.* 1ᵃ p. q. 78, a. 4 : Necesse est ponere quatuor vires interiores sensitivæ partis, scilicet sensum communem, imaginationem æstimativam et memorativam.
2. *In 4um Sent.* D. 45, q. 3. — t. x, p. 197.
3. Voir Scot. *De anima*, q. 9. Annotat. de Cavelle, p. 512.
4. *De anima*, q. 10, p. 514.
5. Ibid. q. 9, p. 509.

rôle au sens commun : c'est encore le confondre avec l'imagination. Car, s'il ne veut pas, comme nous ferions, reconnaître aux sens mêmes le pouvoir en quelque sorte de prolonger leurs sensations au-delà du phénomène qui les excite, il faut attribuer la prolongation des sensations à la faculté qui produit les images sans l'excitation des phénomènes extérieurs, c'est-à-dire à l'imagination. — Quant à la mémoire, il semblerait à Scot [1] qu'on ne devrait pas en faire un sens, parce que la durée ne tombe pas sous le sens, mais, par égard pour l'autorité d'Aristote, il se borne au doute à ce sujet. Scot, contrairement à la doctrine de saint Thomas [2], reconnaissait à l'entendement le pouvoir de connaître les choses singulières et d'en conserver le souvenir; il n'avait dès lors pas autant besoin d'une mémoire sensitive. Ainsi, ayant davantage affranchi des organes la mémoire, il ne trouve pas, en théologie, les mêmes difficultés que saint Thomas à admettre une communion actuelle des âmes « séparées » avec les vivants [3].

Il semblerait que la doctrine des « espèces » dût conduire à penser, comme certains philosophes modernes, que par la sensation nous ne connaissons directement que notre propre corps. Cependant la doctrine commune des scolastiques est que par la sensation

---

1. *In 4um Sent.* d. 45 q-3 ; t. X, p. 196.
2. Saint Thomas, *S. theol.* 1ᵃ. q. 79, a. 6.
3. Voir Scot, *In 4um Sent.* d. 45 q. 2. Utrum anima separata possit acquirere cognitionem alicujus prius ignoti; et d. 45,q . 4: Utrum Beati cognoscant orationes quas offerimus. — Cf. saint Thomas, *S. theol.* 1ᵃ q. 89.

nous connaissons les qualités des corps extérieurs telles qu'elles sont et que nous en constatons immédiatement l'existence. Ils veulent toutefois que cette connaissance sensitive soit complétée par le contrôle de l'entendement, et Scot fera la part de l'entendement la plus grande possible.

II

« L'intellect, dit Scot, a des opérations propres [1], qui le distinguent de la puissance sensitive : ces opérations sont la conception de l'universel, l'analyse et la synthèse, le raisonnement. » C'est donc par lui que nous avons les notions des genres et des espèces, et que nous connaissons les principes nécessaires et l'enchaînement des vérités.

Toutefois, si la constatation de l'existence actuelle des choses corporelles, suivant Scot, appartient aux sens, il n'admet pas que les sens puissent s'acquitter d'une façon complète et sûre de cette fonction sans le concours de l'intellect.

L'unité de l'âme [2] exige que les diverses puissances de l'âme ne soient pas indépendantes. Mais tantôt l'exercice d'une faculté est une entrave à l'exercice

---

1. *In 1um Sent.* D. 3, q. 6. — t. v, p. 517 : Intellectus est potentia distincta a potentia sensitiva propter intellectionem universalis, et propter compositionem et divisionem et propter syllogizationem.
2. Scot, *De rerum principio*, q. 9, t. III.

d'une autre, tel est le rapport de l'intellect et de la nutrition [1], tantôt une faculté ne peut au contraire s'exercer sans une autre, tel est le rapport de l'intellect et des sens. Otez les sens, nous ne connaissons plus rien, si ce n'est peut-être notre seule existence [2], connaissance stérile d'où aucune science ne sortira [3]. Otez l'intellect, nous sentons encore les objets corporels comme l'animal, mais nous n'en avons plus une véritable connaissance.

L'intellect peut être momentanément enchaîné, et l'homme réduit à une sorte d'existence animale [4] : il a dans ces moments des sensations et des images, mais il n'a pas la science. Celle-ci ne nous est possible que quand nous sommes complètement nous-mêmes, quand nous pouvons réfléchir sur nos opérations et les contrôler [5].

L'animal, c'est-à-dire l'être qui n'a que les sens et qui est privé de l'intellect, se demande-t-il jamais si une chose est vraie, si un objet est réel? Il n'a que des sensations plus ou moins vives, plus ou moins confuses, qui déterminent son action suivant leur nature. Il sent, mais il ne juge pas. Pour juger, il faut avoir

1. Ibid. q. 13, p. 111.
2. Ibid. q. 15.
3. Ibid. q. 13, art. 1: Cognitio infima particularis sensitiva est scientiarum omnis cognitionis origo et principium scientiæ et scientificæ cognitionis.
4. Ibid. q. 13, p. 110 : Ut patet in imaginativa tempore dormitionis, quum intellectus tunc ligatus sit. Hoc etiam patet in sensibus et imaginatione phreneticorum.
5. Ibid. Sic dico quod omnes apprehensiones sensitivæ, seu sensuum particularium seu phantasiæ, sunt imperfectæ in genere cognitionis seu monstruosæ nisi per intellectum perficiantur.— Cf. Denis, *Le Rationalisme d'Aristote*, p. 126 : « Sentir ce n'est pas connaître, ce n'en est que l'ombre. »

l'idée du vrai et y comparer les données de la sensation. C'est parce que nos sensations sont mêlées de jugement qu'il faut dire que notre intellect coopère avec notre faculté de sentir. « Savoir, dit Scot, c'est percevoir la vérité d'une chose ; tel n'est pas le rôle du sens, mais seulement de la raison [1]. » Et si c'est le rôle de la raison ou de l'intellect de reconnaître la vérité en général, c'est encore par l'intellect et non par la sensation, que nous sommes certains des vérités les plus particulières, comme : cet objet est telle chose, cet homme n'est pas une pierre [2]. L'apôtre saint Thomas se servait à la fois de sa raison et de ses sens, lorsque palpant les plaies adorables il reconnaissait son maître [3].

Sans le contrôle de l'intellect, les sensations nous induiraient en erreur. Si nous nous en rapportons à la vue, le soleil n'a que deux pieds de diamètre, tandis que nous savons qu'il est « huit fois grand comme la terre [4]. » Comment s'exerce ce contrôle de la raison ? Par deux moyens ; 1° Un sens nous sert à rectifier les données d'un autre ; ainsi le toucher nous fait connaître que le bâton que nous voyons brisé, est resté droit. 2° L'intellect possède des principes par

---

[1]. Ibid. p. 107 : Scire est veritatem rei apprehendere quam sensus non apprehendit, sed solum apprehendit ratio quod est verum. — p. 110 : Potentia intellectiva attingit et intimat se potentiis [sensitivis.]

[2]. Ibid. p. 113 : Si intellectus aspicit ens ut ens, sen verum ut verum, ergo ubicumque invenitur ratio veri, sub intellectus cadit apprehensionem.

[3]. Ibid. p. 115.

[4]. Ibid. p. 110. — En réalité le diamètre du soleil est 112 fois celui de la terre.

lesquels il déclare certaines choses possibles ou absurdes : ainsi il sait d'avance que les causes qui ne sont pas libres, comme celles des phénomènes de la nature, produisent toujours les mêmes effets ; au nom du principe de contradiction, il déclare d'avance absurde qu'un bâton soit brisé par l'eau où il est à moitié plongé ; qu'un objet immobile grandisse ou diminue parce que nous nous en approchons ou nous nous en éloignons [1].

Puisque l'intellect intervient dans les sensations pour décider ce qu'elles contiennent de certain, on doit donc dire qu'il connaît directement des choses particulières. « De grands hommes, » dit Scot [2], se sont trompés, en ne donnant à l'intellect pour objet direct de connaissance que l'universel dégagé de l'espèce sensible, et en se bornant à répéter, après Aristote, que le particulier est connu par les sens : déjà dans cette prise de possession du particulier, l'intellect mêle son opération à celle des sens, et l'âme y est tout entière.

1. *In 1um Sent.* D. 3. q. 4. — t. v, p. 484 : Aut circa tale cognitum opposita apparent diversis sensibus ; aut non, sed omnes sensus cognoscentes illud habent idem judicium de eo. Si secundo modo, tunc certitudo habetur de veritate talis cogniti per sensus et per illam propositionem : quod evenit ut in pluribus ab aliquo est effectus naturalis ejus, si non sit causa libera... Si autem diversi sensus habent diversa judicia de aliquo viso extra,... in talibus est certitudo, quid verum sit et quis sensus erret, per propositionem quiescentem in anima certiorem omni judicio sensus... in qua propositione intellectus non dependet a sensu sicut a causa, sed sicut ab occasione. Exemplum : intellectus habet hanc propositionem quiescentem : nullum durius frangitur ad tactum alicujus mollis sibi cedentis.

2. *De Rer. princip.* q. 13, art. 3 : Hic est modus quem ponunt magni viri.

Saint Thomas, auquel Scot fait allusion, avait en effet soutenu que « notre intellect ne peut connaître directement le singulier dans les choses matérielles [1]. » Son principal argument est que ce qui les individualise peut être objet de perception ou de souvenir, mais ne peut être conçu ou défini. J'aurais beau multiplier les notations, dire : Homme, blanc, musicien, etc, ma conception ainsi caractérisée sera celle d'un genre, et non d'un individu, car il pourrait y avoir plusieurs individus auxquels elle conviendrait [2]. Si, après avoir réuni toutes ces notions générales, je veux enfin atteindre par la pensée ce qui sépare l'individu de tout autre, je suis obligé, à défaut d'une notion, de me retourner vers « l'espèce » que m'a donnée la sensation [3]. Mais, si Scot a trouvé l'occasion de contredire une opinion thomiste, l'opposition entre les deux docteurs est encore plus dans la forme que sur le fond ; saint Thomas ne reconnaît-il pas, en somme, que c'est l'intellect qui juge de la vérité des données des sens [4]?

[1]. *S. theol.* 1ª p. q. 86. art. 1 : Singulare in rebus materialibus intellectus noster directe et primo cognoscere non potest.

[2]. Saint Thomas : *Quæstio De Anima*, art. 20. Manifestum est quod quantumcumque adunentur aliqua universalia nunquam ex eis perficitur singulare. Sicut si dicam hominem, album, musicum, et quæcumque hujusmodi addidero, nunquam erit singulare : possibile est enim omnia hæc adunata pluribus convenire.

[3]. *S. theol.* loc. cit. Indirecte autem et quasi per quamdam reflexionem potest agnoscere singulare ... convertendo se ad phantasmata in quibus species intelligibiles intelligit.

[4]. Saint Thomas : *De Veritate*, art. 9 : Veritas est in sensu sicut consequens actum ejus, dum scilicet sensus est de re secundum quod est : sed tamen non est in sensu sicut cognita a sensu; si enim sensus vere judicat de rebus, non tamen cognoscit veritatem qua vere judicat. — Cf. Scot. *De Rer. princ.* q. 13, art. 3, p. 117 : Solus sensus habet actualitatem rei

La connaissance des choses sensibles particulières étant donnée, une opération propre de l'intellect c'est de concevoir les choses générales ou universaux. Sur ce point nous trouvons dans Scot une doctrine toute pareille à celle de saint Thomas, et il nous semble que l'un et l'autre s'inspirent fidèlement sur ce sujet de la doctrine d'Aristote.

Concevoir les universaux, c'est connaître aussi bien les lois que les genres; expliquer comment nous arrivons à cette conception des universaux, c'est donc donner une théorie de ce que nous appelons l'induction en même temps que de ce que nous appelons la généralisation. Se faire une idée du mammifère, c'est penser à part cette nature qui se retrouve avec différents alliages chez l'homme, chez le cheval, chez les ruminants, les cétacés, etc; mais c'est aussi avoir reconnu cette loi : Les animaux vivipares sécrètent du lait. Prenons un exemple plus péripatéticien[1]. Avoir l'idée du verre en général et connaître cette loi que le verre est transparent, c'est même chose, car sans cette notion l'idée générale serait sans contenu, ne serait rien. — Il faut tenir compte de cette parenté des essences et des lois pour voir toute la portée de la question agitée par les scolastiques.

Quand ils entreprennent d'expliquer comment nous

---

sensibilis extrinsece experiri et cognoscere, quum sit infimum in genere virium cognoscitivarum; intellectus autem cognoscit ipsam certitudinaliter in ipsa et per ipsam sensationem, sed non experitur.

[1] Voir Aristote, *Dern. Analyt.* l. 1, c. 31.

connaissons l'universel, Scot et saint Thomas se préoccupent avant tout d'écarter l'opinion d'Avicenne, d'Henri de Gand, suivant laquelle nous recevons d'un principe supérieur l'idée générale, de même que dans sa théorie de l'intelligence Aristote se préoccupe avant tout de combattre la réminiscence de Platon. Mais en critiquant ces théories qui tendent à considérer la science de l'ordre et des lois de l'univers comme une sorte de révélation surnaturelle, ces philosophes n'admettent pas que nous recevions des sens, même aidés de la mémoire, les idées générales comme toutes faites [1]. La notion même de l'universalité, c'est-à-dire ce qui fait que telle essence est conçue comme pouvant être dans un nombre indéfini d'individus, n'est pas donnée par les sens qui ne saisissent que l'existence actuelle, ni par la mémoire ou l'imagination qui ne représentent rien que d'individuel ; de plus l'élément auquel cet attribut de l'universalité peut être attaché, n'est présenté par la sensation ou l'image que mêlé aux accidents et aux conditions individuantes dont il faudra le dégager. Il y a donc lieu d'attribuer à l'intellect deux fonctions, celle par laquelle il dégage et même produit l'universel, et celle par laquelle il le connaît, ou de distinguer deux intellects, l'intellect actif et l'intellect possible ou patient [2]. Pour éviter toute mé-

---

1. Saint Thomas, *De Veritate*, q. 10, art. 6 ad 7um. In receptione qua intellectus possibilis species rerum accipit a phantasmatibus, se habent phantasmata ut agens instrumentale et secundarium : intellectus vero agens, ut agens principale et primum.

1. Aristote, *Traité de l'âme*, l. 3, c. 5. — Scot, *In* 1um *Sent*. D. 3, q. 6. — p. 521. — Cf. *De Anima*, q. 13, p. 526 : Alii dicunt, et probabiliter,

prise sur cette distinction péripatéticienne, remarquons que l'intellect actif (νοῦς ποιητικὸς) n'est pas synonyme de la pensée en acte (ὁ νοῦς ὁ κατ' ἐνέργειαν *De l'Ame* l. III, c. 7 § 8). L'intellect patient est en puissance ou en acte, tantôt pense et tantôt ne pense pas ; c'est lui qui pense, c'est l'intellect actif qui le fait penser. Connaître pour Aristote c'est d'une certaine façon imiter l'objet, en reproduire la similitude ; l'intellect patient est l'universel en puissance, il peut penser, c'est-à-dire, devenir l'universel : mais ce qui le fait parvenir à son acte, ce n'est point la sensation, c'est une énergie propre de l'âme utilisant les données de la sensation. Que l'on propose donc quelqu'un de ces systèmes qui expliquent nos conceptions des genres et des lois de la nature par les seules conbinaisons en quelque sorte automatiques des impressions faites dans l'âme ou la conscience par les sensations, tels que les systèmes de Condillac ou de David Hume, il nous semble, quoiqu'on ait représenté parfois Aristote comme le fondateur du sensualisme [1], que ce serait une doctrine très opposée à la doctrine péripatéticienne et scolastique.

---

quod non differunt re sed ratione vel officiis quia intellectus ut eliciens actum intelligendi dicitur agens, ut recipiens autem dicitur possibilis. Sur l'existence de l'intellect agent, voir saint Thomas, S. *theol.* 1ᵃ p. q. 79, art. 3. — Ils font tous deux remarquer (locis citatis) que l'hypothèse platonicienne des idées et de la connaissance directe des idées par notre esprit rendait inutile l'intellect agent.

1. Garnier, *Traité des facultés de l'âme*, l. xi, § 7. — Cf. sur le prétendu sensualisme d'Aristote, Waddington : *De la psychologie d'Aristote.* 2ᵉ part. c. 4 ; Denis : *Le rationalisme d'Aristote.* — Venue après celle de ces auteurs, l'interprétation que fait M. Chauvet des textes d'Aristote nous paraît moins exacte. Voir Chauvet : *Théorie de l'entendement de l'antiquité*, p. 362, sqq.

D'un autre côté la principale préoccupation de saint Thomas, de saint Bonaventure, de Duns Scot, est de réfuter les péripatéticiens arabes, et en particulier, sur la théorie de la connaisance, Avicenne. Les philosophes arabes en effet avaient abusé de ce qu'Aristote dit de la distinction de ces deux intellects jusqu'à en faire une distinction de substances, et soutenu que nous recevons nos idées, du moins celles que ne donnent pas immédiatement les sens, d'une intelligence supérieure à la nôtre, de Dieu, ou de quelque esprit placé entre Dieu et nous [1].

Que l'esprit, avant la sensation, soit vide de toute connaissance actuelle et semblable à une « table rase », les Scolastiques le disent [2] avec Aristote. Mais, suivant eux, lorsque l'esprit a reçu, grâce à la sensation, les notions particulières ou les « termes simples », il les met en regard les uns des autres. Ces termes ainsi rapprochés peuvent-ils être ceux d'un premier principe, l'esprit en aperçoit aussitôt la vérité, c'est-à-dire l'universalité et la nécessité, grâce à une « disposition », à une « lumière naturelle » qui

---

1. Saint Thomas, *Super Boetium De Trinitate Opuscul.* LXX, ad 1ᵘᵐ : Quidam igitur posuerunt quod solus intellectus possibilis est potentia animæ, intellectus vero agens erat quædam substantia separata, et hæc est opinio Avicennæ.

2. Tenons compte toutefois de cette remarque que fait très justement le P. Liberatore : « L'exemple de la table rase est appliqué spécialement par saint Thomas à l'intellect possible et non à l'intelligence en général considérée sous un rapport quelconque. Celle-ci en effet, prise comme faculté active, n'est jamais comparée chez lui à une table rase, mais bien plutôt à une lumière qui contient virtuellement toute sorte de couleurs et à un agent qui opère en vertu de son efficacité innée. » *De la connaissance intellectuelle,* ch. VII, art. 8, trad. fr. p. 289.

est en lui-même [1]. Scot, dans le même endroit où il déclare qu'il n'y a aucune connaissance innée, dit toutefois que l'intellect peut être appelé *habitus principiorum*, et saint Thomas avait défini l'*habitus* quelque chose d'intermédiaire entre le pur possible et l'acte véritable [2].

L'accord, sur cette question de l'origine de nos connaissances, est complet entre Scot et saint Thomas, comme entre eux et saint Bonaventure [3] : lorsque les ontologistes modernes ont cru trouver les docteurs franciscains plus favorables à leur thèse que l'école dominicaine, ils se sont trompés [4].

Saint Thomas avait dit que l'objet « adéquat » de notre intelligence était la quiddité ou l'essence des

1. Scot, *Quæst. in Metaphys.* l. II, q. 1 : Dicendum quod [anima] non habet aliquam cognitionem naturalem, secundum naturam suam, neque simplicium neque complexorum, quia omnis nostra cognitio ortum habet ex sensu. Primo enim movetur sensus ab aliquo simplici, non complexo, et a sensu moto movetur intellectus, et intelligit simplicia, quod est primus actus intellectus. Deinde, post apprehensionem simplicium, sequitur alius actus qui est componere simplicia ad invicem. Post illam autem compositionem habet intellectus ex lumine naturali quod assentiat illi veritati complexorum, si illud complexuum sit principium primum... Dicendum quod pro tanto dicuntur [prima principia] nobis naturaliter nota sive cognita quia, præscita compositione simplicium terminorum, statim ex lumine naturali intellectus acquiescit vel adhæret illi veritati; tamen cognitio terminorum acquiritur ex sensibilibus, et iste intellectus dicitur habitus principiorum, quo adhæret primis principiis. — Cf. saint Thomas, *De verit.* q. 11, a. 1; *In* 3um *De Anima*, lect. 10, etc. — Cf. Scot, *In* 1um *Sent.* D. 3, q. 4, p. 481.
2. *S Theol.* 1a p. q. 87, art. 2 : Habitus quodammodo est medium inter potentiam puram et purum actum.
3. Voir, au sujet de saint Bonaventure, Liberatore, ouvr. cité, ch. VII, art. 8.
4. Par exemple M. l'abbé Fabre, *Cours de philosophie*, t. II, ch. III, prop. 20.

choses sensibles [1]. Duns Scot soutient longuement que c'est l'être en général [2]. Comme théologien, il dit que les bienheureux connaissent les essences immatérielles sans cependant qu'ils aient changé de nature ; comme philosophe, il fait remarquer que toutes nos pensées se ramènent à la catégorie de l'être, car tout ce que nous pensons, les genres et les individus, les rapports et les qualités, le créé et l'incréé, sont ou des êtres ou des « passions » de l'être [3]. — On se tromperait beaucoup si l'on tirait de cette discussion que Scot a admis une idée générale de l'être innée dans notre esprit, comme Rosmini a pu faire ; il faudrait oublier ses assertions très expresses et répétées que toute idée a son origine dans la sensation. Quant à son opinion particulière sur l'univocation de l'être, nous aurons occasion d'en parler.

III

Nous croyons devoir revenir dans un chapitre spécial sur la théorie des universaux dans Duns Scot, à cause de l'importance qui appartient, ou qui a été attribuée, à cette question des universaux dans l'histoire de la philosophie du moyen âge. Nous nous bornerons pour le moment au côté psychologique de la

1. *S. theol.* 1ª p. q. 85, art. 1.
2. *In* 1ᵘᵐ *Sent.* D. 3, q. 3.
3. Voir loc. cit. p. 444.

question. Pour cela nous devons parler de l'espèce intelligible.

Il nous semble qu'on a commis plus d'une méprise à ce sujet.

On a dit que Duns Scot « avait trouvé le moyen d'ajouter aux entités fabuleuses de saint Thomas ». Mais nous ne pouvons découvrir la différence sur ce point des deux docteurs : espèces sensibles, fantômes, espèces intelligibles, sont chez l'un comme chez l'autre, et jouent le même rôle.

Au sujet de la matière et de l'objet de nos idées générales, leur langage est le même, et leur cause commune. C'est même pour réagir contre le platonisme d'Henri de Gand et se rapprocher du péripatétisme dominicain, que Scot, avec quelque hésitation dans les Questions sur le Traité de l'Ame, d'une manière plus formelle dans le traité Sur le principe des choses, enfin d'une façon très catégorique dans le Commentaire des Sentences, adopte la théorie des espèces intelligibles rejetée par Henri [1].

M. Jourdain nous paraît trop dur pour nos scolastiques, quand il s'irrite contre « le jargon obscur et grossier de l'Ecole, contre la terminologie bizarre qui semble attribuer en dehors de l'âme une sorte d'existence aux pensées mêmes de l'âme [2] ». Nous répondrons avec M. le chanoine Van Weddingen [3] que « nous ne

---

1. Voir Scot *De Anima*, q. 7; *De Rer. princip.* q. 14 et la Scolie de Wadding, p. 122; *In* 1um *Sent.* D. 3, q. 6.

2. *Phil. de saint Thomas d'Aquin*, t. I, p. 316.

3. *L'Encyclique de S. S. Léon XIII et la Restauration de la philosophie chrétienne*, p. 68.

plaidons pas la cause des mots, » et avec lui nous demanderons si les modernes ont toujours trouvé de meilleurs termes, et si sous ce langage scolastique il est bien difficile de trouver des idées qui aient encore leur place dans la psychologie moderne.

M. l'abbé Combes, dans sa thèse sur la Psychologie de saint Thomas d'Aquin, s'applique à montrer [1] que l'existence des espèces intelligibles, admise par saint Thomas, était la conséquence de la division de l'intellect en intellect agent et intellect patient, déjà reconnue par le même docteur. Une fois l'intellect agent supposé, il ne pouvait pas apparemment rester sans emploi. M. Combes déplore pour son compte l'une et l'autre hypothèses. Mais on ne peut pas mieux indiquer comment elles se tiennent, et comment « les espèces intelligibles, » si elles ne viennent pas aussi directement d'Aristote que « l'intellect agent, » sont cependant tout à fait dans le sens de la doctrine péripatéticienne.

Qu'est-ce en effet que l'espèce intelligible ? C'est ce que produit l'intellect agent [2] en transformant de la façon qui lui est propre l'espèce actuellement donnée par les sens extérieurs ou conservée par la mémoire des choses sensibles. Il faut bien que cette transformation ait lieu puisque les sens ne nous montrent

1. P. 440.
2. Scot. *De Anima*, q. 17, p. 545. Intellectus agens subintrat phantasma sua actione vel lumine, secundo abstrahit quiditatem a conditionibus individuantibus. — Cf. Bourquard, *Doctrine de la connaissance d'après saint Th. d'Aq.*, p. 180 : « L'intellect agent éclaire les images intérieures et il dégage le trait intelligible du sein des conditions individuelles de l'objet. »

que le particulier, et que nous concevons le général. Mais il y a là une génération tout intérieure. C'est dans l'âme, comme nous l'avons vu, qu'est l'espèce sensible (en même temps que dans l'organe) ; c'est dans l'âme qu'est l'espèce intelligible : elle est, comme Scot la nomme en un passage, « une forme nouvelle que revêt l'intelligence [1]. » Le général est créé puis pensé par nous. On dira qu'il n'y a pas là de véritable priorité, car créer le général pour l'intelligence, c'est le penser. Mais peut-on refuser à l'analyse psychologique le droit de faire cette distinction, de même qu'on distingue entre penser et avoir conscience, quoiqu'on n'ait pas conscience après avoir pensé ? Scot trouve surtout dans la distinction qu'il établit l'avantage de mieux marquer la part de l'intelligence même dans la formation de nos connaissances.

Les espèces sensibles, avait objecté Henri de Gand [2], contiennent virtuellement l'universel, puisqu'on l'en fait sortir : l'humanité, et même l'animalité, sont dans Socrate, et leurs représentations par conséquent dans la représentation de Socrate. Il rappelait alors la sage maxime, répétée par tous les docteurs bien avant Guillaume d'Occam, maxime vraiment aristotélique, qu'il ne faut pas multiplier les êtres sans nécessité ; et

---

1. *De Rer. principio*, q. 14, p. 132 : Formam superinductam quam speciem communiter nominamus.

2. Scot, *In* 1ᵘᵐ *Sent*. D. 3. q. 6, p. 516 sq.; et le commentaire de Lychet p. 519 : Dicit [Henricus] quod licet eadem spcies sive idem phantasma non possit repræsentare idem sub diversis rationibus, tamen sub alio et alio lumine potest repræsentare, quia in lumine virtutis phantasticæ tantum repræsentat sub ratione singularis, sed in lumine intellectus agentis repræsentat sub ratione universalis.

il proposait ce qui pourrait s'appeler la théorie des deux lumières ou des deux points de vue. Si l'on considère, dit-il, à la seule lumière des sens ce qui est donné par les sens, (l'espèce sensible), on connaît le particulier ; si on le considère à la lumière de l'intellect, on voit l'universel. N'y aurait-il pas au fond, sous ce langage différent, la même doctrine que soutient Scot? Quoi qu'il en soit, Scot, qui dans les Questions sur l'Ame nous avait laissés libres d'adopter la théorie que nous voudrions, tout en disant que l'hypothèse des espèces intelligibles était plus vraisemblable [1], entre décidément en méfiance, à cause de ce qu'Henri a dit par aillenrs de la vision en Dieu [2]. Si lors de notre seconde intention, pour parler comme les scolastiques, nous voyons dans l'espèce sensible ce que nous n'y apercevions pas d'abord, si en réfléchissant sur ce que les sens nous ont fait connaître de Socrate et de Critias nous y découvrons l'essence ou la loi de l'humanité, est-ce par suite du seul travail interne de notre esprit opérant sur ce qu'il a déjà reçu en lui-même, ou par suite d'une « illustration spéciale », de la contemplation de quelque exemplaire incréé? Il faut s'expliquer, et Scot qui n'admet pas ces illustrations spéciales, maintient l'espèce intelligible.

Comme saint Thomas, il croit encore avoir besoin des espèces intelligibles pour combattre l'opinion d'Avicenne sur la mémoire, opinion très conséquente

---

1. Q. XVII, p. 546.
2. Voir Scolie de Wadding sur Scot *In* 1um *Sent.* D. 3, q. 4. p. 474 : Adducitur opinio Henrici nullam veritatem nos cognoscere certitudinaliter sine speciali illustratione ad ideas seu exemplaria increata.

avec celle du même auteur sur l'intellect agent et avec son péripatétisme par trop alexandrin.

Aristote, dans un passage assez bref de son opuscule sur la Mémoire et la Réminiscence [1], avait paru nier la mémoire intellectuelle, c'est-à-dire celle des choses abstraites et générales. Toute conception abstraite est suivant lui accompagnée d'une image ; par exemple, nous concevons le triangle en général, et nous nous représentons tel triangle. La mémoire, qui, pour Aristote, est la faculté de conserver, relevant essentiellement du « premier sensitif », c'est-à-dire du sens commun, ne retient que l'image de ce triangle particulier ; mais quand, l'occasion étant donnée, la réminiscence (ἀνάμνησις) fera revivre cette image, la notion abstraite à laquelle elle a servi de support ou d'expression, sera de nouveau conçue par l'intelligence. Mais sera-ce parce que l'intelligence recommencera le travail qu'elle a déjà fait ? Si j'ai par exemple une première fois extrait l'idée générale d'homme de la connaissance que j'ai eue de Socrate, faudra-t-il, quand la réminiscence me rendra l'image de Socrate, que je recommence la même opération pour penser l'homme en général ? Aristote dit bien, dans le Traité de l'Ame [2], qu'il y a deux manières d'être savant en puissance, comme l'enfant qui peut apprendre à lire, ou comme celui qui, ayant appris, peut, s'il veut regarder, reconnaître cet *a*. Mais il n'y a pas

---

1. C. 1 : Ἡ μνήμη καὶ ἡ τῶν νοητῶν οὐκ ἄνευ φαντάσματος ἐστὶν ὥστε τοῦ νοουμένου, κατὰ συμβεβηκὸς ἂν εἴη · καθ' αὑτὸ δὲ τοῦ πρώτου αἰσθητικοῦ.
2. L. II, ch. 5.

là une réponse assez explicite à la question que nous posons. On peut tirer de cette distinction seulement que l'âme ayant à recommencer la même découverte, le fera avec plus de facilité. C'est ce que dit Avicenne [1].

L'âme selon lui a le double pouvoir de se tourner vers les choses sensibles et vers l'intelligence externe qui l'éclaire : des deux sources, elle reçoit des impressions ou espèces, mais si les impressions des sens restent dans la mémoire, ce que nous avons reçu de l'intellect agent ne demeure pas plus en nous, quand notre pensée a cessé que les objets ne demeurent colorés quand la lumière ne les éclaire plus : il nous reste toutefois une plus grande aptitude à être éclairés de la même façon.

Non, dit Scot, après saint Thomas, ce qui a été dans l'intelligence, après qu'elle a reçu telles images, ce n'est pas une illumination venue du dehors, c'est une forme qu'elle s'est donnée elle-même, qui même a sur la pensée une priorité logique [2], et quand la pensée n'est plus en acte, cette forme subsiste encore. Ce qui sub-

---

1. Voir l'exposition et la critique de sa doctrine dans saint Thomas, *S. Theol.* 1ª p. q. 79, a. 6, et Scot, *De Anima*, q. 14 : Utrum species maneant in intellectu cessante actu intelligendi. — On remarquera toutefois que si saint Thomas admet la mémoire intellective, il en exclut tout ce qui individualiserait le souvenir; loc. cit. Ad 3ᵘᵐ. Sic igitur salvatur ratio memoriæ quantum ad hoc quod est præteritorum in intellectu secundum quod intelligit se prius intellexisse, non autem secundum quod intelligit præteritum prout est hic et nunc. C'est une conséquence de l'opinion, dont nous avons parlé, que l'intellect ne connaît pas l'individuel.

2. Saint Thomas, *De Intellectu et intelligibili* : Species naturaliter præcedit intelligentiam natura et tempore.

siste ainsi en nous ne doit pas être vraiment appelé une notion, une idée, car on n'a pas des idées sans savoir qu'on les a : d'une certaine façon, c'est une réalité supérieure [1] à la notion ou à la représentation, c'est-à-dire à la pensée ; car la pensée est passagère, et elle est permanente. Telle est l'espèce intelligible.

Saint Augustin faisait de la mémoire comme le fond de l'âme humaine et disait que l'intelligence en procédait, comme le Fils du Père [2]. Scot et saint Thomas répètent après lui cette comparaison, mais quand ils donnent l'espèce intelligible comme l'antécédent du verbe intellectuel, ils se gardent bien de faire de l'espèce intelligible une idée innée ou une réminiscence d'un commerce divin, comme pourrait parfois signifier le langage de saint Augustin, langage tout imprégné encore de la philosophie de Plotin dont l'influence sur saint Augustin avait été si profonde [3].

Pour achever de bien expliquer le sens de la doctrine thomiste et scotiste des « espèces, » il peut être utile de parler de deux adversaires qu'elle a rencontrés, Malebranche et Guillaume d'Occam.

Le philosophe de l'Oratoire a multiplié les objections et les ironies au sujet des « espèces » des scolastiques. Mais d'abord en a-t-il bien compris la

1. Scot *In* 1ᵘᵐ *Sent.* D. 3, q. 6, p. 521. *Additio* (de Wadding) cum terminus actionis realis non sit objectum habens esse diminutum, ut esse cognitum vel repræsentatum, sed quid reale, sequitur quod talis actio intellectus agentis terminatur ad formam realem in existentia.
2. *De Trinitate*, l. XV, c. 21-23.
3. Voir Ferraz, *Psychologie de saint Augustin*, c. 7, pp. 177, 178, 192. — Liberatore, ouvr. cité c. 7, art. 6 : « La théorie de saint Thomas n'est qu'un progrès sur celle de saint Augustin. »

véritable signification? « Pardonnerons-nous à Malebranche, dit avec indignation le P. Kleutgen [1], d'avoir imputé aux scolastiques les erreurs grossières de Démocrite dans toute leur nudité difforme? » La réfutation de Démocrite n'est-elle pas en effet le début de toute théorie de la connaissance chez les scolastiques? Remarquons ensuite combien Malebranche a fait l'âme humaine passive[2]. Il regarde comme une impiété, comme une pensée « qui vient du fonds vain et superbe de l'homme » l'opinion que « l'âme ait la puissance de produire les idées. » Voilà l'intellect actif et les espèces sévèrement jugés. Mais aussi dans la philosophie de Malebranche, que devient l'individualité de l'âme humaine ? Toute substance est active : être purement « agi, » ce n'est être qu'un mode. Malebranche certainement avait la prétention de ne pas glisser au panthéisme du « misérable » Spinosa : mais, imbu du préjugé cartésien contre l'efficace des créatures, il n'a pas vu que la meilleure sauvegarde contre le panthéisme était encore le dynamisme psychologique des péripatéticiens.

Si Malebranche s'était borné à contester que les hommes eussent « la puissance » de se former des idées *telles qu'il leur plaît,* nous n'y trouverions rien à redire. Mais quoique saint Thomas répète souvent que l'objet connu est dans le sujet connaissant selon le mode de celui-ci, la doctrine scolastique n'emporte pas que les genres formés par notre esprit soient arbi-

---

1. *La phil. scolastique,* n° 390 — trad. fr. t. 3, p. 240.
2. *Recherche de la vérité.* l. 3, part. 2, ch. 2-3.

traires et que nos lois soient différentes des lois des choses. C'est un conceptualisme, mais un conceptualisme tout autre que celui de Kant : nous le montrerons dans un chapitre sur les Universaux considérés en eux-mêmes.

Au moyen âge, Guillaume d'Occam a rejeté avec beaucoup de vivacité les « espèces », et certains savants modernes lui en ont fait un grand mérite [1]. Mais, d'un côté, il nous semble que ces modernes se sont mépris sur la véritable pensée de saint Thomas et surtout sur celle de Duns Scot ; de l'autre côté, Occam nous paraît, quant à l'espèce sensible, avoir encore plus rejeté le mot que la chose ; et, quant à l'espèce intelligible, en la rejetant, il n'a fait que présenter de la généralisation et de la connaissance une analyse moins complète que celle de Scot. Simplifier les explications, en psychologie comme dans bien d'autres sciences, c'est parfois être plus superficiel. La psychologie de Condillac simplifie beaucoup : en est-elle plus exacte ?

Occam [2] nie d'abord l'espèce sensible. Si l'on percevait par l'intermédiaire des espèces, il en résulterait que, l'objet détruit et l'espèce qui en est émanée subsistant, la perception pourrait encore se produire, ce qu'il déclare impossible [3]. Si l'objection pouvait embarrasser les scotistes, nous répondrons, pour notre part, que c'est ce qui a lieu : la perception survit à

---

1. Hauréau, *Hist. de la phil. scolast.* 2. part. ch. 27.
2. Haureau, ibid. — Gabriel Biel. *In* 2um *Sent.* D. 3, q. 2, 1ª p.
3. Biel, ibid., 2ª Concl.

l'objet. Occam s'efforce de prouver, en se fondant sur l'expérience, que l'action à distance est possible [1] : on n'a plus besoin alors de l'espèce externe qui va des objets aux organes ; cela ne dispense pas de l'espèce qui se forme dans les organes mêmes. « Dans l'organe, selon Occam, quelque chose est imprimé qui devient comme la cause partielle de quelque sensation [2]. Ainsi par exemple, si à la lumière du soleil on a regardé un jardin rempli de plantes vertes et qu'ensuite on ferme les yeux, la couleur verte apparaît encore dans les yeux : cette apparition est un acte sensitif et une certaine vision, qui n'a pas d'autre objet que la lumière ou la couleur imprimée dans l'œil. » Mais pourquoi ne pas reconnaître que ce qui continue la sensation la commence, et pourquoi refuser le nom d'*espèce* à ce qui joue le rôle que Scot fait jouer aux espèces ? Occam distingue bien la perception et la représentation : par la première on sent que l'objet est présent; avec la seconde, on ignore s'il existe, on fait abstraction de son existence [3]. Quand la représentation a eu lieu, il subsiste, selon lui, dans le sens intérieur *quelque qualité* qui le dispose à produire ultérieurement un acte semblable [4]. Les partisans des

---

1. Ibid. 1ª Concl.
2. Ibid. 3ª Concl. In organo sensus exterioris cujuscumque imprimitur *aliquid* quod, tanquam objectum, est principium partiale alicujus sensationis.
3. Ibid. 1ª Concl. — Omnes actus interiorum sensuum sunt notitiæ abstractivæ, et exteriorum intentivæ.
4. Ibid. In sensu interiori sive fantasia post primum actum sensus interioris relinquitur *aliqua qualitas* inclinans ad similem sensationem eliciendam.

espèces ne peuvent-ils répliquer que pour que la première représentation ait lieu, il a déjà fallu que le sens intérieur (sensus interior sive fantasticus, dit Occam) ait subi quelque modification ?

Voici maintenant ce que dit Occam de la connaissance intellectuelle et de la formation des idées générales. Un objet a frappé nos sens : il en résulte une sensation, puis une image dans « le sens intérieur. » Ensuite a lieu la « première connaissance intellectuelle, » qui est une connaissance intuitive. » (Supposons un exemple : j'ai la vision de Socrate, et ensuite je *pense* qu'il existe, que je puis en porter tels jugements) « Il est inutile, dit Occam [1], de supposer ici une espèce intelligible, ou quoi que ce soit, en plus de l'entendement et de la chose connue. » Mais que prétendaient les prédécesseurs d'Occam en supposant l'espèce intelligible ? Bien marquer le côté subjectif, si nous pouvons dire, de la connaissance intellectuelle, et faire la part de l'activité de l'esprit qui n'est pas un miroir où vont se peindre les objets mais un organisme mis en jeu par l'excitation venue du dehors : nous ne recevons pas toutes faites, nous produisons nos idées, même particulières. — Occam d'ailleurs hésite sur ce point [2]. « Cette conclusion, dit-il, doit s'entendre principale-

---

[1]. Ibid. 2ᵃ part. 1ᵃ concl.
[2]. L. c. Et hæc conclusio cum suis probationibus principaliter intelligenda est de intellectu separato non jam indigenti ministerio virium sensitivorum, quia secundum proprium naturam immediate movetur ab objecto extra. — Remarquons que c'est à l'occasion de la connaissance angélique que toute cette polémique contre les espèces est soulevée par Occam.

ment de l'entendement séparé (de l'ange), qui n'a pas besoin du ministère de la puissance sensitive, parce qu'en suite de sa nature propre il est mû sans intermédiaire par l'objet extérieur. » Soit, admettons que l'ange ait la notion des objets, même matériels, sans être astreint à commencer par sentir et par imaginer. Mais pour nous il n'en est pas ainsi, et c'est une raison de bien distinguer la sensation, l'image, et la notion : tel est le but de la théorie des espèces. A la suite de la connaissance intuitive, Occam place deux opérations de l'entendement que M. Hauréau caractérise bien en les appelant l'abstraction analytique et l'abstraction synthétique [1]. Par la première, on néglige de considérer si l'objet dont on a une notion existe ou non [2] : puis, remarquant qu'il ne cesse pas d'être lui-même lorsque les accidents varient [3], comme Pierre reste toujours Pierre qu'il soit assis ou debout, on dépouille l'objet successivement de tous ses accidents. Par la seconde, on recueille de plusieurs la notion de ce qui concorde, soit essentiellement, soit accidentellement, chez les individus distincts [4]. L'une et l'autre opération laissent dans l'entendement une disposition, *habitus* [5], à les recommencer, mais elles ne supposent pas, selon Occam, une production interne de l'enten-

1. Ouvr. cité. 2ᵉ part. t. 2, p. 390.
2. Biel. l. c. (2ᵃ part.) 3ᵃ Concl. et Correlativum.
3. Biel. loc. cit. 5ᵃ concl. Et ita progreditur particularisando donec tandem format conceptum nullius circumstantiæ connotativum, qui erit conceptus singularitatis, et determinatus absolutus.
4. Ibid. 6ᵃ concl.
5. Ibid. 3ᵃ concl. — V. Lychet, comment. sur Scot, *In* 1ᵘᵐ *Sent.* D. 3. q. 6, — p. 530 sqq.

dement, une forme qu'il se soit d'abord donnée à lui-même, *species intelligibilis*. Ainsi dans cette théorie-là notion générale, l'universel, n'est qu'un extrait de la donnée de l'expérience. Pour Scot au contraire, et pour saint Thomas, il y a quelque chose d'ajouté à cette donnée, et leur théorie nous semble plus profonde et plus vraie.

IV

Comment, d'après Duns Scot, l'âme, considérée au moins dans sa partie intelligente, se connaît-elle elle-même[1] ?

La connaissance des actes de notre vie spirituelle est directe, et en les connaissant, l'âme qui en est le principe sait qu'elle existe[2]. Dans cette connaissance immédiate il n'y a pas d'erreur possible. Qu'il y ait d'autres âmes, pareilles à la mienne, je le conjecture en voyant des actes semblables aux miens, mais je puis être abusé[3], car un ange pourrait revêtir une

---

1. Ces deux questions : Comment l'*âme* (anima) se connaît, et comment l'*intelligence* (mens, ou intellectus) se connaît, sont, dans saint Thomas (*De Veritate*, q. 10, de mente), et Scot (*De Rerum pr.* q. 15), plus d'une fois substituées l'une à l'autre et données comme synonymes.

2. Saint Thomas, *De Verit.* q. 10, a. 8 : In hoc aliquis percipit se animam habere et vivere et esse quod percipit se sentire et intelligere et alia hujusmodi vitæ opera exercere.

3. Scot, *De Rer. princ.* q. 15, p. 130 : De nulla alia anima possem certitudinem habere per actus, utrum sit, nisi de mea. Potest enim ange-

apparence humaine et faire des actes humains. Mais je ne puis penser sans savoir que je pense, sans constater la réalité de mon âme : cette certitude des actes intellectuels et de leur principe est la base de toute autre certitude [1].

Mais ces actes de la vie spirituelle par lesquels l'âme prend conscience d'elle-même, sont-ils au moins dégagés de tout élément sensible? Si je me connais, est-ce seulement parce que je perçois les choses matérielles, parce que j'imagine, parce que j'agis au dehors de moi-même? Saint Thomas semblerait le dire, et Scot proteste, (sans éclaircir, il est vrai, sa pensée par des exemples,) qu'il peut y avoir des actes d'âme purement intérieurs et qu'ils suffiraient à l'âme pour qu'elle se sût exister [2]. Bien plus, il reproduit une hypothèse assez bizarre par laquelle Avicenne essaie de montrer que la conscience subsisterait dans l'âme même si le corps auquel elle est unie lui devenait comme étranger [3].

lus, bonus vel malus, similia opera in assumpto corpore exercere, ut patet in angelo Tobiæ qui ex actibus putabatur homo esse. — Cf. le « génie malin » de Descartes.

1. Scot. Ibid. Talis cognitio, est principium omnis certitudinis quam de omni alio habeo, et centrum immobile veritatis. — Il cite, comme autorité, saint Aug. *De Trinitate*.

2. Scot, loc. cit. Et non intelligo, ut dicunt aliqui, quod actus quibus quælibet anima deducitur in sui ipsius notitiam, solum sint actus eliciti ab imaginatione vel a sensibus, quia tam per actus exteriores quam interiores anima potest devenire in notitiam sui, p. 135.

3. Ibid. Ut patet per Avicennam, ubi dicit, quod si crearetur unus homo ut poneretur per impossibile in aere, ita quod ejus membra non sibi cohærerent sed omnia essent distincta, nec aliquod de suis membris perciperet nec de aliis, non dubitaret, sed affirmaret se esse, p. 134. Cf. Descartes : « Voyant que je pouvais feindre que je n'avais aucun corps... mais que je ne pouvais pas feindre pour cela que je n'étais point... » (*Disc. de la Méth.* 4ᵉ part.).

Si saint Thomas reconnaît que l'âme se sait exister par la conscience qu'elle a de ses actes, il refuse de suivre plus loin saint Augustin, sans toutefois vouloir contredire directement ce père de l'Eglise. Autre chose selon lui est savoir que l'âme existe, autre chose savoir ce qu'elle est et pouvoir en donner une définition. Si nous voulons nous faire une idée de ce qu'est l'âme, il faut nous tourner d'abord vers le monde sensible : nous n'arriverions à rien sans les connaissances que nous en tirerons [1]. Si nous nous formons l'idée de l'unité de l'âme, c'est en observant la différence des corps vivants et des corps inanimés et en remarquant l'étroite solidarité des parties des premiers : cette solidarité ne peut venir que d'un principe qui soit lui-même sans parties [2]. Nous remarquons que le sensible plus fort offense les organes, et que le parfait intelligible récrée l'entendement : nous en concluons que l'intelligence n'est pas la fonction d'un organe [3]. Nous remar-

---

1. Saint Thomas. *De Veritate*, q. 10, a. 8. Si loquimur de cognitione animæ, cum mens humana speciali aut generali cognitione definitur;... sic dico quod natura animæ cognoscitur a nobis per species quas a sensibus abstrahimus. Cf. *Quæst. de Anima*, art. 17. Ad 8um.
2. Saint Thomas. *S. c. Gentiles*, l. 2, c. 65 n° 3. Omne corpus divisibile est : omne autem divisibile indiget aliquo continente et uniente partes ejus. Si igitur anima sit corpus, habebit aliquid aliud continens, et illud magis erit anima.
3. Saint Thomas. *Compend. Theolog.* c. 79. Sensus debilitatur et corrumpitur ab excellentibus sensibilibus, sicut auditus a magnis sonis et visus a rebus valde fulgidis, quod accidit quia solvitur organi harmonia. Intellectus autem magis roboratur ex excellentia intelligibilium : nam qui intelligit altiora intelligibilium, non minus potest intelligere alia, sed magis. Sic igitur cum homo inveniatur intelligens, et intelligere hominis non sit per organum corporale, oportet quod sit aliqua substantia incorporea, per quam homo intelligat.

quons encore que l'universel, dont l'intelligence s'est fait une idée à la suite des sensations, est supérieur à toute condition de lieu : délimitez par exemple l'animal en général, dessinez-le, enfermez-le dans des dimensions déterminées, vous avez une image et non plus une idée générale, un individu et non plus l'universel ; cette considération devra nous faire penser que l'intelligence est comme l'universel qu'elle sait concevoir, supérieure à toute condition de lieu, donc immatérielle ou inétendue [1]. Nous trouvons donc que l'âme est indivisible, incorporelle, inétendue : nous n'en aurions rien su, selon saint Thomas, si, comme l'entreprend Descartes, nous avions philosophé « en fermant les yeux, en bouchant nos oreilles, en détournant tous nos sens [2]. »

Descartes pourrait répondre, s'il était en cause, que cette voie indirecte conduit seulement à affirmer de l'âme des attributs négatifs et qu'elle ne mènera pas à ce que saint Thomas demande, à donner de l'âme une définition qui sans doute doit contenir du positif.

Saint Augustin montre que ni l'air ni le feu ni quelque autre corps n'est la substance de l'âme. Qu'est-elle donc? Ce qui reste, quand on a éliminé tous ces objets.

---

1. *De Ente et essentia*. c. 1. Si nous voulions critiquer ces démonstrations de saint Thomas, nous pourrions faire remarquer que le général n'est enfermé dans aucune dimension en particulier, parce qu'il peut être réalisé, c'est-à-dire individualisé, sous une infinité de dimensions diverses, tandis que toute dimension est incompatible avec la pensée, ce qui est fort différent.

2. Descartes, 3⁰ *Méditation*.

Or ce qui reste n'est pas une simple négation, ce sont les opérations que l'âme saisit en elle-même et qui lui donnent une idée de sa nature [1]. L'âme peut donc se définir positivement par ses actes. Descartes [2] dira : « Je suis une chose qui pense, c'est-à-dire une chose qui doute, qui entend, qui conçoit, qui affirme, qui nie, qui veut, qui ne veut pas, qui imagine aussi et qui sent. »

En effet, comme Scot l'objecte à saint Thomas [3], de ces trois choses, connaître ses actes, connaître son existence, connaître au moins quelque chose de sa nature, l'une ne va pas sans l'autre. Pour connaître sa nature, l'âme, dans la doctrine de Scot, peut donc d'autant plus se passer d'espèces d'origine corporelle, que, comme nous l'avons dit plus haut, Scot admet qu'il y a des actes de l'âme où il n'entre rien de sensible. Cette connaissance que l'âme a ainsi de sa nature n'est pas tout à fait intuitive : [4] la conscience — (nous pouvons traduire ainsi ces expressions de Scot : sensus interior intellectualis et spiritualis *De Rer. pr.*

---

1. Voir St Augustin. *De Trin.* l. x, c. 10. — Ferraz. *De la psychologie de St Aug.* p. 48. — Voir aussi saint Aug., *Lettre à Nebridius*. 72 ep., citée par Scot qui conclut : Plane patet quod dicit quod anima nec se nec virtutes suas aliqua specie corporali aspiciat, *De Rer. pr.* q. 15, p. 134.

2 2º. *Méditation.*

3. Scot. *De Rer. pr.* q. 15, p. 134 : Quia apprehensio *quia est* quærit *quid sit*, non necessario indiget specie alicujus corporis exterioris corporis, sed per actus suos intimos, quos experitur in se, ut se vivere, velle, desiderare, et similia, dum venit in sui notitiam, et *quia est* et *quid est* [cognoscit].

4. Aussi tour à tour Scot lui refuse et lui accorde d'une certaine façon cette épithète. *De Rer. princ.* q. 15, pages 130, 136, 137.

q. 15, p. 134) nous fait connaître les actes [1]; la spéculation, à partir des actes, nous fait découvrir sa nature, par exemple, qu'elle est intelligente et libre, et ses dispositions ou habitudes (habitus), par exemple si elle a la foi ou la chasteté [2]. Dira-t-on que l'âme qui s'est ainsi manifestée à elle-même a reçu comme une forme nouvelle, et qu'il y a en elle une « espèce » de même que le sens en reçoit une quand il a été modifié par l'objet matériel? Les actes de l'âme sont connus sans espèces, mais Scot admet que ces idées plus générales que l'âme se fait d'elle-même, sont accompagnées d'espèces, non pas reçues du dehors comme celles qui viennent des représentations de l'imagination, mais totalement « expresses [3]. » L'âme par la conscience crée ainsi en elle-même sa propre similitude, et c'est par là qu'elle ressemble à la sainte Trinité [4].

1. Ibid. p. 134 : Sicut cognitio intellectiva quam habet anima de rebus exterioribus a sensu particulari corporali oritur, sic cognitio intellectiva quam habet de se et suis habitibus a sensu interiori quo experimentatur actus suos interiores spirituales.

2. Ibid. p. 135, 136. - Cf. saint Thomas, *De Veritate*, q. 10. *De Mente*, a. 8.

3. Ibid. p. 137 : Anima ergo se et suos habitus per speciem non proprie impressam sed expressam de se [cognoscit], vel de suis habitibus cognitionem intuitivam habet... Ad actus intelligendi videtur intellectus reduci per intelligibile se habens ad ipsum nunc aliter quam prius... Prius erat sibi præsens per substantiam ; ergo oportet quod nunc sit sibi præsens in ratione cogniti, quod non potest nisi per speciem.

4. Scot, *In* 2um *Sent.* D. 16. — Cf. P. Lombard, *Sentent.* l. 1, D. 3 : Et est ipsa mens quasi parens et notitia ejus quasi proles ejus. Mens enim, quum se cognoscit, notitiam sui gignit, et est sola parens suæ notitiæ. Ex August. *De Trinitate*, l. 9, c. 12. — Cf. saint Anselme, *Monologium* c. 33 : Nulla ratione negari potest, quum mens rationalis seipsam cogitando intelligit, imaginem ipsius nasci in sua cogitatione, imo ipsam cogitationem sui esse suam imaginem ad sui similitudinem tanquam ex ejus impressione formatam.

Toutefois, Scot, après avoir ainsi, dans le traité *Du Principe des choses*, émancipé l'âme du corps pour la connaissance d'elle-même, se rapproche, dans le *Commentaire des Sentences*, de la doctrine thomiste, et convient que toute connaissance, celle de l'âme comme les autres, a pour point de départ quelque chose de sensible [1]. Mais entre saint Thomas et Scot, il subsiste encore une différence importante. Saint Thomas avait regardé cette loi suivant laquelle toute connaissance commence à partir des objets sensibles, comme résultant de la nature même de l'âme humaine faite pour être unie à un corps [2]. Scot rejette cette opinion, d'abord comme théologien, dit-il : dans la béatitude de la vie future nous aurons une vue directe de Dieu ; nous n'y naîtrons pas, pour ainsi dire, à une nature nouvelle : donc il n'est pas de l'essence de notre intelligence de tout apercevoir à travers les images sensibles. Scot rejette encore cette opinion comme philosophe : pour qu'un objet soit connu, il faut et il suffit qu'il soit d'une certaine façon présent au sujet qui connaît ; or l'âme est toujours présente à elle-même : pour-

---

1. *In* 2um *Sent.* D. 3, q. 8 — p. 443 ; *Prologi Sentent.* q. 1, p. 10.

2. *S. theol.* 1a p., q. 85, art. 1.

3. Scot. *In* 1um *Sent.* D. 3, q. 8, — p. 433. Istud non potest sustineri a theologo, quia intellectus existens eadem potentia cognoscet quiditatem substantiæ immateriales sicut patet secundum fidem de anima beata. Potentia autem manens eadem non potest habere actum circa aliquid quod non continetur sub suo primo objecto.— Henri de Gand avait dit au contraire, *Quodlib.* 4, q. 93, (Edition de 1518, p. 96, recto) : Secundum statum supernaturalem qui est status gloriæ, habet alios modos intelligendi.

quoi ne pourrait-elle connaître directement sa nature[1]? Qu'est-ce qui arrête donc cette pleine conscience que l'âme, présente en acte à elle-même, pourrait prendre sa nature [2]? Ce qu'un scotiste, Macedus, appelle un lien accidentel [3]. On peut y voir la conséquence de l'abaissement de l'âme par le péché originel : Scot nous dit que telle est l'opinion de Robert de Lincoln et d'Averroës, et que les textes de saint Augustin y sont favorables. On peut y voir aussi une restriction momentanément imposée à nos facultés, en conséquence de notre vie terrestre, abstraction faite du péché originel. En somme, c'est un fait : Scot l'admet, parce qu'il croit l'observer, comme Aristote ; mais le docteur subtil est en général difficile à satisfaire quand on veut lui expliquer la convenance qui rend les faits inévitables.

V

Duns Scot, dans le traité *Du Principe des choses*, voulant montrer que dans l'homme, « nœud de toute la nature, en qui se rencontrent les choses supérieures et

---

1. *In 2um Sent.* D. 3, q. 8, p. 442. Anima de se actu intelligibilis est et præsens sibi, et ex hoc sequitur quod possit intelligere se, si non esset impedita.

2. Ibid. Totus actus primus de se perfectus est, ad quem debet sequi iste actus secundus, qui est intellectio, p. 442... Forte propter peccatum sicut videtur Augustinus dicere... Non solum ex peccato, sed etiam ex natura potentiarum pro statu isto, quicquid dicat Augustinus, p. 443.

3. Vinculum per accidens, cité par Fr. Morin. *Dict. de Théol. Scolast.* t. 1, col. 1025.

les choses inférieures,[1] » il y a deux sortes de connaissances, raisonne ainsi : Il n'y a de repos pour l'âme humaine que dans la possession d'un bien infini. Or, on ne peut souhaiter que ce que l'on connaît. Mais ce bien infini ne peut être connu par les sens, puisque c'est une substance spirituelle. Il y a donc dans l'homme deux puissances de connaître, la sensitive, et l'intellective, qu'il appelle une « puissance libre » voulant marquer sans doute qu'elle ne dépend pas de l'organisme[2].

Il ne faudrait pas se hâter de conclure de ces paroles que Scot reconnaisse, comme par exemple Schelling ou Fénelon, que notre âme possède une double intuition, percevant d'un côté les objets matériels et bornés, et de l'autre l'infini et le divin. Par les principes fondamentaux de son idéologie, Scot ne s'écarte en rien de la doctrine commune des scolastiques. Il le dit expressément, toutes les conceptions que nous pouvons avoir sur Dieu, sont, selon lui, formées par nous à l'aide de ce que donnent les créatures[3]. Mais cette formation n'a pas lieu comme par retranchement ou par évide-

---

1. *De Rer. princ.* q. 13, a. 1. p. 105. Homo cum sit fibula omnium naturalium, conjungit superiora inferioribus.
2. Ibid. Primum scilicet quod in homine sit alia cognitio ac sensitiva, satis patet : primo quia appetitus humanus non quietatur, nisi per adeptionem boni infiniti; cum autem bonum infinitum sit finis altissimus, non potest ipsum consequi nisi per altissimum actum ; altissimus actus est altissimæ potentiæ : talis est potentia libera, quæ est ratio. Sed nihil possumus velle nisi cognitum ; non potest autem cognosci sensu cum sit substantia spiritualis; ergo, intellectu.
3. *In 1um Sent.* D. 3. q. 2 : Conceptus quoscumque quos de Deo formamus haberi per species creaturarum. — De même saint Thomas. *S. Theol.* 1ª p. q. 12, art. 12.

ment (*suffossio*),¹ ainsi que de la notion d'un bloc de marbre on pourrait retenir l'idée de bloc ou l'idée de marbre. Non, notre âme qui, dans la vie présente, ne communique qu'avec le monde matériel, a la puissance d'utiliser singulièrement ce qu'elle en reçoit, et si elle est absolument incapable de concevoir l'essence divine elle-même, elle peut arriver, en partant de l'expérience sensible, à se faire sur Dieu des conceptions quidditatives c'est-à-dire qui ne conviennent qu'à Dieu seul². « Aucune idée *simple*, propre à Dieu, ne peut être produite dans notre entendement par un objet créé. En effet un objet ne peut produire l'idée simple d'un autre objet que s'il le contient soit virtuellement soit formellement ³... Mais nous pouvons avoir sur Dieu une idée *complexe* qui lui conviendra exclusivement et qui sera formée à l'aide de plusieurs idées⁴. »

Comment cette génération de l'idée de Dieu se fait-elle dans notre esprit ? L'expérience suivant Scot⁵ nous donne les idées du bien, de la suprématie, de la réalité (par opposition à la puissance) : en les combinant, nous nous formons l'idée du souverain bien qui est en même temps acte pur (*summum bonum et actualissimum*), de

---

1. Scot. *In 1um Sent.* D. 3, q. 2. p. 403
2. Ibid. p. 391 : Dico primo quod non tantum haberi potest conceptus naturaliter in quo quasi per accidens concipitur Deus, puta in aliquo attributo, sed etiam aliquis conceptus in quo per se et quiditative concipiatur Deus. (L'opinion contraire est d'Henri de Gand. Schol. de Wadding)
3. *Miscellaneorum*, q. 5, 2ᵃ concl.
4. Ibid. 3ᵃ Concl. Potest haberi de Deo conceptus compositus et multiplex proprius ipsi Deo.
5. *In 1um Sent.* D. 3, q. 2, p. 403.

même que l'imagination avec les idées de montagne et d'or se forme l'idée de montagne d'or.

Mais un peu auparavant[1] il nous a dit qu'au-dessus de toutes les autres idées que nous pourrions nous former de Dieu était l'idée de l'être infini. « C'est un concept plus simple et plus parfait. Il est plus simple que le concept de l'être bon, de l'être vrai, ou d'autres semblables, car l'infini n'est pas comme un attribut ou une passion de l'être, (*passio entis*) ou de ce dont on l'affirme, mais il signifie le mode intrinsèque de cette entité. La perfection de ce concept est encore prouvée parce qu'entre tous ceux que nous pouvons concevoir il contient virtuellement le plus de choses. »

Or ce concept même de l'infini comment est-il formé? Est-ce par une simple négation ? Une simple faculté de retrancher pourrait-elle donner ce qui dépasse sans proportion l'objet d'abord considéré? Si le concept de l'infini n'est pas dû à cette opération de « l'évidement » (*suffossio*) que Scot a déclarée une explication insuffisante, s'il nous dit encore que notre intelligence ne saurait l'obtenir par une addition successive[2], il ne nous laisse, semble-t-il, qu'une solution ouverte, c'est que ce concept soit inné en nous, non peut-être comme idée complète, mais au moins comme forme transcendante prête à recevoir les données de l'expérience.

---

1. Ibid. p. 401. Conceptus perfectior et simplicior nobis possibilis est conceptus entis simpliciter infiniti. Iste enim simplicior quam conceptus entis boni vel entis veri vel aliquorum similium, quia infinitum non est quasi attributum vel passio entis sive ejus de quo dicitur, sed dicit modum intrinsecum illius entitatis. Perfectio probatur quia iste conceptus inter omnes a nobis conceptibiles virtualiter plura includit.

2. Ibid. p. 404.

Est-ce que nous ferions la doctrine de Scot trop voisine du cartésianisme ? Ce qu'il y a de certain, c'est qu'il s'attache à établir que notre idée de l'infini contient plus de positif que saint Thomas n'en reconnaît. « Il faut, dit saint Thomas [1], nous servir surtout du procédé d'élimination (*via remotionis*) dans la considération de la substance divine. Car cette substance par son immensité excède toute forme accessible à notre intellect : nous ne pouvons donc la saisir (*apprehendere*) en connaissant ce qu'elle est, mais nous pouvons en avoir quelque idée en connaissant ce qu'elle n'est pas... C'est ainsi qu'à force de distinguer Dieu de tout ce qui n'est pas lui par une série de négations successives, on arrive à avoir de sa substance une idée spéciale, puisqu'on le connaît comme distinct de tout le reste. » On peut encore citer cette proposition, tirée aussi de la Somme contre les Gentils [2] : « En Dieu l'infini est entendu seulement comme une négation. » C'est en effet ce qui devrait être si notre idée de l'infini était donnée seulement par une opération de l'entendement aussi négative que l'abstraction. Mais lisons tout le passage dont nous avons extrait cette proposition, et voyons comment saint Thomas corrige sa propre assertion, mais à l'aide d'une distinction peu intelligible entre la privation et la négation. « Montrons donc que Dieu est infini, non en entendant par infini une privation (*non sicut infinitum privative accipiatur*), comme on pourrait dire de la quantité soit géométrique soit arithmétique

---

[1]. *S. contr. Gent.* l. 1, c. 14.
[2]. L. 1, c. 43.

(*sicut in quantitate dimensiva vel numerali*), car il est naturel à cette quantité d'avoir une fin, et c'est en lui retranchant ce qu'il lui est naturel d'avoir qu'on la dit infinie : aussi infini désigne alors une imperfection. Mais en Dieu, l'infini est entendu seulement conme une négation, car il n'y a aucun terme ni aucune fin à sa perfection, mais il est souverainement parfait. Et c'est ainsi que l'infini doit être attribué à Dieu. » Scot au contraire [1] établit que cette idée de l'infini est négative par un côté et positive par un autre. Lorsqu'on se contente de nier qu'il y ait en Dieu telle ou telle limite déterminée, imposée soit du dehors soit par sa nature même, c'est une idée négative. Mais quand, parlant de l'infinitude de Dieu, on prétend affirmer tout le contenu de la perfection divine et donner la raison même de cette exclusion de toute limite, c'est certainement une idée positive. « Que des termes négatifs servent

---

1. *Miscellan.* q. 5, n° 20. De infinito est dicendum, quod infinitum, ut dicitur de Deo, potest accipi negative et positive. Quando accipitur negative, tunc est sensus. Deus est infinitus, i. e., nullo fine clauditur nec extrinseco nec etiam intrinseco... Alio modo potest accipi infinitum positive; licet enim infinitum secundum nomen significandi dicatur negative cum negatione finiti, tamen ut dicitur de Deo, significatur primo, et significari intenditur aliquid realiter positum. Quicumque enim dicit infinitum Deum, intendit quod dignitatis et perfectionis est significare in Deo. Unde per infinitum intenditur illud poni in perfectione divina ad quod consequitur exclusio sive negatio cujuslibet termini et finis tam intrinseci quam extrinseci. Per infinitum enim dictum de Deo intelligitur illud significare quo Deus omne finitum excedit, quod non potest esse negatio tantum sed necessario est aliquid positivum maximæ dignitatis et perfectionis. Quod autem talia positiva et tales perfectiones significentur per nomina negativa, hoc est quia talia positiva et tales perfectiones sunt nobis magis ignotæ quam eorum contraria, et ideo talia positiva significamus per nomina negativa, et eorum contraria significamus per nomina positiva, p. 467.

à désigner un positif de cette sorte, c'est parce qu'il nous est moins connu que son contraire. »

Mais si Scot nous paraît moins éloigné que les autres de Descartes, nous ne le ferons pas, non plus que saint Bonaventure, sortir du chœur des péripatéticiens scolastiques. Nous croyons que M. Hauréau[1] quand il fait de la vision en Dieu le dernier mot du scotisme, a été abusé par un commentaire, qu'il cite, de François de Mayronis, disciple immédiat de Scot sans doute, mais qu'une réputation usurpée ferait seule son « intelligent et fidèle sectateur. » Voici le passage de François de Mayronis rapporté par M. Hauréau : « Le docteur subtil dit qu'une connaissance intuitive est la connaissance d'une chose en elle-même ou dans un être représentatif qui la contient suréminemment, et il ajoute que l'essence divine contient suréminemment toutes choses. Donc tout est connu en elle intuitivement, parce qu'elle est encore mieux représentative de n'importe quelle chose que cette chose d'elle-même[2]. » Mayronis ne corrigerait-il pas ailleurs cette doctrine excessive? Le texte cité signifie-t-il qu'en fait nous connaissons les choses dans leurs « êtres représentatifs » comme dira Malebranche, ou seulement qu'une telle connaissance, considérée en soi, serait supérieure à notre connaissance expérimentale? Quoi qu'il en soit, laissons Mayronis traiter Aristote de « très mauvais métaphysicien[3], » et lisons Scot lui-même. Ce

1. Ouvr. cité 2ᵉ part. t. 2. — (2ᵉ édit.) p. 178.
2. Franc. de Mayronis, *Quodlibet*, 5.
3. *In 1um Sent.* D. 47, q. 1.

que nous trouverons chez lui, c'est non la doctrine de la vision en Dieu, mais la thèse très différente de ce que nous appellerons le concours divin dans la connaissance, thèse remarquable, qui lui est commune avec saint Thomas et saint Augustin, avec tous les scolastiques et tous les Pères, et dont le principe est dans Aristote lui-même.

L'expérience ne suffirait pas, selon Scot, sans la lumière intérieure que l'intelligence porte en elle-même. « Ni la lettre écrite, dit-il citant Robert de Lincoln, ni la parole extérieure n'enseignent : elles ne font qu'exciter et mouvoir le disciple ; au dedans de l'âme, il y a un docteur qui l'éclaire et qui lui montre la vérité. Il est donc évident que l'âme ne s'instruit pas à cause de l'éminente supériorité de ses maîtres, mais à cause d'une lumière intérieure qui est produite par la Cause première[1]. » Mais il n'entend parler que d'une assistance générale prêtée par Dieu à l'âme, puisqu'il combat l'opinion platonicienne d'Henri de Gand suivant laquelle nous pourrions entrer en commerce avec les idées divines (*ideas seu exemplaria increata*) par des « illuminations spéciales » (*speciali illustratione*). Il reproduit une comparaison de saint Augustin[2] : les vérités sont contenues dans l'intelligence divine, et c'est là que nous les voyons, bien que nous ne voyions pas le livre lui-même (comme on aperçoit un objet dans la lumière du soleil sans voir le soleil lui-même). Il trouve[3] que saint Augustin a bien répondu à ces philosophes qui raillaient

---

1. *Super Poster.* q. 2.
2. *In 1um Sent.* D. 3, q. 4, p. 489.
3. Ibid. p. 490.

les chrétiens de ne pas connaître malgré leur piété les extases par lesquelles on est ravi dans le monde des idées. Et son dernier mot est que notre science est due non à une illumination où notre âme serait comme passive, mais à l'énergie de l'intellect actif, qui est une participation de la lumière incréée et qui rend lui-même lumineuses les données de l'expérience [1].

Saint Bonaventure avait enseigné la même doctrine. « Unie à la Vérité éternelle, notre intelligence, dit-il [2], ne peut atteindre que par son enseignement à la complète certitude. » Mais si notre intelligence est ainsi soutenue et guidée dans son opération par le concours de Dieu, elle naît à l'état de table rase et n'acquiert d'idées qu'à travers les sens et l'expérience. « L'intelligence, en tant qu'elle a pour fonction de recevoir, a besoin d'un complément et d'une habilitation : et, comme c'est moyennant le secours des images et des sens qu'elle est apte à recevoir ce complément, l'intellect possible est dans l'âme en tant qu'elle s'incline naturellement vers le corps [3]. »

---

1. Ibid. p. 500 : Sed virtute intellectus agentis, qui est participatio lucis increatæ, illustrantis super phantasmata cognoscitur quidditas rei, et ex hoc habetur sinceritas vera.

2. *Itinerarium* — Opera, t. 7, p. 130 : Conjunctus intellectus noster ipsi æternæ Veritati nisi per illam docentem nihil verum potest certitudinaliter capere.

3. Saint Bonavent. : *In 2um Sent.* D. 24, 1ª p. a. 2. q. 4. — Voir Margerie, *Essai sur la Phil. de saint Bonav.* pp. 196-202. — Suivant saint Bonaventure, Adam, même dans l'état d'innocence, ne connaissait pas Dieu « eo genere cognitionis quam exspectamus in gloria, sed mediante speculo » *In* 2um *Sent.* D. 23. a. 2, q. 3, et l'homme dans l'état actuel ne peut s'élever à Dieu qu'éclairé par les choses matérielles: Quum Deus, lux summe spiritualis, non possit cognosci in sua spiritualitate ab in-

Nos grands docteurs franciscains se rencontrent ici exactement avec l'Ange de l'Ecole. Notre connaissance, selon lui, est tout entière dérivée de l'expérience sensible, mais pour féconder cette expérience nous possédons en nous la lumière intellectuelle qui est une participation de la lumière incréée [1]. Augustin dit très bien : « L'air est éclairé par la présence de la lumière, et dès qu'elle se retire, il devient ténébreux. Ainsi notre esprit est illuminé par Dieu. C'est Dieu qui produit la lumière de la raison naturelle dans l'âme, non pas une lumière différente en chacun, mais la même pour tous. Il n'est pas simplement la cause de leurs actes, mais aussi de leur être. Dieu opère continuellement dans notre esprit, en ce sens qu'il y produit la lumière naturelle et qu'il la dirige lui-même, et de cette façon l'esprit ne passe point à son acte (de connaître) sans l'opération de la Cause première [2]. » « Par cela que Dieu nous donne et conserve en nous la lumière naturelle (de la raison) et la dirige afin qu'elle voie, il est manifeste que la perception de la vérité doit lui être attribuée principalement, de même que l'opération de l'ouvrier doit lui être attribuée plutôt qu'à l'art même [3]. »

C'est encore la même doctrine, également éloignée

---

tellectu, quasi materiali luce indiget anima ut cognoscat ipsum, scilicet per creaturas. *In 1um Sent.* D. 3, a. 1, q. 2.

- 1. *S. theol.* 1ᵃ p. q. 84, a. 5 : Ipsum enim lumen intellectuale, quod est in nobis, nihil est aliud quam quædam participata similitudo luminis increati.

2. *Super Boetium De Trinitate Opusc.* LXX. Ad 6um.

3. Ibid. Ad 8um.

de l'empirisme pur et du système de la vision en Dieu que nous trouvons chez les modernes interprètes et apologistes de la philosophie scolastique et en particulier du thomisme. « Dieu, dit le P. Kleutgen [1], a doué notre âme, en la créant, de facultés dont l'action constitue sa vie intellectuelle. L'influence par laquelle Dieu conserve en nous, avec l'être, ces facultés, agit avec elles, les excite et les dirige, constitue sans aucun doute une certaine illumination de notre âme, et cette illumination peut être appelée une révélation divine. Dieu se manifeste à l'homme en lui mettant devant les yeux ses œuvres et en le rendant capable, au moyen de l'influence dont nous venons d'expliquer la nature, de le connaître par elles. Mais tout autre est l'illumination et la révélation qu'on soutient et qu'on doit soutenir pour expliquer la vision intellectuelle de l'absolu [2]. »

1. *La Phil. Scolast.* n° 444 — trad. fr. t. 2, p. 348.
2. Citons aussi cette magistrale conclusion du cardinal Zigliara : « Il ressort évidemment que d'après saint Thomas il y a réellement dans notre âme une lumière intellectuelle pouvant illuminer les objets de notre intelligence comme la lumière matérielle éclaire les objets de la vue ; que cette lumière immédiate de l'âme est une même chose avec la vertu active, abstractive et illuminative en même temps, appelée plus ordinairement par les Scolastiques *Intellect agent*; que cette lumière n'est pas quelque chose de séparé de l'âme humaine, mais la propriété exclusivement subjective et vitale de chacune ; et enfin que cette lumière n'est pas lumière par essence, c'est-à-dire Dieu, mais qu'elle est une participation de la lumière divine, comme l'être subjectif et propre de l'âme est une participation de l'Etre divin. » *De la Lumière subjective*, n° 15. — Œuvres philosophiques, trad. fr. tome Ier, p. 26. — Le même auteur, tout en soutenant une vive polémique contre l'ontologisme [maintenant abandonné] de l'Université de Louvain et des Séminaires de Lyon et de Paris, proteste constamment contre le « stupide sensisme » repudié selon

Si quelques-uns ont cru voir l'empirisme dans saint Thomas et d'autres l'ontologisme dans Scot, c'est faute d'avoir bien saisi le caractère de cette théorie intermédiaire ou pour n'en avoir remarqué qu'un côté ou l'autre. Cette théorie nous paraît une doctrine à la fois prudente et profonde, prudente, car il semble aventureux et bien voisin d'un mysticisme téméraire, d'affirmer avec Malebranche, « que notre esprit est affecté immédiatement par les idées éternelles qui sont en Dieu, » — profonde, car elle sait reconnaître toutes les puissances de l'âme et s'élever au dessus des explications superficielles de l'empirisme. Elle nous paraît enfin échapper au reproche qu'on lui a fait d'être contradictoire ou incohérente [1]; c'est une doctrine chrétienne sans doute, mais c'est aussi un fruit naturel du péripatétisme. Si Aristote en effet rejette la théorie platonicienne de la réminiscence, Dieu n'en est pas moins pour lui le premier moteur de la volonté et de l'entendement comme il est celui de l'univers [2].

---

lui par saint Thomas. Voir ibid. p. 107, etc. — Il en est de même du P. Liberatore, dans la *Connaissance intellectuelle* (notamment ch. 7, art. 8; ch. 5, art. 3; ch. 6, art. 2).

1. Cette prétendue incohérence est soutenue par Delaunay : *Sancti Thomæ de origine idearum doctrina.* § 15. Conclusio.

2. Voir Ravaisson, *Essai sur la Métaph. d'Arist.*, t. 1er, p. 588, et le passage d'Aristote cité, 7 *Eth. Eud.* VII, 14 : Τὸ δὲ ζητούμενον τοῦτ' ἔστι, τίς ἡ τῆς κινήσεως ἀρχὴ ἐν τῇ ψυχῇ. Δῆλον δὲ ὥσπερ ἐν τῷ ὅλῳ θεός, καὶ πᾶν ἐκείνῳ · κινεῖ γάρ πως πάντα τὸ ἐν ἡμῖν θεῖον. Λόγου δ' ἀρχὴ οὐ λόγος, ἀλλά τι κρεῖττον. Τί οὖν ἂν κρεῖττον καὶ ἐπιστήμης εἴποι, πλὴν θεός; ἡ γὰρ ἀρετὴ τοῦ νοῦ ὄργανον. — Cf. Denis : *Le rationalisme d'Aristote*, p. 168s qq. En montrant que telle est la conclusion naturelle des théories d'Aristote sur la connaissance, l'auteur insiste sur la difficulté où Aristote se trouve de concilier cette conclusion avec son dualisme.

CHAPITRE IV.

LA VOLONTÉ, LE LIBRE ARBITRE ET LE PÉCHÉ

L'Ecole distingue les opérations de l'âme en organiques et spirituelles : d'un côté, il y a les sens et l'appétit sensitif ; de l'autre, l'entendement et l'appétit rationnel ou la volonté. Dans cette division des facultés de l'âme, l'inclination n'est pas distinguée de la volonté proprement dite : par suite on nomme de même et ce qui en nous est directement notre œuvre et ce qui y est l'œuvre de la nature ou le premier résultat de l'impression reçue des objets. Malgré ce défaut de la psychologie traditionnelle, défaut dont la psychologie moderne s'est corrigée, surtout depuis Jouffroy, les Scolastiques n'en savent pas moins reconnaître la liberté de la volonté, avec ses conséquences morales, le mérite et la responsabilité ; mais faute d'avoir distingué ce qui devait l'être, ils sont obligés parfois à un langage obscur ou bizarre : par exemple, Scot dira que ce qui est dans la volonté n'est pas toujours volontaire, car la tristesse est une disposition de la volonté [1].

Sur la volonté et le libre arbitre dans l'homme, nous trouvons chez Duns Scot une doctrine qui, en somme, diffère peu de la doctrine commune de l'Ecole, mais où il s'applique à réagir contre les tendances, nous pouvons dire intellectualistes ou platoniciennes, de saint Thomas et d'Henri de Gand.

Scot répète à l'occasion, en faveur du libre arbitre, les arguments consacrés par Aristote et saint Augustin, tels que le fait des conseils et des exhortations, dont on se dispenserait si l'on ne regardait pas les hommes comme maîtres de leurs actions — ou tels que l'indétermination de ce que résoudront plusieurs hommes placés dans les mêmes circonstances. Une psychologie très moderne a seule pensé à faire une rigoureuse critique de ces arguments traditionnels, dont plusieurs en effet manquent de force.

Duns Scot a cherché à distinguer le libre arbitre de ce qui est la condition psychologique de l'exercice de la volonté. La volition doit être précédée de l'idée [2]; avant de se résoudre à faire une action, il faut se la représenter, en porter un certain jugement. Mais si l'intelligence concourt ainsi avec la volonté pour l'action, il

---

1. *Quodl.* q. 18, t. XII, p. 491 : Habitus potest esse in voluntate, et tamen non voluntarie voluntas habet illum, quia tristitia est in voluntate subjective.

2. Scot, *In* 2um *Sent.* D. 25, p. 883 : Non potest causari a voluntate volitio nisi prius causatur ab intellectu intellectio.

y a cette différence, que seule la volonté est primitivement indéterminée à tel ou tel acte, tandis qu'étant données deux contradictoires, l'intelligence est déterminée à penser l'une plutôt que l'autre, « de même que le Soleil est déterminé à engendrer cette herbe ou ce ver [1]. »

Godefroy [2], se fondant sur ce principe de métaphysique, que rien ne se meut soi-même, en concluait que la volonté n'était pas par elle-même la cause de son action, mais que c'était l'objet de l'action représenté dans l'imagination : c'était accorder aux images une force motrice, mais c'était en même temps nier la possibilité du libre arbitre. — Scot rejette le principe sur lequel s'appuie ce raisonnement. « Pour les substances corporelles, dit-il, ce principe n'est pas nécessairement vrai; pour les spirituelles, il est absolument faux [3]. » Aussi nous verrons qu'il s'abstiendra de reprendre la preuve de l'existence de Dieu tirée du mouvement des corps et de la nécessité d'un premier moteur immobile. « L'être, dit-il, qui a reçu de la nature une faculté de développement, en a reçu un principe propre d'action par lequel il peut se conserver et grandir. Il est donc absurde qu'une forme aussi noble que l'âme intellective ne contienne pas des puissances actives, ouvrières de la perfection dont elle est

---

1. Scot, *Quodlib.* q. 18, p. 482.
2. Scot, *In* 2um *Sent.* D. 25, q. 1, p. 874 : Dicitur hic ab uno doctore moderno quod aliud a voluntate est effectiva causa volitionis in ipsa : et illud ponit esse phantasma. Ratio sua principalis est ista : oportet movens et motum esse distincta subjecto.
3. Ibid. p. 880.

capable [1]. » Dans la volition, c'est la volonté qui est le principe d'action, et c'est encore la volonté qui reçoit une certaine forme, car elle est à la fois puissance active et forme indéterminée capable de recevoir une détermination. Ainsi le médecin, comme savant, se guérit lui-même comme malade [2].

Si la volonté suppose, pour s'exercer, la conception d'un objet, elle n'en est pas moins la cause première de l'action : dans l'ordre du temps, la cause première peut venir après la condition accidentelle [3].

Deux objets pareillement disposés, présents en même temps à notre pensée, n'excluent pas le choix, ce qui est encore une preuve de la liberté [4].

L'hésitation entre plusieurs objets n'est pas la liberté, si l'un doit l'emporter nécessairement. « Le bœuf voit une herbe qui excite son appétit et par suite il s'avance vers elle : mais, chemin faisant, il rencontre un objet plus délectable qui excite plus fortement son appétit : le premier mouvement est arrêté, mais il n'y a pas là de liberté, car c'est une nécessité

---

1. Ibid. 880. Illi cui natura dedit potentiam ut possit augmentari, dedit ei potentiam augmentativam activam et nutritivam ad hoc quod possit conservari. Et ideo absurdum est quod nobilissima forma, cujusmodi est anima intellectiva, non habeat potentias activas suæ perfectionis accidentalis et receptivas ejusdem.

2. Ibid. p. 889. Sanatur in quantum infirmus, non in quantum medicus. Sic dico in proposito quod voluntas in quantum potentia activa quæ potest elicere suam volitionem est alia formalis ratio a potentia vel ratione recipiendi suam volitionem ipsam perficientem.

3. Ibid. p. 887. Dico quod causa per se est prior causa per accidens vel natura vel perfectione, non autem semper origine vel natura.

4. Ibid. p. 882. Duobus ostensis voluntati, quamvis æqualiter dispositis, non semper æqualiter vult voluntas.

que la brute soit mue par l'objet plus délectable que le hasard lui a fait rencontrer [1]. »

Mais, pour que le libre arbitre soit possible, il faut qu'il y ait plusieurs voies ouvertes à l'action, il faut donc qu'il y ait diversité de conceptions et opposition de motifs. Voici une supposition de saint Anselme [2] : un ange qui aurait l'intelligence et la volonté, mais une volonté sensible seulement à son propre avantage, et sans aucun amour du juste (*appetitum tantum respectu perfectionis commodi, et non data esset ei affectio justi*) : une telle volonté n'aurait pas le pouvoir de se déterminer elle-même. On voit encore par cette hypothèse que l'opposition indispensable pour donner place au libre arbitre n'est pas nécessairement, celle des sens et de la raison, ou de la chair et de l'esprit.

Comment de deux objets aperçus par l'intelligence et recommandés l'un par un motif, l'autre par un autre, par exemple, le juste et l'avantageux, la volonté prend-elle l'un et rejette l'autre? Comment surtout pouvons-nous voir clairement le bien et faire le mal? Henri de Gand [3] avait essayé de l'expliquer. « On dit, rapporte Duns Scot, que la volition est au pouvoir de la volonté, en tant que celle-ci peut déterminer l'intelligence à se fixer sur tel ou tel objet. » C'est donc l'idée fortement considérée qui serait motrice, mais la force de l'idée viendrait de notre complaisance à nous y

---

1. Ibid. p. 887.
2. Ibid. p. 889. — Saint Anselme, *De casu Diaboli*, c. 12.
3. Scot, ibid. p. 896. — V. Henri, *Quodl.* 12, q. 5.

arrêter exclusivement et à nous distraire de toute autre. Mais, demande Scot, cette complaisance même qui choisit tout d'abord entre les idées, d'où vient-elle? Si on l'attribue à l'impression naturelle des objets sur l'esprit, c'est nier la liberté. Si on la fait volontaire (*si a voluntate, habeo propositum*), la volonté se détermine dans une pleine indépendance [1]. Le désir de sauvegarder l'indépendance de la volonté n'aurait-il pas entraîné Scot à méconnaître dans la volition la part de l'idée et du sentiment, et ne triompherait-il pas trop aisément d'une inévitable apparence de cercle vicieux ? En vérité, pour que nous fassions telle action, il faut que nous nous mettions d'abord en état de la faire. Pour vouloir le mal, il faut que l'homme oublie le bien et se rende d'abord ainsi progressivement mauvais ; pour vouloir le bien, il faut qu'il se familiarise peu à peu avec l'idée de ce que le devoir exige de lui, et commence par se rendre meilleur. — Mais, dira-t-on, on veut déjà le mal, lorsqu'on y arrête sa pensée. — Oui, il y a des péchés d'âme qui précèdent ainsi le péché d'action [2] ; mais, dans ce premier moment, alors que l'idée du bien n'a pas encore été assez effacée, l'action mauvaise est moralement impossible, quoique l'âme, qui se pervertit, soit déjà coupable.

Quant au problème de la conciliation des attributs de Dieu avec le libre arbitre, Scot n'apporte aucune solution nouvelle, se contentant de critiquer quelques

---

1. P. 896. — cf. 888. Nihil aliud a voluntate est causa totalis volitionis in voluntate.
2. Scot le reconnait. *In* 2um *Sent.* D. 42.

détails de ce qu'a pu dire saint Thomas.[1]. Il admet que Dieu connaît les choses futures, et parce que Dieu connaît toutes les vérités, et parce que rien n'arrive sans sa coopération ou sa permission : mais il trouve défectueuse la comparaison de saint Thomas suivant lequel les événements futurs sont tous également présents à l'Intelligence éternelle comme tous les points d'une sphère sont également distants du centre immobile [2]. Plutôt que de proposer des explications insuffisantes, Scot préfère poser les principes, et ensuite, suivant l'expression de Bossuet, laisser les anneaux de la chaîne se rejoindre comme ils peuvent. C'est ainsi qu'après avoir cherché comment l'Etre parfait peut prévoir le péché, si c'est en prévoyant qu'il coopérera à tel acte qui sera voulu par l'homme et qu'il ne coopérera pas à tel acte qui ne sera pas voulu, ou si c'est d'autres façons, il termine en disant : « Parmi toutes ces opinions, que l'on choisisse celle qui plaira le plus, pourvu que l'on sauvegarde la liberté de Dieu sans attenter à sa sainteté [2]. »

Scot s'étend davantage sur la théorie du péché, mais ses idées ne sont pas différentes de celles de saint Thomas, car comme celui-ci il suit saint Augustin. L'homme, selon eux, n'a pas à choisir entre le bien et le mal absolus; il n'y a pas un Souverain Mal, comme

1. Scot, *In* 1um *Sent.* D. 39 à D. 42; *In* 2um *Sent.* D. 37.
2. Scot, *In* 1um *Sent.* D. 39.
3. Scot. *In* 1um *Sent.* D. 41, p. 1341: De istis opinionibus omnibus eligatur quæ magis placet, dum tamen salvetur libertas divina sine aliqua injustitia, et alia quæ salvanda sunt circa Deum ut liberaliter eligentem.

l'ont pensé les Manichéens et les Albigeois; le péché n'est qu'un désordre, et c'est la circonstance qui fait l'action mauvaise, non, pour ainsi parler, sa matière première [1]. Notre mérite vient principalement de Dieu, parce qu'il s'acquiert lorsque l'âme s'associe activement au bon mouvement que lui a communiqué la grâce divine, mais le démérite vient de nous, lorsque nous nous attachons à quelque bien mal à propos, contrairement à l'ordre divin [2]. Ce désordre n'est pas le résultat d'une ignorance ou d'une méprise. A l'homme qui passe en ce monde, quand même on lui donnerait la vision de la béatitude céleste, il appartiendrait encore de se détourner vers des biens inférieurs [3]. Dieu même ne peut pas faire qu'une créature douée de volonté soit impeccable par nature [4] : des raisons inévitables de faillir se rencontrent dans toute volonté « qui n'est pas sa règle à elle-même. » 1° L'intelligence saisit ce

---

1. Scot, *In* 2um *Sent.* D. 37. p. 994; p. 1002. Scot, *In* 2um *Sent.* D. 37, p. 986 : Dico quod peccatum eo modo quo potest habere causam est a bono. Quod probatur, quia nullum est primum malum. De même, *Report. Paris.* l. 2, D. 34, T. xi, p. 393. — Cf. saint Thomas *S. c. Gent.* l. 3, c. 10 : Quod causa mali est bonum. — Scot, *Report. Paris*, l. 2, D. 37, q. 2, T. xi, p. 403 : Voluntas creata non peccat quia tantum actus talis est ab ea quantum ad substantiam actus, quia voluntas Dei peccaret in hoc quia etiam talis actus est ab ea; sed peccat voluntas creata quia elicit talem actum, et difformiter regulæ suæ.

2. Scot, *In* 1um *Sent.* D. 41, p. 1341 : Bona omnia attribuuntur principaliter Deo, mala autem nobis.

3. V. Scot, *In* 1um *Sent.* D. 1, q. 4 : Voluntas creata non necessario tendit in finem sibi ostensum nec in universali nec in particulari. Saint Thomas dit au contraire, *S. theol.* 1^a 2^{æ} q. 10. art. 1, que la volonté est mue nécessairement par son objet qui est le bien universel, sinon par le bien particulier qu'elle peut ne pas vouloir.

4. Scot *In* 2um *Sent.* D. 23, p. 848-849, contre cette opinion de saint Anselme, que la faculté de pécher n'est pas une partie de la liberté.

qui est avantageux, et l'inclination suit. Or cette créature pourra vouloir son bien propre au delà de ce que comporte l'ordre établi de Dieu. — 2° Notre volonté ne peut se reposer que dans la possession d'un bien infini. Or cet objet ne lui est pas actuellement présenté, et par conséquent elle n'a pas pour lui un sentiment direct et actuel. Aussi peut-elle s'attacher à quelque chose qui ne se rapporte pas à cet objet infini et qui n'est un bien qu'en apparence [1].

On voit comment notre désir de l'infini, qui sert à Descartes à expliquer l'erreur, fournit à Duns Scot une explication du péché. C'est également l'inclination pour le bien en général qui est pour Malebranche le principe de l'inquiétude de notre volonté, et, comme Scot, Malebranche explique le péché, « parce qu'étant libres, nous pouvons déterminer et nous déterminons, en effet, à des biens particuliers, et par conséquent à de faux biens, le bon amour que Dieu ne cesse point d'imprimer en nous tant qu'il ne cesse point de nous conserver [2]. »

Traitant du libre arbitre dans l'homme, Duns Scot s'était trouvé en présence des difficultés considérables qui naissent du dogme de la grâce. Il ne paraît pas s'être particulièrement préoccupé de les résoudre. Nous ve-

---

[1]. Ibid. p. 851 : Necessario omnis voluntas quæ in appetendo non est satiata nec quietata nec potest sibi dimissa quietari nisi in objecto infinito quod non habet præsens, et per consequens non tendit actualiter in illud, talis, inquam, voluntas potest appetere aliquid non in ordine ad illud, vel tendere in bonum apparens, ex quo non est immobilitata in isto infinito. Sed omnis voluntas creata naturaliter sibi dimissa est hujusmodi. Quare etc.

[2]. *Recherche de la Vérité*, l. 4, c. 1 et 2.

nons de voir comment il s'attache dans ce qu'il dit du péché, à maintenir l'indépendance et la responsabilité de la volonté. On pourrait s'attendre que, comme théologien, il se rapprochât de Pélage ou qu'il devançât Molina. Il n'en est rien : Duns Scot maintient les principes de saint Augustin avec la même fermeté que saint Thomas. Henri de Gand s'avise-t-il de soutenir que si la grâce nous est nécessaire, c'est seulement à cause de la multitude des tentations devant laquelle notre faiblesse succombe, de même que dans un navire percé de plusieurs trous, un homme seul pourrait aveugler une voie d'eau, mais non empêcher le navire de sombrer [1]? Scot ne voit là qu'un sophisme : si nous pouvions par nous-mêmes éviter un péché, nous pourrions les éviter tous. Sur un point seulement Scot discute contre saint Thomas. Pierre Lombard avait enseigné que la grâce habituelle était la personne même du Saint-Esprit substantiellement communiquée à l'âme et devenant sans l'intermédiaire d'aucune habitude de la créature (*nullo medio habitu creato*) le principe de nos actes de dilection. Nos docteurs péripatéticiens rejettent cette doctrine : ils n'admettent pas comme théologiens que nos bonnes dispositions pour Dieu soient le Saint-Esprit aimant en nous, de même qu'ils n'admettent pas comme philosophes que notre idée de Dieu soit Dieu se connaissant en nous. Ils veulent que la grâce produise véritablement un changement de l'âme. Mais ce changement est-il produit

---

1. Scot, *In* 2um *Sent.* D. 28, p. 913.

dans l'essence même de l'âme, comme le soutient saint Thomas, ou seulement dans les dispositions des facultés, comme le veut Scot [1]? Nous n'entrerons pas dans ce débat, qui est purement théologique.

[1]. Voir Scot, *In* 2um *Sent.* D. 26 et les notes de Lychet.

CHAPITRE V.

DE L'AME

I. — *L'âme et le corps.*

L'immortalité de l'âme, et par suite la distinction substantielle de l'âme et du corps, tiennent une grande place dans la philosophie de Platon. Venue en cette vie d'une autre existence, destinée à une nouvelle vie après celle-ci, l'âme, selon Platon, est dans le corps comme une étrangère égarée dans un séjour qui n'est pas sa vraie patrie, comme une captive retenue pour un temps dans une geôle fâcheuse. Cependant, tant qu'elle est enchaînée au corps, l'âme se trouve être le principe de la vie du corps. Séparé d'elle, le corps n'a plus ni le mouvement ni la vie : cette prison enfermait et gênait l'âme, mais cette prison ne subsistait que par elle comme organisme vivant.

Socrate [1] priait ses amis d'être sa caution auprès de Criton que lorsqu'on brûlerait son corps, il serait parti ailleurs et y vivrait heureux. Ce langage eût paru étrange à Aristote. Il n'admet point la séparation de l'âme et du corps au sens platonicien. L'âme, pour lui, n'est pas dans le corps comme un pilote dans un navire qu'il peut quitter pour aller en diriger un autre. L'âme n'est pas l'associée du corps ; elle est quelque chose du corps : elle en est la cause finale, par conséquent elle en est aussi la forme substantielle, l'acte ou l'achèvement [2]. Mais si le corps est pour elle, il est aussi par elle. Elle est le principe interne qui dans le corps produit la vie, le mouvement, la sensation, la mémoire, le désir, et qui ensuite produit la pensée.

Demander si l'âme et le corps peuvent subsister séparément semblerait à Aristote une question vaine [3]. Mais il rejette les systèmes qui font de l'âme une résultante de l'arrangement des parties matérielles [4]. L'âme est une chose qui n'a ni étendue ni figure, qui ne peut tomber sous les sens, quoiqu'elle n'existe pas en dehors du sensible. Le germe qui est l'animal en puissance suppose avant lui l'animal en acte ; mais il n'est pas seulement une partie détachée de la matière de l'animal générateur : dans cet élément matériel est passée une puissance, une vertu, qui émane de l'âme de l'animal, germe d'âme dans un germe de corps [5].

1. Platon : *Phédon*, c. 64.
2. Voir Chaignet : *Essai sur la psychologie d'Aristote*, p. 289, sqq.
3. Ibid. p. 288.
4. Ibid. p. 242 sqq.
5. Ibid. p. 298 sqq.

Quand cette puissance a pu agir, le corps est formé, la vie et le sentiment sont en lui, et l'âme est son entéléchie.

Il semblerait jusqu'ici que le nom moderne de la doctrine d'Aristote serait le matérialisme dynamique ou vitaliste[1]. Mais, outre cette âme, principe de vie et de sensation, qui est inséparable de l'organisme, Aristote reconnaît dans l'homme « comme une autre espèce d'âme » qui est le principe de la pensée, qui vient « du dehors », qu'il déclare s'unir à la première sans qu'il explique bien comment s'opère cette union[2], enfin qu'il fait séparable du corps et impérissable sans qu'on puisse voir dans ce qu'il dit à ce sujet l'affirmation d'une véritable immortalité de l'âme[3]. Une philosophie qui rejette le sensualisme, qui reconnaît parmi les actes humains des actes auxquels l'organisme n'a point de part, n'est pas le matérialisme. Mais, quoi qu'il faille penser de ce spiritualisme indécis, la doctrine d'Aristote exclut formellement l'animisme[4], car il est essentiel à l'animisme de chercher en dehors du corps le principe de la vie du corps : or, pour Aristote, le principe de la vie, qui est l'âme végétative et sensitive, commence et finit

---

1. V. Laugel : *Les problèmes de la vie*, p. 17 : « L'animisme oscille sans cesse du spiritualisme au matérialisme, de Platon à Aristote. » — Ouvr. cit. ch. vi : « Le dynamisme vital. »

2. V. Chaignet, ouvr. cité, p. 299, 301.

3. V. Th.-H. Martin : *Les Sciences et la Philosophie*, 4e Essai. p. 222. — Ravaisson, *Essai sur la Métaphys. d'Arist.* t. 1er, p. 590, explique de même qu'Aristote n'a pas admis l'immortalité de la personne humaine.

4. Philibert : *Du principe de la vie suivant Aristote*, p. p. II, 4, 148: « Il n'y a aucune analogie entre sa doctrine et l'animisme. » — Cf. Th., H. Martin, ouvr. cit. p. 223.

avec le corps, et ne fait qu'un avec lui. Cette manière de concevoir la cause de la vie ressemble le plus à l'organicisme des modernes.

C'est cependant l'animisme que soutient la scolastique, tout en conservant le plus possible le langage et les principes du Philosophe. Elle répète ce qu'il dit au sujet de l'unité de l'âme végétative et de l'âme sensitive, puis ce qu'il dit au sujet de l'unité de l'âme sensitive et de la raison ou âme intellective ; ensuite, ayant établi cette unité de l'âme, elle profite de ce qu'Aristote a dit lui-même de l'immatérialité des actes propres à la raison pour séparer toute l'âme du corps et rendre ainsi l'immortalité de la personne humaine, sinon démontrée, du moins possible.

Il ne faudrait pas croire toutefois que les Scolastiques ne se soient jamais aperçus qu'ils modifiaient la pensée d'Aristote en paraissant la commenter. Lorsque cette pensée semblait contraire aux vérités chrétiennes, ils essayaient de la rapprocher de ces vérités à l'aide de ses propres principes, et ils se rendaient bien compte de ce qu'ils faisaient. Scot nous le montre à propos de cette question de l'âme et de son union avec le corps. « Il faut savoir, dit-il [1], qu'au sujet de l'union de l'âme raisonnable et du corps, on trouve dans Aristote, Averroës, et Platon, ce que la doctrine des saints Pères nous fait juger de honteuses erreurs. » Mais un peu plus loin il dit [2] : « Comme nous

---

1. *De Rer. pr.* q. 9, art. 2, p. 61.
2. Ibid. p. 66 : Quamvis, secundum quod Commentator exponit, Aristoteles videatur dixisse intellectum non esse formam hominis, volentibus tamen ipsum exponere catholice, hoc videtur de intellectu sentire...

voulons faire d'Aristote une interprétation catholique, voici quelle semble son opinion sur l'intellect. »

Voyons où le conduit cette interprétation de parti pris.

1° L'âme intellective est une substance distincte du corps.

Les spiritualistes modernes, partout où y a des faits de conscience quelconques, fussent-ils seulement des sensations, des plaisirs ou des peines, croient nécessaire de reconnaître un sujet inétendu, par suite incorporel[1]. Les animaux doivent donc avoir une âme incorporelle à moins qu'on leur refuse tout sentiment.

Les scolastiques au contraire ne voyaient aucune contradiction à ce que la connaissance sensitive n'eût pas un sujet distinct du corps, et qu'un organe, grâce au principe vital qui était en lui, pût avoir comme la conscience de l'impression faite sur lui par les objets matériels. « Les âmes des brutes, dit saint Thomas[2], n'ayant aucune opération propre, ne subsistent pas par elles-mêmes. » C'est pour cela qu'elles périssent avec le corps[3]. L'opinion la plus probable sur l'âme sensitive des animaux, selon Duns Scot, c'est que cette âme est une forme étendue suivant l'extension du corps et dont une partie seulement est dans chaque partie du corps[4].

---

1. Philibert, ouvr. cit. p. 4-5; Th. H. Martin, ouvr. cit. p. 236.
2. S. *Theol.* 1ª p. q. 75, art. 3 : Relinquitur quod cum animæ brutorum animalium per se non operentur, non sint subsistentes : similiter enim quodcunque habet esse et operationem.
3. V. S. c. *Gent.* l. 2, c. 82.
4. Scot, *De Rer. pr.* q. 12. art. 4, p. 104.

Mais dans l'opposition de la connaissance sensitive et de la connaissance intellectuelle, les Scolastiques voyaient la preuve de la distinction substantielle de l'âme intellective et des organes. En effet [1] si l'impression faite sur l'organe peut devenir une connaissance, cette connaissance ne sera jamais que celle de cette impression, par conséquent ne sera jamais que la représentation figurée d'un objet particulier. Or, fait remarquer Scot, il y a en nous des connaissances essentiellement différentes de celles-là. « Nous pensons l'universel; nous connaissons les rapports logiques; nous connaissons par expérience que c'est la réflexion qui nous les fait concevoir, nous connaissons enfin les premiers principes et leur nécessité. A celui qui nierait cet ordre de connaissances tout différent de l'ordre sensitif, il faudrait répondre qu'il se réduit à n'être qu'un animal [2]. » La connaissance intellectuelle [3] n'est pas substance par elle-même, car elle n'est pas continuellement en acte. (C'est en contradiction avec la doctrine scolastique que Descartes dira que l'âme pense toujours.) Mais à cette connaissance intellectuelle il faut un sujet; ce sujet, ne pouvant être ni l'orga-

---

1. Scot. In 4um Sent. D. 3, q. 2, t. 10, p. 24.
2. Scot, ibid. p. 25 : Sicut nec cum dicente : Non video colorem ibi, non est disputandum, sed dicendum sibi : Tu indiges sensu, quia cæcus es.
3. Ibid. p. 26 : Si talis actus est in nobis formaliter, cum non sit substantia nostra, quia quandoque inest, quandoque non inest, ergo oportet dare sibi aliquod receptivum proprium; non autem aliquod extensum, sive sit pars organica sive totum compositum... Ergo oportet quod insit secundum aliquid inextensum, et quod illud sit formaliter in nobis : illud non potest esse nisi anima intellectiva, quia quæcumque alia forma est extensa.

nisme ni une partie de l'organisme, est distinct du corps ; c'est une forme inétendue, l'âme intellective.

La considération de la volonté libre[1], selon Scot, mène à la même conclusion. Supposons que l'appétit soit éprouvé par l'organe même : le péripatétisme n'y voit point d'inconvénient. Mais tout appétit organique est déterminée fatalement par rapport à un certain objet. Or l'homme a le pouvoir de choisir entre des résolutions contraires : la volonté n'est donc pas l'appétit d'un organe, mais appartient à un sujet d'un ordre supérieur à l'organisme[2].

2° Dans l'homme, l'âme intellective, séparable de l'organisme, est en même temps puissance sensitive et végétative ; en d'autres termes, c'est par la même âme, distincte du corps, que nous vivons, que nous sentons, que nous pensons.

Duns Scot est d'accord sur ce point avec les docteurs qui le précèdent, avec Vincent de Beauvais comme avec Albert le Grand et saint Thomas[3]. Il repousse l'opinion qu'il attribue à Platon, d'après laquelle le principe de la vie, celui de la sensation, celui de la pensée, seraient trois âmes substantiellement distinc-

---

1. Ibid. p. 26 : Ex secunda operatione humana, scilicet voluntate, potest probari idem.

2. Ibid. Ergo voluntas, qua sic indeterminate volumus, est appetitus non alicujus talis formæ, scilicet materialis, et per consequens est alicujus excedentis omnem talem : hujusmodi ponimus inellectivam.

3. Sur l'animisme au moyen âge, v. Bouillier : *Le Principe vital*, c. 8 et 9. — Il ne nous semble pas, comme à l'auteur, qu'on ait eu tort de placer Duns Scot parmi les défenseurs d'une âme unique, pensante et vivifiante. V. o. c. p. 162.

tes, logées dans trois parties différentes du corps [1]. Il rejette de même l'opinion qui reconnaissant dans l'homme une âme végétative, une âme sensitive, ferait, de la première la matière ou le support de la seconde, et de celle-ci la matière et le support de la troisième [2]. De qui est cette opinion ? Wadding n'indique aucun nom. Elle pourrait être la doctrine de Vincent Beauvais mal interprétée [3] ; il semble qu'elle sera, après Scot, l'opinion mal connue de Pierre Oliva. Celui-ci aurait prétendu que l'âme intellective était la forme du corps seulement par l'intermédiaire de la puissance sensitive. C'est contre lui que fut dirigée la célèbre condamnation du concile général de Vienne en 1311 déclarant hérésie de soutenir que l'âme intellective n'est pas par elle-même et essentiellement la forme du corps humain [4]. Si l'on admettait dans l'homme un principe végétatif et sensitif distinct du principe intellectif, on serait amené, selon Scot [5], à dire que le premier, dans l'homme, comme cela a lieu chez les animaux, est produit par le générateur, tandis que le second serait produit par Dieu. Mais ce qui est produit par une cause périssable doit être périssable. Cet alliage d'un principe divin avec un principe humain, conclut-il, n'empêcherait pas l'âme d'être

---

1. Scot, *De Rer. pr.* q. 11, art. 2, p. 90.
2. Ibid. p. 91.
3. V. sur cette doctrine Bouillier, ouvr. cité p. 148 et 152.
4. « Definientes quod quisquis asserere præsumpserit quod anima rationalis seu intellectiva non sit forma corporis humani per se et essentialiter, tanquam hæreticus sit censendus. »
5. Scot, *De Rer. Pr.* q. 11, art. 2, p. 91.

mortelle. — Sans qu'il y prenne garde, c'est la véritable doctrine d'Aristote qu'il critique, et il donne la raison pour laquelle l'immortalité de l'âme ne se trouve pas dans Aristote. — Si la séparation du principe végétatif et sensitif et du principe intellectif doit être rejetée au nom de l'immortalité de l'âme, c'est-à-dire au nom d'une probabilité philosophique ou d'un dogme, car l'immortalité de l'âme ne peut pas selon Scot être rationnellement démontrée avec certitude [1], il veut aussi qu'on la rejette au nom de l'expérience [2] : N'éprouvons-nous pas que l'exercice intense de l'une de ces trois puissances, la nutrition, la sensation, la pensée, empêche l'exercice des autres ? Ne voyons-nous pas que toutes les trois se retirent en même temps du corps ? Outre l'expérience, Scot invoque le principe d'économie [3] : il n'est pas nécessaire de séparer le principe de la vie du principe de la pensée. Scot remarque ailleurs que plus les êtres de la nature sont parfaits, plus étroit est le lien qui unit tout ce qui les constitue [4]. Pourquoi alors faire de l'âme pensante seulement l'associée d'un corps vivant et sensible? Il faut entre l'âme et le corps de l'homme admettre le lien le plus étroit, qui est celui

1. Scot, In 4um Sent. D. 43. q. 2, t. x, p. 28.
2. Scot, De Rer. pr. q. 11, art. 2. p. 91. — Cf. Saint Thomas, S. Theol. 1ª p. q. 76, art. 3.
3. Scot, loc. cit. p. 92 : Generale principium est quod si aliquid potest æque bene fieri per pauciora sicut per plura, nullo modo talis pluralitas debet poni.
5. Scot, De Rer. pr. q. 9, art. 2, p. 69 : Secundum quod partes universi (d'un tout) sunt perfectiores, principaliter universum integrantes, secundum hoc intimius et perfectius, salva tamen eorum actualitate et distinctione, colligantur.

de la forme et de la matière, et regarder l'âme végétative et sensitive et l'âme intellective non comme deux principes consubstantiels mais comme une seule substance[1] : la première âme est comprise dans la seconde, suivant la comparaison consacrée, comme le triangle dans le quadrilatère[2].

Mais si, comme saint Thomas, Duns Scot soutient l'animisme et la doctrine de l'unité de l'âme, il diffère de lui sur deux points, sur la manière dont l'âme commence d'être unie au corps, ensuite sur la nature du corps uni à l'âme.

Suivant saint Thomas, l'embryon possède dès le commencement une âme propre[3], mais ce n'est d'abord qu'une âme purement végétative, puis cette âme disparaît pour faire place à une âme qui est à la fois végétative et sensitive ; enfin celle-ci cède à son tour la place à l'âme intellective qui comprend en elle-même les deux autres puissances : alors l'animal devient homme. Mais, comme d'après saint Thomas, une âme seulement sensitive, n'étant pas une chose subsistante en elle-même, peut être produite par la semence génératrice, il s'ensuit que c'est seulement après un certain développement du fœtus que Dieu vient achever l'œuvre commencée par l'homme[4].

---

1. V. ibid. p. 68-70.
2. Scot, ibid. p. 70. — Aristote, *De l'Ame*. — Saint Thomas, *S. Theol.* 1a p. q. 76, art. 3. — V. Bouillier, ouvr. cité, p. 154.
3. *S. Theol.* q. 118, art. 2. Ad 2um.
4. Saint Thomas, *S. Theol.* 1a q. 118, art. 1. — *S. c. Gent.* l. 2, c. 86, 1: Anima nutritiva et sensitiva esse incipiunt per seminis traductionem, non autem intellectiva.

« Ouvre ton cœur à la vérité, dit Dante [1], et sache qu'aussitôt que dans le fœtus l'organisation du cerveau est achevée, le premier moteur se tourne vers lui, ravi de ce chef-d'œuvre de la nature, et lui inspire un esprit nouveau, plein de vertu, qui attire en sa propre substance tout ce qu'il trouve d'actif chez lui, et constitue une seule âme qui vit et sent; et se réfléchit sur elle-même. »

A cette doctrine qui fait animer le même corps successivement par trois âmes « dont la production de l'une est la corruption de l'autre [2], » Scaliger [3] reprochera avec assez de raison de faire naître et mourir trois fois l'enfant. Scot évite un tel inconvénient en professant que l'embryon ne possède jamais que la même âme, directement produite tout entière par Dieu [4]. Et il s'arrange comme il peut des textes du philosophe. Si Aristote dit que « l'embryon est animal avant d'être homme, » il ne s'ensuit pas, selon Scot que ce ne soit pas la même âme qui se manifeste d'abord par des actes inférieurs. S'il dit encore que « l'intelligence seule vient du dehors, » il faut entendre ici par intelligence l'âme tout entière, et pas seulement une puissance de l'âme. — L'embryon reçoit-il de Dieu son âme dès le premier moment de la conception? Scot n'en dit rien. Il reconnaît expressément une âme propre [5] à l'enfant qui est dans le sein

---

1. Dante, *Purgatoire*, c. 25 v. 67-75.
2. Saint Thomas, *S. Theol.* 1ª p. q. 48. art. 2. Ad 2um.
3. V. Bouillier, ouvrage cité p. 148.
4. Scot, *De Rer. pr.* q. 10, art. 4, p. 86-87.
5. Scot, *In* 4um *Sent.* D. 4, q. 3, p. 230 : Licet parvulus in utero matris

de sa mère, mais il ne dit pas si la création de cette âme remonte au premier instant de la conception. L'opinion que cette âme n'est créée et unie à l'embryon qu'ultérieurement semble avoir été adoptée par les scotistes [1]. Ils pensaient que pendant une première période l'embryon est conservé et disposé à l'animation par la seule influence de la mère, ce que saint Thomas avait déclaré impossible [2] parce qu'une vie propre suppose selon lui un principe intrinsèque à l'être vivant.

2. Une fois que l'âme créée par Dieu est unie au corps préparé à la recevoir, Duns Scot et saint Thomas sont d'accord pour dire que le corps tient de l'âme exclusivement toute son énergie vitale. Mais il reste cette question : cette âme, survenue du dehors, qui a été unie au corps, s'est-elle tellement emparée du corps que celui-ci, abstraction faite de ce qu'il a désormais par l'âme, ne soit plus qu'une matière tout à fait informe ? ou bien, dans cette union de l'âme et du corps, celui-ci, à défaut de la vie qu'il ne peut avoir par lui-même, retient-il quelques propriétés, disons quelque forme, distincte de ce qu'il reçoit de l'âme ? La corporéité, c'est-à-dire ce qui fait que le corps est non pas un vivant mais un corps, qu'il possède l'*esse cor-*

sit conjunctus matri localiter, tamen est distinctus ab ea personaliter, quia habet aliud corpus et aliam animam.

1. V. Commentaire de Hiquæus sur Scot *In* 4um *Sent.* D. 11, q. 3. — Edit. Wadding, t. viii, p. 655.

2. *S. Theol.* 1^a q. 48, art. 2 Ad 2um : Aliqui dixerunt quod operationes vitæ quæ apparent in embryone non sunt ab anima ejus, sed ab anima matris, vel a virtute formativa quæ est in semine : quorum utrumque est falsum. Opera enim vitæ non possunt esse a principio extrinseco, sicut sentire, nutriri, et augeri.

poreum qui ne doit pas être confondu avec l'*esse viventis*, est-elle désormais dans l'âme ou subsiste-t-elle dans le corps ? La première opinion est celle de saint Thomas, la seconde, celle de Duns Scot.

Une explication est nécessaire pour montrer comment saint Thomas est amené à cette opinion, assurément étrange au premier abord, que le corps n'est corps que par l'âme.

On sait que les péripatéticiens sont unanimes à reconnaître dans les êtres qui tombent sous les sens et qui peuvent être altérés une matière et une forme. La matière est le sujet du changement, la forme en est le résultat. La forme peut être substantielle ou accidentelle, spécifiant un être ou le distinguant seulement d'une façon momentanée et extérieure. Des formes différentes, même substantielles, peuvent se succéder dans la même matière. En effet la forme du mixte n'est pas la réunion des formes élémentaires : c'est une forme nouvelle [1], quoique dans le mixte les formes élémentaires subsistent en puissance, car, le mixte détruit, la matière reprend naturellement ces formes, spécifiquement les mêmes, sinon numériquement. Les néo-scolastiques n'ont pas manqué de faire ressortir combien cette théorie s'accordait avec ce que nous apprend la chimie moderne. Le poids d'un corps composé est égal aux poids des corps simples qui le composent ; mais, le poids excepté, il serait impossible de déduire des propriétés des simples celles du composé ; on ne peut pas dire que les secondes soient la somme ou la fusion des

---

1. Voir Suarez, *Disp. Met.* xv, sect. 10, n° 41.

premières : c'est véritablement, pour parler le langage péripatéticien, une forme nouvelle.

Si une matière préexistante peut recevoir une nouvelle forme substantielle, d'un autre côté, même en voyant subsister, en même temps que des propriétés nouvelles, les propriétés manifestées d'abord, on ne pourra être certain qu'avec l'avénement de la forme nouvelle à qui sont dues ces propriétés nouvelles, a subsisté la première forme, car la seconde forme peut être plus riche que la première et comprendre avec ses énergies propres les énergies de celle-ci. Ainsi l'embryon vit d'abord par son âme végétative selon saint Thomas, par l'influence de l'âme de la mère selon Hiquæus : l'âme intellective survenue, c'est comme en conviennent scotistes et thomistes, par celle-ci désormais qu'il continue de se nourrir et de se développer dans le même sens. Nous avons dit quels arguments philosophiques les scolastiques en général et Scot en particulier font valoir en faveur de l'animisme. Or saint Thomas invoque [1] la nécessité de

---

1. *S. contra Gent.* l. 4, c. 81, 2 : Non sunt diversæ formæ substantiales in uno et eodem per quarum unam collocatur in genere supremo, puta substantiæ, et aliam in genere proximo, puta in genere corporalis et animalis, et per aliam in specie, puta hominis vel equi... Oportet igitur quod corporeitas prout est forma substantialis in homine non sit aliud quam anima rationalis, quæ in sua materia hoc requirit quod habeat tres dimensiones : est enim actus corporis alicujus. — Remarquons que dire que l'âme est l'acte d'un corps n'empêche pas que la corporéité ne vienne de l'âme au corps qu'elle informe. — Cf. *S. Theol.* 1ª p. q. 76, art. 4. Ad 1um. In eo cujus anima dicitur actus, etiam anima includitur, eo modo loquendi quo calor est actus calidi et lumen est actus lucidi : non quod seorsum sit lucidum sine luce, sed quia est lucidum per lucem. Et similiter dicitur, quod anima est actus corporis, etc., quia per animam et est corpus, et est **organicum**, et est potentia vitam habens.

reconnaître dans l'être humain la plus grande unité possible, pour soutenir que l'âme s'unissant au corps absorbe en elle non seulement le principe de la vie du corps, mais aussi la corporéité. Cette doctrine est à l'antipode du matérialisme. Le matérialisme fait dériver des propriétés du corps la vie et la pensée ; au contraire saint Thomas pense que le corps tient tout de l'âme, la figure comme la vie.

Duns Scot ne pousse pas aussi loin le besoin de l'unité et le goût de la synthèse. C'est ce qu'on verra également pour la question des attributs de Dieu et pour celle de l'individuation. De même, quoiqu'il justifie son animisme, entre autres raisons, par le principe d'économie, il conteste que cette dualité de formes, la corporéité et l'âme pensante et vivifiante, soit un obstacle à l'unité de l'être humain [1]. Dans un être composé (et l'on ne nie pas que l'homme soit composé d'un

---

1. Scot, In 4um Sent. D. 11, q. 3, t. VIII. p. 649 : Concedo quod formale esse istius compositi est principaliter per unam formam, et illa forma est qua totum compositum est hoc ens. Ista autem est ultima adveniens omnibus præcedentibus ; et hoc modo totum compositum dividitur in duas partes essentiales, in actum proprium, scilicet ultimam formam quæ est illud quod est, et propriam potentiam illius actus quæ includit materiam primam cum omnibus formis præcedentibus. Et isto modo concedo quod esse illud totale est completive ab una forma quæ dat toti illud quod est ; sed ex hoc non sequitur, quod in toto includantur plures formæ, non tanquam specifice constituentes illud compositum, sed tanquam quædam inclusa in potentiali istius compositi. Exemplum hujus est in composito ex partibus integralibus. Quanto enim animatum est perfectius, tanto requirit plura organa, et probabile est quod distincta specie per formas substantiales : et tamen ipsum est verius unum ; verius inquam, i. e. perfectius, sed non verius unum i. e. indivisibilius. In compositis enim frequentius invenitur cum majori compositione verior unitas et entitas quam in partibus cum minori compositione.

corps et d'une âme), il y a sans doute, selon Scot, une forme principale par laquelle le composé est tel être, mais cela n'empêche pas que dans ce qui est à l'égard de cette forme l'élément potentiel il y ait déjà avec la matière première des formes inférieures. La nécessité de n'admettre en regard de l'âme que la matière première n'est donc pas démontrée à priori. L'analogie est contraire à l'opinion thomiste. Considérons en effet les composés constitués non par une matière et une forme, mais par des parties intégrantes, comme sont les corps animés : ne voit-on pas que l'unité est plus parfaite chez ceux dont les organes sont plus nombreux et plus diversifiés? Mais l'argument qui paraît le plus décisif à Scot est fondé sur l'expérience. La vie disparaissant en même temps que la pensée, il en a conclu l'unité du principe de la vie et de celui de la pensée : de même, le corps conservant sa forme après l'absence de l'âme, Scot en conclut que l'âme n'est pas le principe de la corporéité [1]. Qu'est-ce que le corps que l'âme peut faire vivre? Un mixte, constitué par telles proportions des éléments, ayant telles qualités, par exemple tel degré de chaleur ici, et là tel degré de fraîcheur [2]. Que ces conditions viennent à manquer ou à n'être plus au degré voulu, il ne peut plus recevoir la vie, il ne

---

1. *In* 4um *Sent.* D. 11, q. 3. — p. 653.
2. Ibid. p. 654 : Aliquæ qualitates consequuntur formam mistionis et in aliquo gradu necessariæ ad hoc ut intellectiva maneat... Corruptis ergo illis dispositionibus in gradu illo in quo necessario requiruntur ad intellectivam, non manet intellectiva; et tamen illa alia forma disponens ad eam potest manere..... Ad animationem ab intellectiva requiratur cor et hepar determinate calida, cerebrum determinate frigidum, et sic de singulis partibus organicis.

sent plus, et il ne se nourrit plus, mais il reste encore quelque chose de ce qu'il était. Assurément c'est d'une façon instable, car il tend d'une façon continue à se résoudre en substances élémentaires [1] : cela prouve seulement que la forme qui subsiste est une forme incomplète ou inactive, non que ce soit une forme nouvelle [2]. La doctrine thomiste suppose au contraire une forme cadavérique qui vient saisir la matière au moment où l'âme l'abandonne [3]. Ainsi une âme végétative, et une âme sensitive, avant la venue de l'âme intellective, puis la forme cadavérique après son départ, voilà ce qu'admet le thomisme : Scot n'admet que deux formes, la corporéité et l'âme coexistant d'abord dans le même sujet, puis constituant pour quelque temps deux sujets.

Nous serons de l'avis de Cavelle [4], que la doctrine thomiste, avec cette forme cadavérique qui survient pour maintenir dans le corps les apparences qu'y produisait l'âme, semble tout à fait paradoxale. Il nous sera facile de protester contre ce que dit Moehler [5], que

---

1. Ibid. Nullum corpus animabile habet simpliciter esse perfectum et quietum recedente anima : imo statim est in continua tendentia ad resolutionem in elementa.
2. Ibid. Comment. de Hiquæus, p. 655 : Ratio hujus est quia forma corporis non est activa neque habet sufficientem resistentiam ex se ad actionem extrinseci corrumpentis.
3. Voir la défense de la forme cadavérique dans Liberatore : *Le composé humain*, c. 10 art. 5. — trad. fr. p. 502 sqq.
4. Cavelle, *Supplem. ad quæstiones D. Scoti in libros De Anima*, Disp. 2, sect. 4. — Edit. Wadding, t. II, p. 588 : « Paradoxum certe videtur...
5. Cité par Sauvé, *De l'Union substantielle de l'âme et du corps*, p. 118. — La doctrine thomiste sur la corporéité est défendue dans ce livre par des arguments philosophiques et théologiques.

« la doctrine de Scot, éclose dans la polémique, est pleine de subtilités. » Le sens commun n'est nullement le criterium des théories philosophiques, mais on ne saurait être accusé de subtilité lorsqu'on s'en rapproche. De plus Scot ne faisait que reprendre une doctrine soutenue avant lui : Alexandre de Halès avait dit [1] : « L'âme raisonnable n'est pas proprement l'acte de la matière [première], mais l'acte naturel d'un corps complet par sa forme naturelle, laquelle forme est appelée la forme corporelle. » De même Henri de Gand [2] : « L'âme ne sort pas du néant avant que l'être corporel existe avec le mode de mixtion qui le rend propre à être l'instrument de l'âme. Cette forme de mixtion ne peut être détruite par la venue de l'âme, ni naturellement, car elle ne répugne pas à l'âme, et rien n'est détruit que par suite de quelque contrariété, ni surnaturellement, car dans la génération de l'homme il n'y a d'autre miracle que la création de l'âme et son union avec le corps. Il faut donc que cette forme naturellement engendrée de la puissance de la matière subsiste dans l'homme avec l'âme intellective qui est surnaturellement unie au corps. »

Après Duns Scot, son opinion sur la coporéité fut reçue très souvent même par des docteurs étrangers à l'école franciscaine [3], ainsi par le dominicain Durand

---

1. Alensis : *S. Theol.* 2. p. q. 44, m. 4 : Anima rationalis non est proprie actus materiæ, sed actus naturalis corporis completi in forma naturali, quæ forma dicitur forma corporalis. — V. Palmieri, S. J., *Institutiones philosophicæ*, vol. 2, p. 401.

2. Henri de Gand, *Quodlibet* 2, q. 2, art. 5, fo 30 G.

3. Voir Palmieri, ouvr. cité p. 403-408.

et le carme Jean de Baccon. Thomas d'Argentine qui mourut en 1357 et qui se range lui-même à l'opinion thomiste nous dit que l'opinion qui met la corporéité en dehors de l'âme est celle de tous les docteurs d'Angleterre et de certains parmi ceux de Paris. Les Jésuites Lessius et Ptolémée, au seizième siècle, admettent la corporéité au sens de Scot. De nos jours, plus d'un théologien de la même Compagnie, tout en étant thomiste en général, est scotiste sur ce point : citons les pères Tongiorgi et Palmieri, qui ont enseigné à Rome, Bottalla qui a enseigné à Poitiers [1]. Devant la vivacité des polémiques que soutiennent contre eux les thomistes exclusifs, Mgr Czacki écrit au nom du Saint Siège pour demander plus de modération et rappeler qu'après tout les scotistes ne soutiennent rien d'hérétique [2].

Si ce cortège d'adhésions obtenues parmi les écoles rivales recommande la thèse scotiste, faut-il encore lui reconnaître cet avantage qui à nos yeux serait le seul décisif, qu'avec elle au moins deviennent possibles la physiologie et la médecine inconciliables avec la thèse opposée ? Tel est le témoignage que rendent à Scot Fr. Morin et Th.-H. Martin. Suivant les Franciscains, nous dit le premier de ces savants auteurs [3], « si l'âme intervient comme puissance physiologique, au moins doit-elle être provoquée dans son action par un certain ordre interne des parties constitutives du corps hu-

---

[1]. Voir la Notice bibliographique à la fin du volume.
[2]. *Lettre de Mgr Czacki à Mgr Hautcœur recteur, de l'Université de Lille* (1877).
[3]. *Dict. de Théol. scol.* vol. 2, col. 1303.

main; cet ordre est nécessaire comme disposition prochaine du corps à recevoir la forme... La physiologie a une petite porte pour entrer. » — « Il me semble [1], dit Th.-H. Martin, que, sur un point capital, la théorie du docteur subtil est parfaitement acceptable en elle-même, et bien plus conciliable que celle du docteur angélique avec les progrès modernes des sciences. » Th.-H. Martin croit voir en effet dans la thèse de Duns Scot l'ébauche, sans doute obscure et vague, de la théorie qu'il voudrait lui-même proposer sur le principe de la vie, théorie éclectique qui ferait leur part à l'animisme, à l'organicisme, et même au dynamisme physico-chimique. « C'est cette doctrine vague de Duns Scot, dit-il [2], qu'il s'agit de préciser scientifiquement. Cette forme subalterne de corporéité, dont Duns Scot affirme l'existence dans le corps humain, et qui dispose, suivant lui, la matière première de ce corps à recevoir l'âme, cette forme préparatoire, qu'il ne définit pas, peut être considérée par nous, disciples des sciences modernes, comme contenant, outre les propriétés générales de la substance corporelle, telles que la physique nous les montre, certaines propriétés spéciales que la physiologie nous montre dans la matière organisée, propriétés qui, sans l'âme humaine, ne suffisent pas pour constituer un corps humain vivant, mais dont l'étude entre pour une grande part dans la science des phénomènes de la vie. »

---

[1]. *Les Sciences et la Philosophie.* — Essai IV : L'Ame et la vie du corps, p. 220.

2. Ibid. p. 231.

Quel que soit notre désir de ne pas amoindrir les mérites de Scot, nous ne pouvons souscrire à la manière dont le louent les auteurs cités. Pour parler en scolastique, dans leurs raisonnements, nous contestons la mineure et la majeure.

En fait, ils font honneur à Scot de ce qui ne se trouve pas chez lui et ils opposent à saint Thomas ce que celui-ci n'a pas contesté. Nous le prouvons. Dans la doctrine de Scot, si le corps pendant son union avec l'âme continue de posséder par lui-même les propriétés physiques, il n'y a pas même un commencement d'organicisme : pour Scot, la vie à tout moment vient entièrement de l'âme intellective. Saint Thomas de son côté a reconnu qu'il y avait pour l'animation des conditions physiques et même physiologiques, que l'âme intellective venait s'approprier un corps déjà préparé par des formes antérieures.

En principe, les raisonnements cités paraissent supposer qu'un animisme exclusif est incompatible avec la science de la vie. Nous croyons qu'il convient d'éviter de rendre ainsi solidaires les sciences de la nature et les théories métaphysiques. L'objet de la science, ce sont les lois des phénomènes, c'est-à-dire l'ordre des apparences : l'objet de la métaphysique, ce sont les premières causes. Une seule doctrine métaphysique serait inconciliable avec la science, ce serait celle qui admettrait que les causes agissent sans ordre : il suffit à la science que les lois des apparences soient régulières. Qu'importe au chimiste que l'oxygène retrouvé par l'analyse de l'eau ne soit pas numériquement le même, mais seulement spécifiquement le même que celui qui a servi à former l'eau (telle est la doctrine thomiste), si les phénomènes que lui présente cet oxygène sont absolument semblables à ceux qui ont été observés avant la synthèse de l'eau? De même, le physiologiste et le médecin n'ont pas besoin de savoir quel est en soi le principe de la vie, s'il est dans le corps ou hors du corps. Ce qui les intéresse, c'est seulement de savoir si dans les corps vivants, outre les propriétés physiques et chimiques des corps inanimés, il n'y a pas encore des propriétés spéciales et temporaires ; de plus, d'après quelles lois ces propriétés se manifestent, et comment on peut en contrarier ou faciliter la manifestation. Bichat et Claude Bernard ont clairement posé la question : ce dernier surtout a su la débattre en se maintenant dans la plus stricte neutralité métaphysique. Bichat continuait contre les mécanistes et les chimiâtres la lutte commencée par Stahl et Barthez : en héritant de leur physiologie, il pouvait répudier leur animisme [1].

Revenons à nos scolastiques. Nous conclurons donc, contrairement à Fr. Morin, que Duns Scot n'a pas ouvert la porte à la physiologie, car la porte n'était pas fermée. Maintenant, prendrons-nous parti pour la corporéité de Scot ou pour l'unité de forme de saint Thomas ? Il ne nous semble pas que ce soit nécessaire ni même possible. Nous craignons qu'il n'y ait là un débat sans issue, chacune des deux thèses en

---

[1]. Voir Lemoine: *Le Vitalisme et l'Animisme de Stahl*, p. 14.

présence ne pouvant ni être réfutée ni être démontrée d'une façon péremptoire.

Nous pourrions en dire autant de l'animisme lui-même. L'argument tiré de l'étroit rapport du moral et du physique ne nous paraît pas sans valeur, et puisque le principe de la pensée ne peut être matériel, il convient de faire comme lui immatériel et identique avec lui le principe de la vie. Mais si nous réfléchissons aux propriétés vitales des végétaux, tout à fait semblables à celle des animaux, ou à la multiplication des végétaux et de certains animaux par la fissiparité naturelle et par la séparation artificielle de leurs parties, nous nous sentons, ainsi que dirait Socrate, comme rejetés en pleine mer. L'animisme est la doctrine commune des scolastiques. Seul Guillaume d'Occam [1], qu'on ne s'attendrait pas à voir multiplier les principes sans nécessité, reconnaît dans l'homme, outre la corporéité de Scot, une âme végétative et sensitive ou forme vitale, et une âme intellective, la première étendue, la seconde inétendue, ce qui fait sa doctrine assez semblable à l'organicisme d'Aristote. Mais si les scolastiques ont été animistes en général, ils ont évité les difficultés que nous signalons [2], en n'étant animistes qu'au sujet de l'homme, et en étant, à vrai dire, organicistes au sujet des animaux [3] et des végétaux. Nous

---

1. Gabriel Biel, *In* 2um *Sent.* D. 16. B.
2. V. sur les phénomènes des multiplications des animaux par la séparation de leurs parties, Scot, *De Rer. pr.* q. 12. art. 4. p. 104.
3. Parmi les néo-scolastiques, certains admettent une âme des animaux distincte du corps mais non immortelle, ainsi Palmieri, *Institut. Philos.* vol. 2, p. 345 sqq. et Tongiorgi *Institut. Philosoph.* vol. 3, p. 45. —

ne croyons pas que la dualité de cette solution doive la faire rejeter a priori, mais elle ne se recommande pas par l'apparence de la logique.

L'intérêt du débat sur la corporéité était pour les scolastiques dans les rapports qu'ils voyaient entre cette question et le dogme de la transsubstantiation. « Dans cette question, remarque M. Bouillier [1], on fait intervenir des deux côtés les avantages ou les difficultés à l'égard de la transsubstantiation, comme plus tard, au dix-septième siècle, à propos des discussions sur l'essence de la matière et sur l'étendue cartésienne. » Mais comme, même depuis que la théorie de ce dogme a été tout à fait précisée par le concile de Trente, les théologiens catholiques [2] croient servir ce dogme soit en combattant la corporéité scotiste, soit au contraire en reprenant l'opinion du docteur subtil et même en l'accentuant davantage, il est permis de penser qu'en réalité le dogme n'est pas plus solidaire de cette question que la science physiologique.

D'autres au contraire restent fidèles à l'ancienne opinion scolastique sans prendre garde qu'ils favorisent le matérialisme, ainsi Vallet, *Prælect. phil.* to. 2, p. 199 : Anima brutorum non est spiritualis aut subsistens. De même Liberatore : *Instit. Phil.* cosmologia c. 3, art. 5. Propositio 2a : Anima brutorum non est per se subsistens seu independens a corpore in existendo. — D'après Zigliara, *De la lumière intellectuelle*, n° 514. OEuvres philos. trad. fr. to. 3, p. 322, l'âme des bêtes est une « substance incomplète dans l'ordre de substantialité ». « Est-elle matérielle? demande-t-il. Oui et non. Non, car le principe purement matériel et le principe sensitif sont des principes qui s'excluent; oui, parce que son être dépend de son union avec la matière. »

1. Bouillier : *Le Principe vital*, p. 164.
2. V. les auteurs cités plus haut, et notamment Bottalla et Sauvé.

II. — *L'âme et ses facultés.*

Ce que nous avons dit précédemment de l'animisme des scolastiques nous permet de parler d'un débat entre Scot et les thomistes, que les néo-scolastiques, attentifs à n'abandonner aucune opinion de l'Ange de l'Ecole, ont considéré comme très grave, mais dont l'importance nous échappe [1]. Il s'agissait de décider cette question : Quel genre de distinction y a-t-il entre les facultés et l'essence de l'âme ? Dans la doctrine de saint Thomas, dit Mgr Bourquard [2], « les facultés ne sont pas une seule et même chose avec l'essence de l'âme, mais il y a entre les facultés et l'âme elle-même une distinction réelle, comme celle qui sépare la substance de la qualité [3]. » Les facultés émanent de l'âme comme des tiges différentes sortent d'une même souche [4], et quoique naturellement dérivées de l'essence de l'âme, elles ne sont dans l'âme que comme des accidents. Au contraire Scot nie qu'il y ait une distinction réelle des facultés entre elles et avec l'essence de l'âme : il n'admet qu'une distinction formelle [5].

---

1. V. Bourquard : *Doctrine de la connaissance d'après saint Thomas d'Aquin* ch. 4 § 1 ; Vallet : *Hist. de la phil.* p. 297, et *Prælect. phil.* t. 1, p. 253 sqq.
2. p. 76.
3. Saint Thomas, S. *Theol.* 1ª q. 77, art. 1 : Impossibile est dicere quod essentia animæ sit ejus potentia, licet hoc quidam posuerint.
4. Ibid. art. 8.
5. Scot. *In* 2ᵘᵐ *Sent.* D. 16 : Dico igitur quod non distinguuntur realiter inter se nec ab essentia.

Essayons d'éclaircir la controverse. Elle nous paraît se réduire à une lutte de mots. Nous voyons bien le danger des formules thomistes, qui peuvent prêter à l'ambiguité; nous ne réussissons pas à voir les différences jugées profondes entre les deux doctrines.

Qu'est-ce que l'âme selon Descartes? « Une chose qui pense, ou une substance dont toute l'essence est de penser[1]. » Il s'ensuit qu'avant que la pensée soit, l'âme n'est pas, et que si la pensée cessait, l'âme cesserait aussi. Descartes en effet a séparé absolument l'âme du corps, rejeté l'animisme, et soutenu que nous pensions continuellement, quelles que fussent à ce sujet les lacunes de notre mémoire. Voilà la véritable antithèse de la doctrine thomiste. Mais Scot est-il en désaccord avec saint Thomas pour admettre que l'âme est déjà dans le fœtus, que le fœtus ne pense pas, et, d'un autre côté, qu'après la mort, l'âme séparée n'est plus la forme du corps, mais conserve l'intelligence et la volonté par lesquelles elle peut voir Dieu et jouir de sa possession? Nullement. L'âme peut donc, suivant les deux docteurs, prendre et laisser certaines facultés. S'agit-il de la distinction des facultés entre elles? Nous avons vu comment tous les deux opposaient les sens et l'entendement; Scot a encore bien marqué la différence entre l'intelligence et la volonté, et le rôle propre de chacune[1]: si quelqu'un paraissait les confondre, ce serait plutôt saint Thomas, malgré ce qu'il dit de la distinction réelle des

6. 6ᵉ *Méditation*.
1. Scot, *In* 2ᵘᵐ *Sent*. D. 25.

facultés, quand il soutient que tout péché implique une erreur [1].

Saint Thomas objectait que si l'intelligence et la volonté sont l'une et l'autre identiques à l'essence, il suit qu'elles sont identiques entre elles, ce qui est faux. Scot répond [2] qu'on peut très bien admettre que le même sujet possède des formalités diverses sans rien perdre de son unité. Saint Thomas disait encore que la puissance et l'acte devant être compris dans le même genre, comme les pensées et les volitions sont des accidents dans l'âme, il suit que la puissance de penser et celle de vouloir sont aussi des accidents. Scot réplique que la puissance et l'acte ne sont pas les espèces d'un genre : c'est le même être considéré à deux moments, et il n'y a aucune nécessité à ce qu'une puissance s'exerce toujours [3]. Y voit-on quelque difficulté si la puissance est considérée comme identifiée avec l'essence, c'est-à-dire comme une forme substantielle? Scot termine en faisant cette concession qui efface presque toute la différence avec la doctrine adverse, que les facultés sont « intermédiaires entre les formes substantielles et les accidents [4]. »

1. V. S. c. Gent. l. 3, c. 4 à 6.
2. In 2um Sent D. 16. Sed sunt formaliter distinctæ, idem tamen identice et unitive.
3. Ibid. : Non oportet quod habens formam sit semper in actu secundo.
4. Ibid., in fine : Imaginandum est ergo quod anima quasi in primo instanti naturæ est natura talis; in secundo instanti est operativa sive potens operari secundum hanc operationem vel illam; et potentiæ quæ sunt principia istarum operationum continentur unitive in essentia, ut quædam virtutes. Item quod sunt mediæ inter formas substantiales et accidentales, quia sunt quasi passiones animæ.

« Le sentiment contraire à saint Thomas, nous apprend Mgr Bourquard [1], a été adopté par Henri de Gand, par Scot, par Guillaume d'Occam, puis par les Cartésiens, par Malebranche, Gerdil, Galuppi, et Reid. Les panthéistes depuis Spinosa jusqu'à Hégel l'ont pareillement soutenu. Il est rejeté par *toute l'École.* » Mais saint Thomas reconnaissait déjà que des docteurs avaient soutenu l'opinion contraire à la sienne [2]; et il est difficile de parler de l'unanimité de l'Ecole lorsqu'on a déjà contre soi Henri de Gand et les franciscains !

« Supposons [3], dit encore le savant défenseur du thomisme, que les facultés soient une seule et même chose que l'essence de l'âme. Dès l'instant que l'âme agit, elle agit selon tout ce qu'elle est, c'est-à-dire comme une substance. Ses actes sont donc substantiels, ils communiquent l'être substantiel, ce qui appartient exclusivement au Créateur des substances. Par cette conséquence, on aboutit au panthéisme. » Nous avouons ne pas bien entendre ce langage, et ne pas comprendre pourquoi s'il était essentiel à l'âme de penser, il s'ensuivrait que ses pensées communiquassent l'être substantiel, sans doute à leurs objets. Quant à l'accusation de panthéisme, Scot a l'étrange fortune qu'on la lui jette de tous les côtés sans qu'il la mérite, ici à propos de son opinion sur les facultés de l'âme, ailleurs à propos de son opinion sur la matière première ou

---

1. p. 77.
2. V. plus haut le texte cité : licet hoc quidam posuerint.
3. p. 78.

sur les universaux [1]. Panthéiste, Duns Scot le serait ici avec Descartes, avec Bossuet, avec saint Augustin! « Toutes ces facultés, dit Bossuet [2], ne sont au fond que la même âme qui reçoit divers noms à cause de ses différentes opérations. » Et il ne fait que reproduire la pensée de l'ouvrage *De Anima et Spiritu* qu'on lisait au moyen-âge comme de saint Augustin [3]: « Dicitur namque anima dum vegetat, sensus dum sentit, animus dum sapit, mens dum intelligit, ratio dum discernit, memoria dum recordatur, dum vult voluntas [4]. »

1. V. notre chapitre 9, § 3 et 1.
2. *Connaissance de Dieu et de soi-même*, c. 1, § 21.
3. Si l'authenticité en a été contestée, il n'est pas moins en harmonie avec la doctrine de saint Augustin.
4. *De Anima et spiritu*, c. 5.

CHAPITRE VI.

PREUVES DE L'EXISTENCE DE DIEU. — DE L'IDÉE DE L'ÊTRE INFINI.

I

Duns Scot, comme saint Thomas, tout en reconnaissant les limites de la raison humaine, et en soutenant la convenance d'une révélation surnaturelle même pour les vérités que notre raison pourrait découvrir par elle-même, maintient[1] la possibilité d'une science de Dieu cherchée à l'aide de la raison seule, et le droit pour nous de chercher cette science, même après avoir reçu la révélation, car croire n'est pas comprendre.

Il y a plusieurs degrés, selon Scot, dans la connaissance de Dieu. Le plus haut serait de connaître Dieu dans son essence. Tel serait l'objet de ce qu'on pourrait

---

1. Scot, *Prologi Sent.* q. 1.

appeler la théologie idéale, la théologie parfaite : Deus sub ratione deitatis, sub ratione qua est hæc essentia[1]. Mais ce degré de la connaissance de Dieu ne se trouve qu'en Dieu lui-même. Au-dessous de cette science par laquelle Dieu pénètre absolument les profondeurs infinies de son essence, il y a la théologie des anges et des bienheureux[2], don gratuit de lui-même que Dieu fait à ceux qu'il veut récompenser. Au-dessous encore est la connaissance de Dieu que les efforts de notre intelligence peuvent nous conquérir en cette vie et qu'il faut distinguer en théologie humaine et philosophie, la première qui s'appuie sur la révélation, la seconde qui n'invoque ni l'autorité de l'Eglise, ni celle des livres saints, mais qui agit ainsi que le demandait saint Thomas, comme s'il fallait argumenter « contre les juifs et les mahométans[3]. »

La théologie[4], — nous ne parlons plus que de la théologie humaine — est subordonnée en un sens aux autres sciences, puisqu'elle les appelle à son secours pour comprendre, mais elle leur est supérieure et les subordonne au contraire en un autre sens, car dans les discours que ces auxiliaires lui tiennent, elle ne souffre pas qu'il y ait rien de contraire à ce qu'elle sait d'avance, et que sous prétexte d'éclaircir, on supprime l'objet même de la foi. La philosophie relève de la théologie au même titre que les autres sciences,

1. Ibid. q. 3, q. 2 lateralis.
2. Ibid.
3. S. contr. Gent. l. 1, c. 2.
4. Scot, *Prologi Sent.* q. 3, q. 5 lateralis : Utrum theologia sit scientia subalternans vel subalternata.

elle ne peut rien poser de contraire au texte sacré dont la défense appartient à la théologie, mais elle est indépendante, parce que ce n'est pas de ce texte qu'elle tire ses arguments.

Voyons donc ce que par sa seule raison naturelle, le pèlerin de cette vie (viator) c'est-à-dire l'homme tel que nous sommes, peut connaître sur Dieu et les principes des choses.

Nous venons de le dire, Dieu seul se connaît parfaitement lui-même, *sub ratione Deitatis*. Aussi l'existence de Dieu doit être démontrée pour nous. D'après Scot, il n'y a pas lieu de distinguer, comme font saint Thomas et Guillaume Varron, ce qui est évident par soi pour notre intelligence, et ce qui le serait pour une autre intelligence [1]. L'évidence est la même pour toutes les intelligences, à condition que les termes des propositions soient entendus avec une égale pénétration. Or nous n'avons pas [2] de Dieu un concept quidditatif adéquat à son objet; nous pouvons connaître qu'il y a un être infini, qu'il y a un être nécessaire, une cause première, non véritablement répondre à cette question : qu'est-ce que Dieu ? Si nous le pouvions, il n'y aurait pas même besoin des syllogismes de saint Anselme [3] pour nous montrer la né-

---

1. Scot, *In* I^{um} *Sent.* D. 2, q. 2, p. 236, et p. 237, notes marginales. — Saint Thomas, *S. Theol.* 1ª q. 2, art. 1.

2. Scot, ibid. p. 239-240. Propositio illa est per se nota quæ conjungit ista extrema esse et essentiam divinam ut est hæc, sive Deum et esse sibi proprium. Sed si quæritur an esse insit alicui conceptui quem nos concepimus de Deo, ita quod sit propositio per se nota in qua enunciatur esse de tali conceptu..., dico quod nulla talis est per se nota.

3. Scot, ibid. p. 242.

cessité de l'existence de Dieu renfermée dans son idée. Mais de même que nous ne nous formons quelque idée [1] de Dieu qu'à l'aide de ce que nous ont donné les sens, de même nous ne pouvons atteindre à l'existence de Dieu qu'en remontant des effets à la cause par une démonstration *quia*, c'est-à-dire à posteriori, et non par une démonstration *propter quid* [2], c'est-à-dire à priori, fondée sur une définition, sur un concept quidditatif.

Il est remarquable que Scot voulant instituer une démonstration de l'existence de Dieu, commence par poser ainsi la question : Utrum in entibus sit aliquid actu existens infinitum (I Sent. D. 2, q. 1). Dans saint Thomas, Dieu est d'abord considéré comme premier moteur, comme cause première, et ce n'est que plus tard qu'on se demande si comme tel, il ne possède pas l'infinitude. L'idée de l'infini, dans la métaphysique de Scot, est mise davantage en première ligne. Toutefois la différence entre les deux docteurs est moins grande qu'on pourrait croire. Car après avoir posé ainsi la question : y a-t-il un être infini ? Scot ne s'avise pas, comme fera Descartes, de tirer un argument

---

1. Saint Thomas, In 1um *Sent.* D. 3 q. 1 art. 1 : Deus ab intellectu creato cognoscibilis est cognitione apprehensionis non comprehensionis. Cf. Scot. *De Anima*, q. 19. Conceptus quiditativus est quo res cognoscitur intuitive in se, ut est talis natura. Talem conceptum non possumus habere de Deo in via imo nec de anima nostra nec de aliqua spirituali substantia, p. 558. Nihil intelligimus nisi cum ministerio sensuum : ibid.

2. Scot, In 1um *Sent.* D. 2, q. 2. De ente infinito non potest demonstrari esse *propter quid*, quantum ad nos, licet ex natura terminorum propositio esset demonstrabilis propter quid ; sed quantum ad nos propositio est demonstratione *quia*, ex creaturis, p. 245.

direct du fait même que nous nous posons cette question. Si nous nous demandons : l'être infiniment parfait existe-t-il? c'est apparemment parce que nous avons l'idée de cet être; mais quelle peut être la cause d'une telle idée, si ce n'est l'Etre infiniment parfait lui-même? L'idéologie de Duns Scot lui interdit un tel argument; l'idée de l'infiniment parfait n'est pas pour lui une idée simple, primitive, mais une idée complexe formée à l'aide d'autres. Pour lui, comme pour saint Thomas, l'infinitude de Dieu sera démontrée comme un attribut résultant de certaines notions déjà acquises sur Dieu, et il fera précéder la réponse à la question qu'il a tout d'abord introduite d'un préambule où Dieu est démontré non comme l'Etre infini, mais comme le premier Etre.

Les arguments de Scot se trouvent aussi dans saint Thomas [1], mais ses raisonnements sur l'existence de Dieu n'ont pas la solidité ou le développement des démonstrations thomistes. L'un et l'autre mettent en avant des textes d'Aristote, mais par leur idée de Dieu, ils s'écartent de la métaphysique péripatéticienne.

Dieu, selon Scot, est prouvé comme cause efficiente, comme fin suprême, comme nature éminente, principe des autres natures.

Quelque chose peut être fait. Le néant ne peut rien produire. Une chose ne peut se faire ou s'engendrer elle-même. Ce qui peut être fait doit donc l'être par autre chose que par soi. Ou cette cause efficiente est

---

1. *S. Contr. Gent.* l. 1, c. 12. *S. Theol.* 1ª p. q. 2.

l'Etre premier qui est par lui-même, qui n'est pas produit ; ou étant produite elle-même, elle suppose au-dessus d'elle cet être premier, car on ne peut remonter ainsi à l'infini [1].

« Ceux qui philosophent (philosophantes) c'est-à-dire ceux qui s'attachent à l'autorité d'Aristote, objectent que la suite des générations remonte à l'infini [2]. »

Scot pourrait contester la proposition sur laquelle est fondée l'objection. Il ne le fait pas. Saint Thomas pensait que, la foi mise à part, l'opinion des anciens sur l'éternité du monde devait être écartée plutôt par des considérations morales que par des arguments métaphysiques. Scot, examinant ailleurs cette question, reste dans le doute [3].

Il concède donc l'hypothèse de la perpétuité des générations, et il réfute ainsi l'objection : chaque être de la série est, quant à son existence, dépendant d'autre chose que soi, donc toute la série l'est, et en dehors de cette série perpétuelle, il y a éternellement une cause efficiente qui est d'une autre nature [4].

En d'autres termes, pourrions-nous dire, le contin-

---

1. Scot, In 1um Sent. D. 2, q. 2, p. 246.
2. Ibid. Secundum Philosophantes infinitas est possibilis in ascendendo, sicut ponunt exemplum de generationibus infinitis (Phys. 2,2 et Metaph. 12) ubi nullum est primum, sed quodlibet secundum, et tamen hoc ab eis sine circulo ponitur.
3. Report. Paris. l. 2, D. 1, q. 4. — Saint Thomas, S. contr. Gent. l. 2, c. 38; c. 35, § 7.
4. In 1um Sent. D. 2, q. 2, p. 248. Tota universitas dependentium dependet et a nullo illius universitatis. — Comment. de Lychet, p. 253 : Nam quod perpetuentur infiniti homines successive, hoc non potest esse ab uno illorum, ergo ab aliquo alterius speciei, a quo tota successio individuorum speciei humanæ essentialiter dependeat.

gent, pour être produit, suppose le nécessaire, et une suite infinie d'êtres contingents ne constitue pas un être nécessaire.

Scot se tire moins bien d'une autre objection, dont il croit encore devoir concéder le principe. Une démonstration, dit-on, ne peut s'appuyer que sur des propositions nécessaires. Or ici le point de départ, le fait d'un changement dans les choses, est une vérité d'observation, par suite sans valeur absolue [1]. Saint Thomas ne s'embarrasse pas de cette difficulté. « Il est certain, dit-il, et les sens le constatent que dans ce monde, il y a des choses qui sont mues ; » « Dans la nature, nous trouvons des choses qui peuvent être ou ne pas être ; » telles sont les mineures de ses syllogismes [2]. Scot, bien à tort, accepte l'objection, et croit y répondre [3] en disant qu'il ne se fonde pas sur le fait qu'il y a de la production, mais sur ce que la production est conçue comme possible, distinction tout à fait vaine, car la possibilité ici n'est conçue par nous que parce que nous observons le fait. De plus, d'un effet possible on ne peut conclure qu'une cause possible. Scot en convient [4]. Mais selon lui, de cela que la cause première est possible, il résulte qu'elle

---

1. Ibid. p. 247. Videtur quod procedat ex contingentibus et ita non sit demonstratio.

2. *S. Theol.* 1ᵃ p., q. 2. a. 3.

3. *In* 1ᵘᵐ *Sent.* D. 2, q. 2, p. 248. Respondeo quod posset sic argui : Aliqua natura est *effecta*, quia aliquod subjectum est mutatum... sed hoc modo arguitur : Aliqua natura est *effectibilis*, ergo aliqua est effectiva.

4. Ibid. Probatio concludit de esse possibili, non autem de existentia actuali.

est en acte[1]. Où en sommes-nous au sortir de ce dédale? Si nous entendons bien le texte trop succinct de Scot, sa démonstration prétendue à posteriori, se transforme, sans qu'il le dise, en démonstration à priori, et il est exposé aux critiques qu'il a faites lui-même de saint Anselme.

On prouve, selon Scot[2], qu'il y a une fin suprême de la même façon qu'on prouve qu'il y a une cause première ou absolument indépendante. Si quelque chose est désirée comme moyen, c'est qu'il y a un bien qui est désirable par lui-même. — Ce qui agit par soi-même agit en vue d'une fin[3]; il y a donc une fin suprême qui est antérieure à toute action, et n'est produite par rien. — Si cette fin était distincte de la cause première[4], celle-ci ne serait plus indépendante. La cause première et la fin suprême ne font donc qu'un.

Un troisième argument est fondé par Duns Scot sur l'idée de la nature éminente. Il l'expose trop brièvement, mais, quoiqu'il ait dit qu'il n'y avait pas de démonstration *a priori* de l'existence de Dieu, cette démonstration ainsi proposée en est une, car l'existence y est conclue d'une idée. Dans la progression des

---

1. Ibid. p. 247. Effectivum simpliciter primum potest esse a se, ergo est a se.

2. Ibid. p. 255.

3. Ibid. Omne per se agens agit propter finem, ex 2° Physic., ubi etiam vult hoc Philosophus de natura, de qua minus videtur quam de agente a proposito.

4. Ibid. p. 257. Primum efficiens propter nihil aliud a se principaliter et ultime agit;... ergo primum efficiens est ultimus finis.

formes, dit-il [1], il faut s'arrêter par les mêmes motifs que dans la série des causes ; il y a donc une nature éminente. Elle ne peut être ni déterminée ni produite par autre chose, car cette chose lui serait supérieure [2]. « Donc cette nature éminente existe en acte [3]. » — Un argument qui tout d'abord peut paraître semblable à celui de Scot, est développé dans saint Thomas, mais celui-ci, plus fidèle à la vraie méthode péripatéticienne prouve l'existence d'une nature éminente en la donnant comme la cause des perfections plus ou moins complètes qui se trouvent dans les autres êtres. « On remarque dans la nature, dit-il, quelque chose de plus ou moins bon, de plus ou moins vrai, de plus ou moins noble, et ainsi du reste. Or le plus et le moins se disent des divers objets suivant qu'ils approchent à des degrés différents de ce qu'il y a de plus élevé. Ainsi un objet est plus chaud à mesure qu'il s'approche davantage de l'extrême chaleur. Il y a donc quelque chose qui est le vrai, le bon, le noble, et par conséquent l'être par excellence, car le vrai absolu est l'être absolu, comme le dit Aristote. (Met. l. 2, c. 4.) Or ce qu'il y a de plus élevé dans un genre, est cause de tout ce que ce genre renferme. Ainsi, puisque le

---

1. Ibid. p. 256. Aliqua natura eminens est, simpliciter prima secundum perfectionem. Hoc patet in ordine essentiali, quia secundum Aristotelem formæ se habent sicut numeri, 8 Metaph. In hoc ordine statur : quod probatur illis quinque rationibus, quæ de statu in effectivis sunt superius adductæ.

2. Ibid. p. 256. Nam finibile excellitur a fine in bonitate, et per consequens in perfectione.

3. p. 257. Tertia conclusio : Suprema natura est aliquid actu existens. Probatur ex præcedentibus.

feu, qui est tout ce qu'il y a de plus chaud, est cause de ce qui est chaud, comme le dit le même philosophe (loc. cit.), il y a donc quelque chose qui est cause de ce qu'il y a d'être, de bonté et de perfection dans tous les êtres, et c'est cette cause que nous appelons Dieu [1]. »

Il est curieux que l'argument fondé sur la nécessité du premier moteur qui dans saint Thomas [2] est le plus développé et le plus directement emprunté à Aristote, n'est ni adopté ni critiqué par Duns Scot qui n'en parle pas. C'est que le principe sur lequel se fonde l'argument classique du péripatétisme, à savoir que tout ce qui se meut a en dehors de soi la cause de son mouvement, a paru suspect au docteur subtil. Il nous découvre son opinion à ce sujet dans des discussions relatives, non à la démonstration de l'existence de Dieu, mais à la théorie de la connaissance et au rôle de l'intellect actif. En combattant une opinion de Godefroy qui nie l'activité propre de l'âme dans la connaissance, il est amené à dire [3] que « cette

---

1. S. theol. 1ª p. q. 2, a. 3.
2. Ibid : Prima et manifestior via quæ sumitur ex parte motus. — Cf. S. contr. Gent. l. 1, c. 13.
3. Scot, In 1um Sent. D. 3, q. 7. Illa propositio : Nihil idem agit in se, non est vera nisi de aliquo agente univoco, nec ista probatio ejus, quod tunc idem esset in actu et in potentia, concludit, nisi quando agens agit univoce, hoc est inducit in passum formam ejusdem rationis cum illa per quam agit. In agentibus autem æquivoce, id est in illis agentibus quæ non agunt per formam ejusdem rationis cum illa ad quam agunt, propositio illa, quod nihil movet se, non habet necessitatem, nec probatio ejus, quod aliquid sit in potentia et in actu respectu ejusdem, aliquid concludit. Non enim ibi agens est tale formaliter in actu quale passum est formaliter in potentia; sed agens est virtualiter tale in actu quale formaliter est in potentia patiens; et quod idem sit virtualiter tale in actu et formaliter tale

proposition : Rien n'agit sur soi-même, n'est vrai que quand l'agent est univoque (avec l'action), c'est-à-dire quand il produit dans ce qui subit l'action une forme de même nature que celle par laquelle il agit ; » (par exemple un corps ne se rend pas chaud par la chaleur qu'il possède déjà). « Mais quand l'agent est équivoque, c'est-à-dire quand il n'agit pas par une forme de même nature que celle qu'il produit, cette proposition que rien ne se meut soi-même, n'est pas nécessaire, et l'on ne saurait la prouver en disant que la même chose est en puissance et en acte sous le même rapport. Car alors comme agent, il est telle chose virtuellement, et comme patient, il est la même chose formellement. Or il n'y a nulle contradiction que le même être soit par rapport à la même chose en acte virtuel et en puissance formelle. » (Par exemple un corps pourrait produire en lui de la chaleur par quelque autre propriété qu'il posséderait déjà.) — Les corps ne seraient donc pas essentiellement inertes, attendant l'impulsion externe pour se déplacer ; ils pourraient être automoteurs, il y aurait en eux un ressort, une tendance à l'action. Il y a là le principe d'une physique nouvelle, plus leibnizienne qu'aristotélique, et d'un dynamisme très en rapport avec la direction générale de la philosophie scotiste. Mais si le chemin est ouvert pour aller à cette nouvelle physique, il s'en faut de beaucoup que Scot et ses disciples s'y engagent bien loin, comme en convient lui-même Fr. Morin [1],

in potentia, nulla est contradictio, p. 595. — Le même principe est contesté encore par Scot, *In* 2um *Sent.* D. 25. §. Ad primam rationem.

1. *Dict. de théol. scolast.* t. 1er, col. 807 à 811. Rem. ce passage d'un

qui signale la portée de cette improbation, trop timide selon lui, de la preuve péripatéticienne, par Scot et son école.

II

Des preuves qu'il a données de l'existence de Dieu, Scot déduit que Dieu possède la nécessité, l'unité, l'intelligence, la volonté, ensuite qu'il est infini.

La cause première est un Être nécessaire. Si elle n'existait pas, rien ne pourrait la produire. Existant, qui pourrait la détruire ? Un être qui serait par soi ? le prétendre serait un cercle. Un être qui ne serait pas par soi ? Un tel être ne pourrait détruire ce qui lui serait supérieur [1].

Il ne saurait y avoir deux êtres nécessaires. En effet, ce par quoi ils différeraient entre eux, serait quelque chose d'eux qui ne serait pas nécessaire. Par une semblable raison, il n'y a pas deux natures éminentes [2]. Après avoir ainsi déduit l'unité de Dieu des premiers théorèmes de sa théodicée, Scot en fait plus loin [3] le

---

Scotiste cité col. 810 : « Le principe que tout ce qui se meut est mû par un autre ne paraît pas universel... Les animaux se meuvent eux-mêmes; il n'en est pas autrement des corps légers et pesants. Plusieurs estiment que le ciel est mû par une forme intérieure, qu'il est quelque chose d'animé, de vivant et d'un, dans lequel les astres fournissent leur carrière, comme les oiseaux dans l'air, et les poissons dans l'océan. »

1. V. Scot, *In* 1um *Sent.* D. 2, q. 2, p. 258.
2. V. Ibid.
3. *In* 1um *Sent.* D. 2, q. 3.

sujet d'une dissertation spéciale, où il s'appuie plutôt sur l'intelligence infinie, et la toute-puissance. C'est cependant, nous ne savons pourquoi, un point de la théodicée de Scot sur lequel Occam émet le plus de doutes ; Occam voit dans l'unité de Dieu un article de foi plutôt qu'une vérité démontrable en philosophie [1].

La cause première est intelligente. L'Etre qui ne connaît pas, ne dirige rien que par la vertu d'un être qui connaît, car « c'est au sage, dit Aristote, qu'il appartient d'établir l'ordre des choses [2]. » En d'autres termes, il y a une raison intelligible de tout, et cette raison est une pensée à laquelle est suspendu l'univers. Au commencement est l'intelligence. S'il y a une raison intelligible de toute chose et que cette raison dirige l'action divine, il semble que tout soit déterminé. Cependant Scot met en Dieu avec l'intelligence, la volonté, et il fait de volonté le synonyme de libre arbitre. Il a déduit l'intelligence de Dieu de la conception de la cause première ; c'est sur l'expérience qu'il s'appuie pour induire la liberté de Dieu. Il y a des effets, dit-il, qui se produisent, et qui pourraient ne pas se produire : la cause première agit donc d'une

---

1. G. Biel, *Collectorium In* 1um *Sent.* D. 2, q. 10, G: Tantum unum esse Deum est creditum, et non demonstratum ratione naturali nobis in via possibili, tametsi multæ probabiles rationes ad hujus veritatis ostensionem possint adduci.

2. Scot, *In* 1um *Sent.* D. 2, q. 2. p. 262. Primum efficiens dirigit effectum suum ad finem : ergo vel naturaliter dirigit, vel cognoscendo vel amando illum finem. Non naturaliter, quia non cognoscens nihil dirigit nisi in virtute cognoscentis. « Sapientis enim est prima ordinatio. » I Met. Sed primum efficiens in nullius virtute dirigit sicut nec causat ; tunc enim non esset primum ; ergo etc.

façon contingente ; elle agit donc volontairement [1]. »
Nous constatons l'indétermination dans la suite des
choses ; il faut donc aussi placer l'indétermination au
commencement, c'est-à-dire dans la volonté divine,
sous peine de tomber dans une inconséquence que Scot
reproche à Aristote [2]. Si l'action de la cause première
sur la cause seconde la plus proche est nécessaire, dit-
il, [3] la nature de cette cause seconde sera tout empreinte de fatalité, elle agira avec nécessité sur la cause
qui lui sera inférieure, et celle-ci de même, et la contingence ne sera nulle part. Or cette contingence est
constatée par Duns Scot avant tout dans les actes de
notre volonté : un être libre pourrait-il être sorti d'une
source fatale [4]? Ces raisonnements qui mettent l'intel-

---

1. Ibid. Aliquid causatur contingenter : ergo prima causa contingenter causat; ergo volens causat, p. 262... Contingenter causatum, cujus oppositum posset fieri quando illud fit, p. 265.

2. V. ibid. p. 265.

3. Scot, *In* 1um *Sent.* D. 8, q. 5, p. 816. Si prima causa necessario se habet ad causam proximam, sit illa B ; B igitur necessario movetur a prima causa : B autem eodem modo quo movetur a prima causa movet proximam sibi : igitur B necessario causat movendo C, et C movendo D, et sic in omnibus procedendo, nihil contingenter erit.

4. *In* 1um *Sent.* D. 2, q. 2, p. 265. Si Deus est primum movens vel efficiens respectu voluntatis nostræ, idem sequitur de ipsa quod de aliis : quia sive immediate necessario moveat eam, sive aliud immediate, et illud necessario motum necessario movet voluntatem,.. voluntas ita necessario volet. Cf. *In* 1um *Sent.* D. 39, q. 5. Nulla causatio alicujus causæ potest salvare contingentiam, nisi prima causa ponatur immediate contingenter causare. Prima ergo contingentia in voluntate divina. Quæ ut videatur qualiter sit ponenda primo videndum est in voluntate nostra. — Cf. Sécrétan. *Phil. de la liberté*, t. 1, p. 19 : « Si nous concevons le monde comme résultant de l'action nécessaire d'un principe infini, il est impossible que nous trouvions une place en lui pour la liberté humaine. La portée des actes d'un être infini est elle-même infinie ».

ligence et la volonté en Dieu parce qu'il faut que les êtres qui sont produits soient pensés et librement voulus, nous éloignent beaucoup d'Aristote. Il n'y a qu'un système antique qui présente quelque analogie avec ce que nous dit Scot, et Scot ne le connaît pas, c'est le système d'Epicure qui, par une induction de l'effet à la cause, se fonde aussi sur notre libre arbitre attesté par la conscience pour affirmer que la liberté et l'indétermination se retrouvent dans la cause générale du monde [1].

Si donc le libre arbitre est au commencement des choses aussi bien que l'intelligence, n'y a-t-il pas là deux premiers principes entre lesquels on ne saura à qui donner la prééminence? Scot s'est particulièrement préoccupé de cette question, et nous traiterons ce sujet à part [2]. Pour le moment, Scot ne nous parle de l'intelligence et de la volonté que pour nous conduire à l'infinitude (*quoad conclusiones præambulas ad infinitatem* [3].) Ce texte d'Aristote : « Le premier moteur imprime aux choses un mouvement infini [4], » pourrait paraître à Scot lui donner la preuve qu'il cherche; car si le mouvement produit est infini, la cause en doit aussi

---

1. Lucrèce II, v. 257-287.
Unde est hæc, inquam, fatis avolsa voluntas?
. . . .
Quare in seminibus quoque idem fateare necesse est,
Esse aliam præter plagas et pondera causam
Motibus, unde hæc est nobis innata potestas.
2. V. notre chapitre 8, § 1er.
3. *In* 1um *Sent.* D. 2, q. 2, p. 266.
4. Aristote, *Métaphys.* l. 12, c. 7: Κινεῖ τὸν ἄπειρον χρόνον. — Voir Scot, *In* 1um *Sent.* D. 2, q. 2, p. 272.

être infinie. Mais nous avons vu que même au seul point de vue philosophique, il lui paraît incertain que le monde soit infini, c'est-à-dire ici, perpétuel. Aussi Scot à cette considération que la suite des choses est infinie, substitue celle-ci, qu'on pourrait concevoir qu'elle pourrait l'être [1]. Nous retrouvons le procédé de raisonnement par lequel il a cru à tort corriger l'argument de la cause efficiente. Mais d'où nous vient cette conception qu'un effet infini est possible ? Le commentateur Lychet [2] trouve à peu près que cette première démonstration n'a pas une valeur absolue ; nous dirions de plus que c'est un cercle.

C'est en nous-mêmes que Scot pourra trouver cet effet infini qui prouvera la réalité d'une cause infinie.

Nous ne pouvons penser une infinité de choses ni successivement ni simultanément; c'est la conséquence de notre nature bornée. En ce sens, notre pensée est soumise au nombre; mais en un autre sens elle lui est supérieure; car quelle que soit la limite qu'on lui propose, elle se sent en elle-même le pouvoir de la dépasser. L'infini extensif ou déployé pour ainsi dire n'est pas connu de nous, car nous ne pouvons en parcourir toutes les divisions; mais nous avons de l'infini une idée intensive, c'est-à-dire, nous avons l'idée d'une chose que rien n'épuise [3]. Nous ne connaissons pas par

---

1. Ibid. Licet primum non moveat motu infinito, sicut Aristoteles probat, tamen si accipiatur antecedens illud, quod quantum est ex parte sua potest sic movere, habetur antecedens verum et æque sufficiens ad inferendum propositum.

2. Ibid. p. 275.

3. *In* 1um *Sent.* D. 3, q. 2, p. 404. En marge : Quare intellectus creatus potest cognoscere infinitum intensive, non extensive.

exemple tout ce que Dieu peut faire, mais nous savons que sa puissance n'a pas de borne.

« Les intelligibles, dit Scot, sont infinis en puissance par rapport à l'intelligence créée; c'est une vérité évidente. Or ce qui est successivement intelligible pour la créature, est entendu simultanément et en acte par l'intelligence incréée : il y a donc dans cette intelligence une infinité actuelle d'intelligibles. » L'infini actuel est donc en Dieu, ou Dieu est infini [1].

Si ce fait que nous concevons l'infini nous conduit à affirmer que l'auteur de notre être est infini, cet autre fait, que nous désirons l'infini, nous mène encore selon Scot à la même conclusion.

« Notre volonté, dit-il [2], peut toujours aspirer à un bien supérieur à tout bien fini, de même que notre pensée peut toujours dépasser tout objet limité. Bien plus, il semble y avoir en nous une inclination naturelle à aimer par-dessus tout un bien infini. Il y a en effet une tendance naturelle de la volonté vers un objet, lorsque en dehors de toute disposition particulière, spontanément, la volonté libre se porte avec délectation

---

1. *In* 1um *Sent*. D 2, q. 2. p. 278 : Intelligibilia sunt infinita in potentia respectu intellectus creati : satis patet. Et in intellectu increato sunt simul omnia intellecta actu quæ a creato sunt successive intelligibilia; ergo sunt ibi actu infinita intellecta. — Cf. Scot, *De primo rerum omnium principio*, c. 4, concl. 8ª : Nonne, Domine Deus, intelligibilia sunt infinita, et hæc actu in intellectu omnia intelligente? Ergo et natura, cui intellectus est idem, est infinita, p. 242. — Cf. Saint Thomas, *S. c. Gent*. l. 1, c. 43, 7 et 8.

2. Scot, *In* 1um *Sent*. D. 2, q. 2. p. 281. — Cf. *De Rer. princip*. q. 13, p. 105 : Appetitus humanus non quietatur nisi per adeptionem boni infiniti.

vers cet objet. Or c'est ce que nous éprouvons dans l'acte par lequel nous aimons le bien infini ; de plus, ce n'est que dans un tel bien que nos aspirations trouvent leur complet repos. » Mais toute inclination naturelle suppose la réalité de son objet [1]. Une tendance naturelle vers l'impossible ou l'irréalisable serait un mouvement sans cause : Dieu qui nous attire à lui est donc infini.

Ici se manifeste l'inconvénient du double sens du mot *voluntas* par lequel la langue latine désigne la faculté de choisir, qui est libre, et le désir, qui n'est pas libre par essence. Dans ce qu'il appelle son préambule, Scot a prouvé la liberté de Dieu en se fondant sur ce qu'il y a en nous de libre, c'est-à-dire d'indéterminé. Maintenant il prouve l'infinitude de Dieu en se fondant sur nos aspirations vers un bien sans bornes. Ces deux démonstrations n'ont pas entre elles le lien que croit Scot, mais chacune n'en garde pas moins sa valeur.

Une quatrième preuve de l'infinitude de Dieu est fondée par Scot [2] sur l'argument que nous avons rapporté plus haut, de la nature éminente. Mais ici il nous paraît passer sans droit de l'idée toute relative d'éminence à l'idée de la perfection absolue. Que la cause première contienne à un degré éminent tout ce qui dans les créatures a une valeur positive, il le faut bien, car ce que les créatures renfermeraient de mieux que leur auteur, serait sans cause. Mais ras-

---

1 *In* 1um *Sent.* p. 281. Commentaire de Lychet : Ratio stat in hoc, quia appetitus naturalis nullo modo est ad impossibile ut patet a Doctore (alias).

2. *In* 1um *Sent.* D. 2, q. 2, p. 282.

semblez dans une nature supérieure toutes les perfections des êtres créés, vous n'avez pas pour cela la perfection infinie. Pour prouver un Dieu infini, il faut montrer l'infini dans la créature même, à savoir dans notre puissance infinie de penser et de désirer.

Mais nous donnerons raison à Scot lorsqu'il critique une preuve de l'infinitude de Dieu que saint Thomas [1] veut tirer de ce qu'en Dieu il n'y a pas de matière. Il lui répond par un argument ad hominem, qui se réfère à la théorie thomiste de l'individuation [2]. L'ange aussi est immatériel, selon saint Thomas; il n'en conclut pas qu'il soit infini. Il n'y a pas en effet de nécessité qu'une pure forme soit une nature infinie.

En résumé, l'un et l'autre docteur multiplient peut-être inutilement les arguments sur cette question, mais ils sont bien démonstratifs lorsqu'ils prennent pour point de départ un fait de conscience, et alors ils sont les vrais prédécesseurs de Descartes. L'argumentation du philosophe français est plus nette et plus directe, mais il ne faut pas croire que quand il entreprend de rebâtir par lui-même l'édifice philosophique, il n'utilise pas, même à son insu, les matériaux qu'il a reçus de ses maîtres de La Flèche. Or ces « savants hommes [3] », n'avaient pas pu ne pas lui enseigner la métaphysique de Suarez, où est traitée cette question : « Comment on peut démontrer que Dieu est infini [4]. » Nous nous étonnons donc que de savants philosophes

1. *S. c. Gent.* l. I, c. 43, a. 2, 3.
2. Scot, *In 1um Sent.* D. 2, q. 2, p. 284.
3. *Disc. de la Méth.* 1re partie.
4. V. Suarez, t. XXVI. *Disp. Metaphysic.* 30. sect. 2.

de notre temps aient cru sur ce point à la complète originalité de Descartes[1]. On a dit[2] que ce théorème : *Deus est ens infinitum*, se rencontrait peut-être pour la première fois chez Descartes ; mais l'idée et le sentiment de l'infini remplissent toute la philosophie de Gerson ; mais le théorème cité occupe une place principale dans la théodicée scotiste, comme dans la théodicée thomiste ; enfin, avant Duns Scot, on le trouve dans le franciscain Alexandre de Halès, comme dans saint Bonaventure, et avant saint Thomas, on le trouve dans Albert le Grand ; Descartes ne fait donc que continuer la tradition scolastique.

Qu'on nous permette de citer au moins un passage de saint Bonaventure : « La fin[3] se dit de deux façons ; d'abord au sens d'achèvement (*complementum*) et ainsi on appelle non fini (*infinitum*) ce qui est demeuré incomplet, c'est en ce sens que la matière est dite infinie, indéterminée, soit dans la catégorie de la substance, soit dans les autres ; en ce sens Dieu ne serait pas l'infini, car il est ce qu'il y a de plus parfait. D'une autre façon, la fin signifie la borne, comme on dit la fin d'un champ ; alors l'infini est ce qui n'a pas de bornes,

---

1. Ravaisson : *La phil. en France au XIXe siècle*, p. 6 : « L'infinité pour la première fois [avec Descartes] devient le caractère de l'âme, davantage encore celui de Dieu. »

2. Evellin : *Infini et Quantité*, c. I : Esquisse d'une histoire de l'infini, p. 5 : « Descartes se place résolument à un point de vue opposé [à Aristote], et déclare que seul l'Etre infini est parfait : Deus, ens infinitum. Pour la première fois peut-être dans l'histoire, l'infini qualifiait la réalité suprême ».

3. Saint Bonaventure, In I^{um} Sent. D. 43, q. 2. An divina essentia sive potentia sit infinita : Ad 1um, t. 4, p. 351.

ce qui n'est arrêté nulle part. Cette négation elle-même de la fin peut être entendue en deux sens. Ou bien elle marque un défaut, que l'objet n'a pas reçu de bornes, mais qu'il est dans sa nature d'en avoir, parce que son être est limité : en ce sens, cette négation marque l'inachèvement et ne s'applique pas à Dieu. Ou bien cette négation de la fin marque que l'objet n'a pas de borne, et ne peut par nature en avoir : alors elle convient à Dieu à cause de sa souveraine immensité. »

Et ce passage de la Somme contre les Gentils ne peut-il pas être mis en regard d'un passage du Discours de la Méthode ? « L'effet, dit saint Thomas [1], ne peut être supérieur à la cause : notre intelligence ne peut rien, si ce n'est par Dieu, cause première de toute chose ; elle ne peut donc rien concevoir de supérieur à Dieu. Si donc elle peut toujours concevoir quelque chose de supérieur à tout objet fini, il reste que Dieu soit infini. » (*relinquitur Deum esse infinitum.*)

Descartes : « Et pour ce qu'il n'y a pas moins de répugnance que le plus parfait soit une suite et une dépendance du moins parfait, qu'il n'y en a que de rien procède quelque chose, je ne la pouvais tenir de moi-même [l'idée d'un être plus parfait que le mien] ; de façon qu'il restait qu'elle eût été mise en moi pour une nature qui fût véritablement plus parfaite que je n'étais, et même qui eût en soi toutes les perfections dont je pouvais avoir quelque idée, c'est-à-dire pour m'expliquer en un mot qui fût Dieu [2]. » On sait que Descartes

---

1. *S. contr. Gent.* l. 1, c. 43.
2. *Disc. de la méth.* IVe part.

ne sépare pas l'idée d'infini de celle de l'être tout parfait.

Si tous les scolastiques n'hésitent pas à affirmer l'existence d'un être infini par son essence et par ses attributs, il est remarquable qu'ils sont en cela tout à fait en opposition avec Aristote, soit qu'ils le reconnaissent, soit qu'ils se le dissimulent.

Aristote, dans sa Physique, se pose ce problème, si l'infini existe ou non, et supposé qu'il existe, quelle en est la nature [1]. Sa conclusion est qu'il ne peut y avoir d'être actuellement infini [2]. Si l'infini est en acte, dit-il, ou il a des parties, ou il n'en a pas. Dans le premier cas, comme les parties doivent avoir la même essence que le tout, on aura un infini qui sera la somme de beaucoup d'infinis, ce qui est contradictoire. Dans le second cas, ce sera un individu, mais tout individu a une forme, et toute forme a une mesure. L'infini pour Aristote, c'est la matière inépuisable [3] : ce qui n'a plus rien à désirer, ce qui subsiste complètement en soi, il l'appelle le parfait ou l'achevé, l'entier. L'infini c'est pour lui le perpétuel devenir : comme exemple de choses infinies [4], il cite la suite des êtres vivants, le temps, le mouvement ; il ajoute : la pensée. Les êtres vivants naissent et meurent, et les éléments de celui qui meurt sont aussitôt prêts à en former un nouveau [5]. Le premier ciel qui ne connaît ni la naissance ni la mort

1. *Physique*, c. 4, 1.
2. Ibid. c. 5, 3.
3. Ibid. c. 7, 6.
4. Ibid. c. 8, 3.
5. Ibid. c. 8, 1.

se poursuit sans cesse lui-même par un mouvement circulaire, et le temps que ce mouvement divise est infini comme lui. Enfin au sein de la pensée, la génération des idées peut être éternelle, comme la suite des êtres vivants au sein du monde sublunaire. Mais cet infini de la génération, du temps, du mouvement, de la pensée, c'est un infini non actuel, mais en puissance.

Rien n'est plus arbitraire que ce principe posé comme évident par Aristote : tout être individuel a une certaine mesure. Cette assertion s'explique, mais ne se justifie pas, si l'on se souvient que le « génie grec était tout ordre, toute mesure, toute harmonie [1]. »

Il y a dans les choses des possibilités sans mesure [2] : quelle est donc la source infinie d'où elles sortent ? « C'est la cause matérielle, dit Aristote, qui est infinie. » Personne n'a autant que lui séparé Dieu de la matière, mais plus une doctrine s'écartera de ce dualisme et atténuera l'indépendance de la matière, plus elle tendra à voir en Dieu même un principe infini. Il faut que l'idole de la matière indépendante disparaisse tout à fait et qu'on arrive à la conception de la création pour que l'on puisse dire nettement : En Dieu est une puissance infinie ; Dieu est infini. Mais Platon avait été moins éloigné de cette vérité qu'Aristote, et Plotin en sera plus près que Platon.

Dans le *Timée*, dans le *Sophiste*, la génération des

---

1. Ravaisson : *la Phil. en France*, p. 1.
2. V. Scot. Intelligibilia sunt infinita, cité plus haut. — Cf. S. Bonaventure. *In* 1um *Sent.* D. 35, art. 1, q 3. Ideæ vel rationes cognoscendi sunt in Deo infinitæ, quia non tantum sunt entium et etiam futurorum sed omnium Deo possibilium, p. 282.

idées est expliquée par la synthèse de l'Un et de la Dyade, de l'Etre et du Non-Etre. Or il est difficile de ne pas reconnaître, avec M. Fouillée [1], que Platon n'a pu aboutir au polythéisme métaphysique qui parfois lui a été attribué. Les Idées sont donc en Dieu, et avec elles, d'une façon intelligible, cet autre principe qui sert à les former, que Pythagore et Platon opposent à l'Un, et qu'ils qualifient d'infini. Si Dieu, dans cette doctrine, reste appelé seulement le parfait, l'accompli, il contient au moins en lui une puissance infinie de participation, et cet infini est encore dans sa pensée, car il a conscience de lui-même [2].

De même dans Plotin, l'infini vient de Dieu, l'infini est en Dieu, mais Dieu n'est pas encore appelé l'infini.

La théorie de l'émanation ne diffère pas moins du vieux dualisme grec admis par Aristote, que la théorie de la création. Aussi y a-t-il chez Plotin une tendance à transporter à Dieu cette infinité qu'auparavant on n'affirmait que de la matière. Loin d'être par elle-même, la matière est, en tant qu'elle a quelque réalité, le dernier prolongement de la substance divine, l'extrême rayonnement du foyer divin. « Il n'y a pas, dit Plotin [3], infinité dans l'Un, mais l'Un est le créateur de l'infinité. » Or en Dieu se trouve l'idée, l'archétype, de tout ce qui en émane, c'est-à-dire de tous les êtres.

---

1. *La Phil. de Platon*, l. 9 et l. 10.
2. Fouillée : *La Phil. de Platon*, t. 1ᵉʳ, p. 511, sqq. — p. 533.
3. Plotin. 2ᵉ *Ennéade*, l. 4, § 15.

L'infinité se trouve donc à la fois « là-haut et ici-bas [1]. » Mais faisons attention à ce qui suit, et nous verrons combien Plotin est encore éloigné de faire de l'infini comme la dimension de la suprême perfection, et combien la conception de l'infini retient encore chez lui le caractère qu'elle a eu dans l'ancienne philosophie grecque: « Entre les deux infinis [2] il y a la même différence qu'entre l'archétype et l'image. L'infini d'ici-bas est-il moins infini ? Au contraire, il l'est plus. Par cela même que l'image est éloignée de l'être véritable, elle est plus infinie. Donc là-haut l'infini, possédant plus l'être, est l'infini idéal (εἴδωλον ὡς ἄπειρον); ici-bas, l'infini, possédant moins l'être, parce qu'il est éloigné de l'être et de la vérité, parce qu'il dégénère en image, est l'infini réel (ἀληθέστερον ἄπειρον). » On sait que les Idées de Platon sont encore, dans la doctrine de Plotin, des pensées divines. La pensée de Dieu, n'est donc plus pour Plotin comme elle l'était pour Aristote, l'unique pensée d'elle-même. Si Dieu pense tout l'intelligible, l'infinité semble introduite dans sa nature. Mais Plotin n'accepte pas sans restriction cette conclusion : un dieu infini ne peut être pour lui le véritable principe; c'est un dieu de second rang, le premier « abaissement » du dieu suprême. « L'intelligence, dit-il [3], n'est pas l'intelligence d'une seule chose, mais l'intelligence universelle... Ainsi l'Intelligence est infinie... Elle n'oc-

---

1. Ibid. Πῶς οὖν ἐκεῖ καὶ ἐνταῦθα; ἢ διττόν καὶ τὸ ἄπειρον. Καὶ τί διαφέρει; ὡς ἀρχέτυπον καὶ εἴδωλον.
2. Ibid. Voir trad. Bouillet, t. 1 : p. 220-221.
3. 3e *Ennéade*, l. 8, § 7-8.

cupe donc pas le premier rang... En effet la pluralité est postérieure à l'unité. »

Le premier qui ait regardé l'infini comme qualifiant non une hypostase dérivée, mais le premier principe lui-même, paraît être un philosophe antérieur d'une génération à Plotin, Clément d'Alexandrie [1], le plus illustre représentant de cette école chrétienne de philosophie éclectique et néoplatonicienne fondée par saint Pantène à Alexandrie, qui fut l'émule et l'aînée de l'école d'Ammonius plutôt que son adversaire, au moins dans sa première période. « Dieu, dit Clément [2], est infini, non en ce sens qu'il ne peut être pénétré, mais en ce sens qu'il n'a ni dimensions ni bornes, et voilà pourquoi il est parfaitement simple et innommable. Et si quelquefois employant les noms qui ne lui conviennent qu'imparfaitement, nous l'appelons l'Un, le Bon, l'Intelligence, l'Etre lui-même, ou si nous le nommons Père, Dieu, Créateur, Maître, nous ne parlons pas ainsi comme proférant son vrai nom ; mais à cause de notre disette à cet égard, nous employons de beaux noms afin que notre pensée puisse se fixer. »

C'est trop dire que d'appeler Clément d'Alexandrie, « le père de la philosophie chrétienne [3]. » Mais, au moins pour le point qui nous occupe, les scolastiques reçoivent une tradition qui vient de lui. Car on s'ac-

---

1. Il est mort vers 217. Plotin est né vers 205 et mort vers 270. D'après Porphyre, il entre à 28 ans dans l'école d'Ammonius Saccas : les dates de la naissance et de la mort de ce dernier sont très incertaines.

2. *Stromates* (édit. Paris, p. 588). Voir Cognat : *Clément d'Alexandrie*, p. 153.

3. Cognat, ouvr. cité, p. 469.

corde en général à regarder comme postérieur au second siècle et comme un disciple des Alexandrins, le faux Denys l'Aréopagite, l'auteur des traités des *Noms Divins* et de la *Hiérarchie Céleste*[1], quoiqu'il se donne comme ayant assisté à la mort de la Mère du Christ[2]. Comme Clément, le faux Denis dit que Dieu n'est pas un être ayant certaines qualités mais l'être absolu et infini[3]. Au septième siècle, saint Jean de Damas, qui connaît et cite « le divin Denis l'Aréopagite, » tient le même langage[4]. «Dieu, dit-il, est infini et incompréhensible; ce qu'on peut comprendre de lui, c'est son infinitude, et son incompréhensibilité[5]. » Au neuvième siècle, Scot Erigène qui est un alexandrin de la lignée de Plotin plutôt que de celle de Clément, traduit l'Aréopagite[6]. Les scolastiques du treizième siècle ne connaissent pas ses œuvres, mais ils connaissent saint Jean de Damas et l'Aréopagite, dont un abbé de saint Denis vient de faire recueillir en Orient et traduire les œuvres[7]. C'est par ces Alexan-

---

1. *Dict. encyclop. de théologie catholique* de Wetzer et Welte, art. [*Saint Denys l'Aréopagite*, par Hausswith. — L'opinion contraire est encore soutenue par Vallet, *Hist. de la Philosophie* (1882), p. 100. — Cf. Darboy, *Œuvres de Saint Denys l'Aréopagite*, introduction.

2. *Des Noms divins*, ch. 3.

3. *Des Noms divins*, ch. 5. § 4. Καὶ γὰρ οὐ θεὸς οὐ πῶς ἐστιν ὤν, ἀλλ' ἁπλῶς καὶ ἀπεριορίστως ὅλον, ἐν ἑαυτῷ τὸ εἶναι συνειληφὼς καὶ προειληφώς. Toutefois ailleurs c'est le mal qu'il appelle infini, et il en conclut que le mal pris en soi n'est qu'un néant : ch. 4 §31. οὔτε ἀκίνητα καὶ ἀεὶ ὡσαύτως ἔχοντα τὰ κακά, ἀλλ' ἄπειρα καὶ ἀόριστα.

4. Par exemple : *De la foi orthodoxe*, l. 1, c. 15.

5. *De la foi orthodoxe*, l. I, c. 4 : Ἄπειρον οὖν τὸ θεῖον καὶ ἀκατάληπτον: ἔστι τοῦτο μόνον αὐτοῦ καταληπτὸν ἡ ἀπειρία καὶ ἡ ἀκαταληψία.

6. Voir Saint-René Taillandier : *Scot Erigène*, p. 72; et 2ᵉ part. c. 3 et 7.

7. Ibid., p. 74.

drins donc que peut leur venir l'idée de cette proposition de leurs théodicées : Dieu est infini. Saint Augustin est avec Aristote leur grand maître ; or il est à remarquer que sur ce point il leur faisait défaut : saint Augustin parle bien de l'éternité de Dieu, de son immensité, de sa toute-puissance, de son omniscience, mais nulle part dans ses écrits on ne trouverait cette phrase : Deus est infinitus.

Si nous croyons que cette proposition est empruntée par les scolastiques aux Alexandrins chrétiens, nous trouvons toutefois une grande différence dans la manière dont les uns et les autres la soutiennent. Chez Duns Scot, c'est une conclusion appuyée sur la nécessité d'expliquer par un infini en acte l'infini en puissance qui est dans nos pensées et nos désirs ; c'est un théorème de théologie positive démontré *via causalitatis* [1], et non *via remotionis*. Au contraire l'affirmation de l'infini appartient, chez Clément et ceux qui s'y rattachent, à cette théologie négative dont Philon avait donné l'exemple [2] à la fois à Ammonius et à Clément, et dont les hyperboles ne sont point acceptées par les scolatisques, ou sont ramenées pour le moins au sens le plus modéré [3]. Il semble à Clément qu'en

1. Scot. In 1um Sent. D. 2, q. 2, p. 245. De ente infinito, quantum ad nos, propositio est demonstrabilis demonstratione quia, ex creaturis.
2. V. Vacherot : *Hist. de la phil. d'Alex*, t. 1, p. 147. — Philon : *Des sacrifices d'Abel et de Caïn*, p. 139 : « L'homme sait de Dieu seulement ce qu'il n'est pas... Il se définit lui-même : Je suis celui qui est. Comme s'il eût dit : Ma nature est d'être, non d'être nommé ; car ses puissances ne sont point circonscrites. » (ἀπερίγραφα γὰρ εἰσὶν αἱ δυνάμεις αὐτοῦ.)
3. V. les explications de S. Thomas au sujet d'un texte de S. Denis. S. Theol. 1e p. q. 13, art. 3 et art. 12.

passant de l'infini incompréhensible aux expressions de Créateur et de Maître notre langage tombe dans une véritable impropriété [1]; au contraire, c'est en ne cessant de considérer l'auteur de notre être dans ses relations avec nous, que Duns Scot le découvre infini [2].

C'est le dualisme qui avait empêché Aristote de donner à Dieu le nom d'infini qu'il réservait à la matière. L'idée de la création, qui est d'origine juive, introduite dans la philosophie grecque, non par Philon, un juif trop hellénisant, mais par Clément et Origène [3], enlevait cet obstacle : si le nom d'infini convenait à quelque être, c'était bien au Principe absolu, unique, de toute chose. L'idée de la création contenait de plus l'idée de la liberté divine. Si les Aryens ont considéré en Dieu surtout la beauté, s'ils ont vu en lui surtout le magnifique principe de la la vie universelle et lui ont donné le même nom qu'au jour éclatant [4], (*dies, deus*; sanscrit, *Dyaus pitar*), Dieu est apparu aux Sémites comme le Fort [5], comme le Maître souverainement indépendant, qui sort de son repos éternel, pour créer dans la mesure où il lui convient, et rentre ensuite dans son « sabbath [6], » sans avoir rien

---

1. V. plus haut, l. c. *Stromates*, v.
2. *In* 1um *Sent.* D. 2, q. 2 : Primo declarabo esse de proprietatibus relativis entis infiniti. Et secundo ex his declarabo esse de ente infinito, quia istæ proprietates soli enti infinito conveniunt, p. 246.
3. Vacherot, *Hist. de la phil. d'Alex*: t. 1, p. 152, 277. V. Clément, *Stromates*, V, p. 591.
4. Max Muller, *Science de la Religion*, trad. fr. p. 95.
5. (*Il, ilu, allah, elohim*) ibid. p. 101, sqq.
6. Du mot hébreu qui signifie : cesser. V. sur le caractère fondamental

perdu de sa force et de sa puissance. Philon ne fait qu'affaiblir ce dogme capital de sa race et de sa religion ; dans le sabbath divin, il voit non l'affirmation de la liberté de Dieu, mais une figure pour exprimer la facilité de son opération [1] ; pour lui, Dieu produit par nature, comme le feu brûle. Clément répétera la même comparaison [2] en appelant toutefois liberté cette nécessité morale de l'action bienfaisante de Dieu, par opposition à l'aveugle nécessité à laquelle le feu obéit. Plus dégagés des influences grecques, plus attachés à la lettre des Écritures que les chrétiens d'Alexandrie, les docteurs de la Scolastique, et Duns Scot entre tous, se font une idée plus complète de l'indépendance divine. Mais alors, demanderons-nous, si le Créateur est vraiment libre, ne pourrait-on pas de cela seul conclure qu'il est infini ? Premièrement, créer, c'est faire passer quelque chose du non-être à l'être; c'est parcourir une distance infinie, c'est donc avoir une puissance infinie, c'est être infini. Secondement, notre liberté de choix ne peut s'exercer qu'entre certains possibles, car pour nous, les possibles sont donnés et par les conditions de notre nature et par les lois des choses ; mais pour l'être souverainement indépendant, rien n'est donné : pour lui, il n'est rien d'impossible ; par suite son choix s'exerce parmi une infinité de possibles. Or, que sont les possibles ? Ou ils résultent de l'essence même de Dieu, comme le soutiennent par

---

de la religion hébraïque, Ravaisson, *Essai sur la Métaph. d'Aristote*, t. 2, p. 349, et Michel Weil, *Le Judaïsme*, 1° part. *Théodicée*.

1. *De Cherubim*, p. 123. Cf. Vacherot, ouvr. cité, p. 152.
2. Vacherot, ibid. p. 254.

exemple saint Thomas et saint Bonaventure [1]; ou ils sont inventés, produits par Dieu, comme le dit Scot, ainsi que nous l'expliquerons plus loin : des deux façons, il faut conclure que Dieu est infini. Ne serait-ce pas une telle déduction que Scot cherche et indique lorsqu'il donne la démonstration que Dieu a la liberté comme préambule à celle-ci, qu'il est infini? Comment son raisonnement change de route par suite de l'ambiguité du terme *voluntas*, c'est ce que nous avons montré. Et puis, si nous trouvons dans les théories de Duns Scot quelque chose d'inachevé et d'incomplet, devons-nous trop nous étonner quand il s'agit d'un philosophe mort peut-être avant d'avoir écrit son œuvre définitive?

1. V. notre chapitre 8, § 1er.

CHAPITRE VII

DE LA SIMPLICITÉ DE DIEU

Platon avait appelé Dieu l'Un et avait identifié l'Unité absolue au Bien parfait. Dieu était ainsi le principe de toutes les choses parce qu'il était l'Idée de leurs Idées; en lui toutes les perfections diverses que nous pouvons concevoir se ramassaient en une seule qui était l'indivisible perfection.

Les néo-platoniciens d'Alexandrie, (et nous entendons parler de Clément et de Philon aussi bien que de Plotin) adoptèrent cette métaphysique et en tirèrent les conséquences. Si en effet nous pouvons concevoir les Idées, l'Idée des Idées nous est inintelligible. Si en Dieu toutes les perfections se réunissent et se confondent, il faut dire ou bien que nous ne pouvons rien connaître de Dieu, si ce n'est qu'il est incompréhensible [1],

---

1. Clément, *Stromates* v, 12. II 2. — Cognat : *Clément d'Alexandrie*, p. 155, sqq.

ou bien que pour nous il est saisissable seulement dans ces états d'âme extraordinaires, supérieurs à la pensée, qui sont supposés possibles par le mysticisme ambitieux de Plotin. Dans les deux cas tous les noms les plus augustes par lesquels nous essayons de qualifier la divinité, deviennent d'une équivalente impropriété : Dieu est l'Ineffable, l'Innommable, l'Abîme. Mais alors qu'avons-nous à faire, si ce n'est de nous taire à son sujet? Comment démontrer l'existence de ce dont nous ne pouvons nous faire aucune idée? La doctrine de « l'Unité » aboutit donc à une théologie exclusivement négative, ou plus exactement, à la négation de toute théologie. Si dans nos méditations sur Dieu notre pensée ne peut s'arrêter à aucune idée positive, comment nous demander notre adoration et surtout notre amour?

Cependant l'influence platonicienne et alexandrine fit recevoir par les Pères grecs [1], par saint Basile et par saint Grégoire de Nazianze, ce principe de la simplicité des perfections divines. Il passe ensuite chez le faux Denys, et chez saint Jean de Damas, et par ces auteurs se présente aux scolastiques avec une grande autorité.

Il y a lieu de s'en étonner. D'un côté le dieu du christianisme, c'est-à-dire d'une religion qui commande l'amour, ne peut être absolument inaccessible à la pensée humaine, et telle serait cependant, avons-nous dit, la conséquence de cette doctrine de l'Unité, soutenue dans toute sa rigueur. D'un autre côté, il

---

1. Voir Kleutgen, *La phil. scol.* t. 1er, 2e dis. ch. 5, § 3.

semble que cette doctrine se conciliait mal avec le dogme de la Trinité. Pourquoi se refuser à admettre en Dieu une distinction d'attributs, lorsqu'il faut aller jusqu'à une distinction de personnes ? Aussi la polémique soutenue par les Pères grecs contre Eunomius et les Ariens nous montre que ceux-ci se fondaient sur l'absolue simplicité de l'essence divine pour mettre le Fils en dehors de cette essence, de même que dans la philosophie de Plotin l'Intelligence est en dehors de l'Unité d'où elle émane.

Malgré ce qu'auraient pu exiger, nous semble-t-il, les conséquences logiques du dogme, Duns Scot et son école paraissent seuls dans la Scolastique avoir soutenu [1] que les perfections essentielles de Dieu sont de quelque façon distinctes entre elles avant tout acte de notre intelligence. La thèse contraire appuyée sur les autorités que nous avons citées, est celle de Guillaume d'Occam et d'Henri de Gand comme celle de saint Thomas ; elle devient un lieu commun de la théologie ; au dix-septième siècle, Fénelon la soutient avec cette chaleur et cette abondance qu'il apporte à défendre toute opinion qu'il adopte, que ce soit le doute méthodique de Descartes ou quelque réminiscence de la théologie classique : « Dieu est infiniment intelligent, infiniment puissant, infiniment bon : son intelligence, sa puissance, sa bonté ne sont qu'une même chose. Ce qui pense en lui est la même chose

---

[1]. Scot, *In* 1um *Sent.* D. 8, q. 4. Utrum detur in Deo distinctio perfectionum essentialium aliquo modo præcedens omnem actum intellectu (Solution affirmative).

qui veut ; ce qui agit, ce qui peut et qui fait tout, est précisément la même chose qui pense et qui veut ; ce qui prépare, ce qui arrange et qui conserve tout, est la même chose qui détruit ; ce qui punit est la même chose qui pardonne et qui redresse ; en un mot, tout en lui est d'une suprême unité... Cette distinction des perfections divines que j'admets en considérant Dieu, n'est donc rien de vrai en lui, et je n'aurais aucune idée de lui, dès que je cesserais de le croire souverainement un. Mais c'est un ordre et une méthode que je mets par nécessité dans les opérations bornées et successives de mon esprit, pour me faire des espèces d'entrepôts dans ce travail, et pour contempler l'infini à plusieurs reprises, en le regardant par rapport aux diverses choses qu'il fait hors de lui... O unité infinie ! je vous entrevois, mais c'est toujours en me multipliant. Universelle et indivisible vérité ! ce n'est pas vous que je divise, car vous demeurez toujours une et tout entière ; et *je croirais faire un blasphème que de croire en vous quelque composition* [1]. »

Dans ce passage où l'éloquence remplace la précision scolastique, Fénelon mêle en certains endroits des questions diverses. Ainsi qu'en Dieu « ce qui prépare et ce qui conserve » soit « la même chose que ce qui détruit, » c'est ce que nul ne contestera : il n'y a pas une volonté en Dieu qui vienne en annuler une autre, ni une action de Dieu qui vienne en réformer une autre. Dieu veut tout ce qu'il veut par une vo

---

1. *Traité de l'Exist. de Dieu*, 2ᵉ part. ch. 5, art. 2. (Edit. Jeannel, p. 255).

lonté unique, et du même coup crée les êtres et les renferme dans les bornes qu'ils doivent avoir [1] : c'est ce que dit Scot comme tout le monde.

Mais ce que nous voulons considérer dans Fénelon, c'est l'affirmation sans réserve de l'identité en Dieu de l'intelligence et de la volonté, de la sagesse et de la bonté. C'était également l'opinion thomiste que ces distinctions n'existent que par rapport à nous, que « s'il n'y avait pas de créatures, il n'y aurait aucune distinction même de raison dans la nature divine [2], » pas plus, suivant une comparaison qui vient d'Henri de Gand qu'il n'y a une droite et une gauche dans une colonne s'il n'y a pas de spectateur. « C'est dans l'intérêt du salut de nos âmes, avait dit saint Grégoire de Nazianze [3], que l'essence divine trouve bon d'être divisée par le moyen de diverses dénominations, et se soumet à la nécessité des distinctions. » Ainsi sont possibles ces « entrepôts » comme s'exprime Fénelon, nécessaires à notre « travail » pour nous élever jusqu'à l'idée la plus pure que nous puissions avoir de Dieu.

Mais le doute nous reste si cette dialectique de l'unité ne se perd pas dans l'inintelligible. Lorsque nous avons recueilli dans les choses les vestiges des perfections divines, que des idées que nous nous en faisons nous avons autant que possible éliminé tout

---

1. V. notre chapitre 8, § 1er. — V. Scot, *In 1um Sent.* D. 39, q. 5 connexa. p. 306.

2. V. Scot, *In 1um Sent.* D. 8, q. 4, et la Scholie de Wadding ibid. p. 751.

3. *Orat.* 45 *ad Evagr.* : πρὸς δὲ τὸ χρήσιμον τῆς ἡμετέρας τῶν ψυχῶν σωτηρίας καὶ μερίζεσθαι ταῖς ὀνομασίαις δοκεῖ καὶ διαιρέσεως ἀνάγκη ὑφίσταται.

alliage, au moment de recueillir le fruit de notre travail, n'allons-nous pas tout perdre, si une métaphysique trop raffinée vient tout confondre ? Duns Scot aurait-il tellement tort lorsqu'il nous avertit d'être moins subtils, et de nous en tenir à des conceptions plus voisines de notre expérience et de ce que nous montre l'observation de nous-mêmes ?

Ayons soin, pour le justifier, de bien délimiter le problème. Cette digression ne sera pas inutile. Il y a plusieurs manières d'entendre la simplicité de Dieu, et la vivacité des polémiques dirigées contre Scot ne s'expliquerait pas, si elles n'avaient pas souvent renfermé un procès de tendance et le soupçon de méconnaître la simplicité de Dieu en un autre sens que celui où il la contestait.

On ne demande pas si l'on peut distinguer en Dieu l'être et l'essence, ce qui reviendrait à chercher si Dieu est tout ce qu'il peut être. Cette distinction possible pour les créatures est impossible pour l'être infini. Quel est le scolastique qui ne répéterait pas d'après Aristote que Dieu est « acte pur ? » Cette proposition : *Deus est sua essentia* serait aussi bien dans Scot que dans saint Thomas [1]. On ne saurait dire que Dieu reçoit une certaine forme, participe à une certaine na-

---

[1]. S. Thomas, S. c. G. l. 1er, c. 21 : Quod Deus est sua essentia ; c. 22 : Quod in Deo idem est esse et essentia. — V. Lychet. Comment sur Scot. *Quodlib.* q. 1 : In divinis non ponitur existentia distingui ab essentia. p. 6. — Cf. S. Thomas. S. Theol. 1a p. q. 28, art. 2; *De pot. Dei*, q. 7, art. 1. — V. Scot, *In* 1um *Sent.* D. 8, q. 4, p. 769 : Forma in creaturis habet aliquid imperfectionis, sc. quia est forma informans aliquid et pars compositi... In divinis autem nihil est forma secundum illam duplicem rationem imperfectionis quia nec informans, nec pars.

ture, comme l'homme reçoit la sagesse, comme Socrate réalise plus ou moins heureusement la nature humaine. Dieu n'est pas grand par participation à une grandeur, juste par participation à une justice, dieu enfin par participation à une divinité, qui ne seraient pas lui-même. Tel avait été le langage condamné de Gilbert de la Porrée [1] : Scot, pas plus que les autres scolastiques, ne le renouvelle.

On ne demande pas non plus s'il n'y a pas en Dieu des perfections qui ne lui soient pas essentielles. Dans l'être nécessaire mais aussi absolument indépendant, tout est nécessaire, mais aussi, selon Scot, tout est libre. Il y a une nécessité de nature, et une nécessité voulue par une volonté éternelle. Ce que Dieu décrète librement ne peut pas ne pas être vrai [2] ; en ce sens Dieu est nécessairement le Créateur et le Roi du monde. Réciproquement Dieu aime librement ce qu'il est par nature : aussi, selon Scot, la génération du Fils et la procession du Saint-Esprit sont nécessaires, car les trois personnes sont égales, mais cette nécessité n'exclut pas la liberté de cette génération et de cette procession [3]. — Ce qui dans la vie divine ne possède qu'une nécessité décrétée, ce qui est contingent

---

1. Évêque de Poitiers (né en 1070, mort en 1154). « Magnitudinem qua magnus est Deus, et item bonitatem qua bonus ; sed et sapientiam qua sapiens, et justitiam qua justus, postremo divinitatem qua Deus est, Deum non esse ». (cité d'après S. Bernard.) — *Dict. encyclopéd. de la théol. cathol.*, de Welte et Wetzer, art. *Gilbert*.

2. Scot, *Quodlib.* q. 16 : Deus necessario vult quidquid vult, quia non potest succedere oppositum ei quod inest, neque ex parte actus neque ex parte objecti.

3. V. Scot, *In* 1um *Sent.* D. 10.

par son origine, et en conséquence séparable, par la pensée, de l'essence divine, est sans rapport à la perfection absolue de Dieu à laquelle n'ont rien ajouté, ni la création du monde ni même, selon Scot, la conception des possibles [1]. Mais on ne conteste pas que l'intelligence et la volonté soient en elles-mêmes des perfections ; il n'y a dès lors aucune difficulté à convenir qu'en les affirmant, on affirme l'essence même de Dieu [2].

Est-ce une raison de dire qu'elles sont entre elles une même chose, comme deux quantités égales à une troisième sont une même quantité ? « Tout ce qu'en Dieu nous considérons comme puissances, ou comme forces, dit le P. Kleutgen [3], ne procède pas de l'essence comme d'un principe commun, mais est l'essence même. S'il en est ainsi, ces puissances ne sont distinctes ni entre elles ni de l'essence. »

Avec Scot, dans ce raisonnement, nous accordons l'antécédent et refusons le conséquent. Le débat est seulement là.

Posséder tels attributs, nous dit Scot [4], est absolu-

---

1. V. le chapitre suivant.
2. Scot, *In 1um Sent.* D. 2, q. 2, p. 266. Ejus (primi entis) intellectio et volitio non est aliud ab essentia sua. Nam ejus causatio est penitus incausabilis secundum quamlibet causationem in quolibet genere causæ.
3. *La phil. scolast.* n° 181, trad. fr. t. 1, p. 361.
4. *In 1um Sent.* D. 8, q. 4, p. 754 : Quidquid est perfectionis simpliciter in creaturis, principalius est in Deo ex se... Attributum est simpliciter perfectionis in creatura, ita quod simpliciter est melius ipsum quam non ipsum ; p. 767 : Inter perfectiones essentiales non est tantum differentia rationis, hoc est, diversorum modorum concipiendi idem objectum formale... Sapientia in re formaliter non est bonitas in re. Quod probatur, quia si infinita sapientia esset formaliter infinita bonitas, et sapientia in

ment une perfection pour les créatures, ainsi l'intelligence, la volonté : donc ces attributs doivent se trouver en Dieu, mais infinis. Or purifier une forme de tout mélange d'imperfection, l'élever à l'infini, ce n'est pas effacer ce qui la constitue; c'est, pourrait-on dire, la rendre davantage à elle-même : donc ce qui est distinct dans les êtres finis, se retrouve encore distinct dans la divinité, quoiqu'il soit essentiel dans la divinité et non essentiel dans les êtres finis. Scot reconnaît donc entre les attributs divins « une non identité formelle »; ses disciples diront que ces attributs sont autant de formalités, et constitueront en opposition aux thomistes et aux nominalistes la secte des formalistes. L'expression célèbre de formalité n'est pas plus de Duns Scot lui-même que celle d'hæccéité non moins célèbre, mais s'il n'a pas forgé ces mots, c'est bien de lui que viennent les idées qu'ils expriment.

Aux docteurs qu'il critique, Scot[1] oppose la théorie

communi esset formaliter bonitas in communi : infinitas enim non destruit formaliter rationem illius cui additur... Est aliqua *non identitas formalis* sapientiæ et bonitatis, in quantum earum essent distinctæ definitiones si essent definibiles.

1. Scot, *In* 1um *Sent.* D. 8, q. 4, p. 754. Distinctio attributorum fundamentum est respectu distinctionis emanationum personalium, quia Filius procedit naturaliter nascendo, tanquam verbum conceptum in intellectu. Spiritus Sanctus procedit libere spirando, tanquam amor conceptus in voluntate, et non ut verbum : quod non potest esse nisi esset aliqua distinctio intellectus et voluntatis ad intra; p. 759 : Secundum eos, distinctio perfectionum attributalium est fundamentum respectu distinctionis emanationum. Sed distinctio emanationum est realis : patet; nulla autem distinctio realis præexigit necessario distinctionem quæ tantum est rationis; sicut nec aliquid quod est pure reale præexigit aliud quod est mere ens rationis; ergo distinctio attributorum, non est tantum rationis, sed aliquo modo ex natura rei.

commune du dogme de Trinité, suivant laquelle le Fils et l'Esprit « n'émanent » pas de la même façon : le Fils est comme la parole qu'engendre naturellement la pensée, et l'Esprit Saint procède comme d'un libre élan d'amour. Quoi qu'il en soit du mystère, comme les «émanations» sont réelles, il faut bien, puisque leur fondement est différent, qu'il y ait dans l'essence divine une distinction réelle. Nous avons vu quel parti les ariens avaient déjà prétendu tirer de l'opinion qui méconnaissait cette distinction. C'est le philosophe, et non le théologien, que nous voulons étudier dans Duns Scot, mais nous devons remarquer ce trait de son caractère, le soin qu'il prend plus qu'aucun autre de mettre ses opinions philosophiques d'accord avec la stricte logique des dogmes[1].

Scot oppose encore à ses adversaires l'impossibilité où ils sont d'échapper sur cette question, comme ils le voudraient au nominalisme et à ses conséquences. Si dans l'essence divine il n'y a pour elle-même aucune distinction d'attributs, la distinction que nous faisons des attributs divins n'a qu'une valeur purement nominale, et les noms que nous appliquons à la divinité sont synonymes. C'est ce que l'on reconnaîtra dans l'école d'Occam[2], et au fond cela aboutit à déclarer vaine toute théologie naturelle. Saint Thomas[3] rejette cette

---

1. Ueberweig: *Hist. de la phil.* § 102.
2. Kleutgen, ouvr. cité, n° 195, trad. fr., t. 1er, p. 385, et les textes cités de Biel et de Grégoire de Rimini.
3. S. Thomas, *De potentia*, q. 7, art. 6 ; *S. Theol.* 1ª p. q. 13, art. 4. — Cf. les thomistes modernes, par ex. Vallet : *Prælectiones phil.*, t. 2, p. 261 ; Tongiorgi : *Institut. phil.* vol. 3, p. 405.

synonymie des « noms divins » ; en disant que les mots représentent des idées, comme le fait remarquer Aristote; autre est dans notre esprit l'idée de la justice divine, autre celle de l'intelligence divine. Mais cette distinction de nos idées a-t-elle quelque valeur en dehors de notre esprit? est-elle arbitraire? Elle a son fondement, selon saint Thomas, dans l'essence divine, qui tout en étant absolument simple, contient « virtuellement » cette distinction, c'est-à-dire, qui doit en devenant l'objet de notre pensée être divisée en tels concepts et non en tels autres. Mais c'est impossible. Veut-on que l'intelligence et la volonté en Dieu attendent en quelque sorte que nous nous formions une idée de Dieu pour devenir distinctes ? Ce ne sont pas alors des perfections, car nous ne saurions en conférer à Dieu [1]. Si ces distinctions n'ont d'existence que par rapport à nous, elles sont sans valeur car nous ne sommes pas la mesure de la vérité. — Si nous ne reproduisons pas le détail de l'argumentation de Scot contre saint Thomas et Henri de Gand, tel en est du moins le sens général. Le P. Kleutgen [2] trouve que cette controverse est, entre autres, une preuve que la philosophie scolastique n'a pas négligé le problème critique, comme on le lui aurait parfois reproché. Il s'agit en effet de

1. V. Scot, *In* 1um *Sent.* D. 8, q. 4, p. 760. Ulterius probo quod tales perfectiones ex natura rei aute opus intellectus non habent identitatem formalem, quia intellectus actu suo non potest causare nisi relationem rationis, ex hoc scilicet quod est virtus collativa potens conferre hoc ut cognitum ad illud... Nulla relatio rationis potest esse infinita... Cum nulla sit distinctio in re,.. sequitur quod bonitas et veritas sint formaliter synonyma, quod ipsi negant.

2. Voir Kleutgen, *La phil. scol.* n° 200. — trad. fr. t. 1; p. 394.

décider si une distinction qu'il est dans la nature de notre esprit de faire, vaut absolument. Une question semblable était contenue dans le problème des universaux. Dans les deux cas, Scot soutient qu'un concept purement subjectif serait sans cause, et il veut que la loi de notre esprit soit la même que la loi de l'objet lui-même. Il est plus conséquent que saint Thomas, avec lequel il est d'accord au sujet du fondement de nos idées générales, et dont il se sépare au sujet des attributs divins.

Faire « d'un plusieurs, » et surtout faire « de plusieurs un, » telle est souvent l'opération légitime de la philosophie, mais telle aussi en est souvent la tentation. Deux choses se sont montrées à nous avec des caractères qui semblent opposés : on entreprend de les amener à l'unité en intercalant une série de « moyens termes. » On a reconnu deux puissances ou deux actions parallèles : on essaie de découvrir dans l'infini le point commun d'où elles partent. Mais dans cette tentative hardie d'effacer les distinctions des choses et de tout soumettre à la synthèse, on court le risque d'aboutir à la confusion de la pensée, en forçant à devenir comme synonymes des mots faits pour s'opposer, et en voulant contraindre à se pénétrer mutuellement des idées qui s'obstinent à demeurer distinctes dans notre esprit.

Une psychologie moderne [1], par exemple, prétend concilier la liberté et le déterminisme, et cherche « si la volonté ne pourrait pas se confondre en son essence

---

1. V. Fouillée : *La liberté et le déterminisme*, l. 2, c. 2 et 3.

avec l'intelligence. » Nous en admirons les analyses ingénieuses et profondes, tant qu'elle se borne à montrer la part en toute chose du libre et du nécessaire et à faire voir combien l'idée est une condition essentielle de la volonté libre et le vouloir une condition aussi essentielle du connaître. Mais doit-on aller jusqu'à dire qu'il n'y a qu'un principe là où il faut en reconnaître deux? L'intelligence alors est absorbée dans la volonté ; nos idées générales deviennent des catégories que nous imposons aux choses [1], nos inductions une liberté que nous nous donnons à nous-mêmes [2], nos jugements des décisions que nous prenons [3], notre croyance à la causalité universelle, qui est le principe de la science de la nature, un produit de notre volonté qui « se dédouble » et puis s'universalise [4]; enfin notre idée de la cause absolue, c'est le moi, « dans ce qu'il veut être [5]. » Mais ce langage peut-il s'entendre? On nous parle d'une volonté qui s'objective : n'y a-t-il pas contradiction dans les termes? S'agit-il bien encore de cette volonté que la conscience nous fait connaître en nous-mêmes ? N'est-elle pas essentiellement subjective? Comment se donnerait-elle dans ses actes mêmes l'illusion de l'absolu? Comment échapper avec cette théorie au pur nominalisme, et à un scepticisme sans issue? « Mais enfin, dit-on [6],

1. V. O. C., p. 143. (1re édit.)
2. Ibid., p. 146.
3. Ibid., p. 147.
4. Ibid., p. 187 sqq.
5. Ibid., p. 196.
6. Ibid., p. 193.

nous n'avons pas deux âmes, et il faut bien qu'en définitive la volonté et la raison s'identifient. » Nous répondrons : pourquoi n'y aurait-il pas deux pouvoirs, deux facultés dans la même âme ?

Le même philosophe que nous venons de citer dit encore [1] dans son « Essai de philosophie platonicienne » : « Toute chose élevée à l'absolu, par exemple la pensée, est et n'est plus elle-même, est et n'est plus la pensée... La perfection de la pensée ne fait absolument qu'un avec celle de la puissance et de l'amour ; donc la pensée absolue n'est plus particulièrement la pensée, mais l'unité de la pensée avec tout le reste. » C'est le même abus de la synthèse ! Et les « formalités » des Scotistes nous semblent encore plus claires que cette pensée absolue qui cessant d'être la pensée, devient, à vrai dire, inintelligible.

[1]. Fouillée : *La Philosophie de Platon*, t. 2, p. 677.

CHAPITRE VIII.

DES RAPPORTS DE DIEU AVEC LES AUTRES ÊTRES

I

Pour traiter des rapports de Dieu avec les autres êtres, on peut diviser le problème et considérer les existences, les possibilités ou essences, les conditions ou modes d'existence.

La connaissance divine s'étendant à tout ce qui est intelligible, il faut dire tout de suite que Dieu connaît et les existences et les possibilités et les conditions d'existence. Mais on demande comment a lieu cette connaissance, et aussi d'où vient que telle chose est réalisée ou possible.

Dieu ne peut recevoir du dehors comme l'impression des choses : cette passiveté serait contraire à sa perfection et la créature ne saurait agir sur le Créateur. Il faut donc chercher comment Dieu, par la seule conscience qu'il a de lui-même, connaît immédiatement la réalité des autres choses. La réponse est facile. Comment a été prouvée l'existence de Dieu ? Par la considération de la cause. Les autres êtres sont des effets : Dieu connaît les êtres qui existent ou existeront, parce qu'il sait qu'il les veut d'une volonté souverainement immuable. Cette explication paraît-elle introduire dans l'intellect divin quelque opération discursive, ce qui serait contraire à sa perfection [1] ? Exprimons-nous autrement : en décrétant telle existence, la volonté divine en a fait une vérité; or toute vérité est essentiellement en Dieu [2]. Mais on n'a varié ainsi que l'expression et non l'idée. En somme, la suprême raison et de la réalité des existences et de leur connaissance par Dieu est la volonté divine.

Mais la volonté ne suppose-t-elle pas autre chose avant elle ? Ce qui est voulu est d'abord conçu, et ce qui se réalise ne vient pas du néant pur, mais de ce qui est comme l'ombre où l'image anticipée de l'être, à savoir le possible. Sans doute, en Dieu il ne saurait y avoir rien de successif : dire qu'une chose est d'abord pensée et ensuite voulue par lui, n'aurait pas de sens, puisqu'il est et qu'il vit en dehors du temps. Mais, à défaut de l'antériorité de temps, on peut con-

---

1. S. Bonaventure avait soulevé cette objection. Voir A. de Margerie : *Essai sur la phil. de S. Bonavent.* p. 130.
2. Scot. *In* 1um *Sent.* D. 39, q. Unica q. 5 connexa. — p. 1307 : Uno modo, quod intellectus divinus videt determinationem voluntatis divinæ : scit enim illam voluntatem esse immutabilem et non impedibilem... Ista via videtur ponere quemdam discursum in intellectu divino, quasi ex intuitione determinationis voluntatis et immutabilitatis ejus concludat hoc fore, etc.

sidérer l'antériorité logique, et c'est ainsi que Scot distingue en Dieu différents « instants. » Le possible est plus étendu que le réel : la preuve en est que nous pouvons concevoir des choses possibles qui ne seront jamais réelles, et que le réel lui-même est successif. Dieu donc dans un certain instant conçoit les possibles, et ensuite dans un autre choisit parmi eux, décrète ceux qu'il appellera à l'existence, établit entre ceux-ci un certain ordre. La priorité, au moins logique, de la conception sur la volonté ne fait pas de doute pour Scot : il n'admettrait pas qu'on pût vouloir sans penser à ce qu'on veut, et que, comme le croit, M. Sécrétan [1], l'intelligence ne soit « que la réflexion de la volonté sur elle-même. » Si la volonté divine fait un choix entre les possibles, il faut qu'en Dieu, il y ait, avant toute détermination de sa volonté, ou les idées de tous les singuliers possibles, ou tout au moins les idées des types généraux que le Créateur décidera de réaliser en un plus ou moins grand nombre d'exemplaires et en des façons différentes. Mais quelle est, en quelque sorte, l'origine de ces idées ? qui est-ce qui fait la vérité des possibles, puisque la vérité des possibles ne dépend pas de la volonté comme nous avons vu qu'en dépendait celle des existences

Saint Thomas répond : l'essence divine elle-même, parce qu'elle est par nature imitable ou participable en

---

1. Sécrétan : *Philosophie de la liberté*, t. 1er, p. 54. « Cette réflexion suppose un premier exercice, un premier déploiement, une première détermination de la volonté qui donne à l'être tout entier son caractère et fixe la nature de l'intelligence. »

une multitude de degrés. « L'essence divine, ne pouvant être pleinement imitable par aucune créature, peut être imitée par les diverses créatures de diverses façons, en sorte que chacune l'imite suivant son mode propre. Dieu, connaissant parfaitement son essence, voit dans son essence même ces modes d'imitation possibles. Donc l'essence divine elle-même connue par Dieu comme imitable par telle créature est ainsi la raison propre ou l'idée (*propria ratio vel idea*) de cette créature, et connue par Dieu comme imitable par telle autre créature, est la raison propre de cette autre créature; et ainsi il y a pluralité d'idées ou de raisons selon les différents rapports (*respectus*) aux créatures qui entrent dans la connaissance que l'intelligence divine a de l'essence divine (*qui divinæ essentiæ cointelliguntur per intellectum divinum*)[1]. »

De même, pour saint Bonaventure[2], Dieu ne connaît pas les choses seulement parce qu'il est leur cause, mais d'abord parce que son intelligence en contient les idées ou formes éternelles. « L'idée, dit-il, c'est l'essence divine dans son rapport avec la créature[3], » ce qui

---

1. S. Thomas : *Secundum scriptum super Sentent.*, l. 1, D. 35, art. 2. L'authenticité en est contestée par M. Jourdain, mais l'ouvrage doit sûrement être d'un thomiste. — V. des textes moins nets dans S. Thomas; *S. Theol.*, 1ª p. q. 14. — Cf. Liberatore. *La connaissance intellectuelle*, ch. 9 : De l'exemplarisme divin.

2. S. Bonav. *In* 1um *Sent.* D. 35, art. 1, q. 2. Il oppose, secundum rationem causæ, à secundum rationem ideæ. Il conclut : Deus cognoscit ideas et habet in se rationes et similitudines rerum quas cognoscit, p. 278.

3. Ibid., q. 3, p. 280 : Hoc nomen, Idea, significat divinam essentiam in comparatione sive in respectu ad creaturam.

doit signifier : l'essence divine en tant qu'elle contient la raison et le modèle de la créature.

A cette doctrine commune des docteurs qui l'ont précédé, Scot oppose une théorie qui peut paraître n'en différer que par de subtiles distinctions, qui semble plus obscure, mais qui, croyons-nous, est plus profonde, parce qu'elle est inspirée par le souci de ne pas méconnaître la radicale contingence des choses créés.

Scot ne nie pas que l'essence divine soit le principe de la connaissance divine, par conséquent de la possibilité des choses. L'essence divine est originairement le principe de tout [1]. C'est parce que Dieu est Dieu que tout ce qui existe, existe; que tout ce qui est connu est intelligible : c'est parce que Dieu est Dieu que Dieu vit et pense comme il pense et il vit.

Mais on demande la cause plus prochaine de ces possibles que Dieu conçoit avant les décisions de sa volonté relative aux existences.

L'essence divine contient-elle tout formés à l'avance les types des choses qui pourront être, de sorte que le monde, s'il est produit, sera comme une imitation de Dieu, comme un « Dieu déployé, » ainsi que s'exprimera Spinoza ? Scot repousse une telle conception qui est celle de saint Thomas et de saint Augustin.

---

1. Scot, In 1um Sent. D. 35. Essentia quæ sub ratione absoluta est ratio cognoscendi, non tantum ipsammet, sed omne aliud sub quacumque ratione cognoscibilis..... Per hoc enim quod intellectus divinus est in actu per essentiam suam, ut est ratio intelligendi, habet primum actum sufficientem ad producendum omne aliud in esse cognito.

Pour lui, l'essence divine étant infinie, est un modèle absolument indéterminé, elle n'est pas plus imitable d'une façon que d'une autre. Pourquoi la pierre ou l'homme sont-ils possibles ? Parce qu'ils correspondent à un certain degré de la perfection divine, diraient les Platoniciens, Plotin ou Malebranche, comme saint Thomas ; et ces degrés déterminés de la perfection divine sont appelés par eux les Idées des choses. Pour Scot[1], l'essence divine ne contient pas plus le type ou l'idée de la pierre ou de l'homme que de n'importe quoi, et la perfection de Dieu pourrait être aussi bien exprimée par telle autre hiérarchie d'êtres qu'aucune intelligence, même l'intelligence divine, ne concevra jamais. Tel est du moins le commentaire que nous croyons pouvoir proposer, pour notre part, d'un passage assez difficile de notre auteur.

Dans le système de Scot, l'intelligence divine est en action par l'essence divine elle-même, et c'est seulement ainsi que l'essence divine est le principe de la connaissance divine. En effet, l'acte produit par l'ac-

---

1. Scot, *In 1um Sent.* D. 35, p. 1247 : Illimitatio non aufert ab aliquo aliquam perfectionem, sed stante perfectione quæ erat ad aliquid, quasi ponit similem perfectionem ad aliud. — V. toute cette Distinction : q. unica : Utrum in Deo sint relationes æternæ ad omnia scibilia ut quiditative cognita, p. 1244 sqq. — C'est encore la négation de tout type nécessaire, de tout modèle coexistant à l'essence divine, que nous semble signifier ce passage du traité de Scot *De Primo rerum omnium Principio*, conclus. 10ª, p. 252 : Domine Deus noster,... multa de ideis dicuntur, quibus tamen nunquam dictis, imo nec nominatis ideis, non minus de tua perfectione sciretur. Hoc constat, quia tua essentia est perfecta ratio cognoscendi quodcumque cognoscibile sub quacumque ratione cognoscibili. Appellet ideam qui vult ! Hic non intendo circa Græcum illud et Platonicum vocabulum **immorari**.

tion de l'intelligence divine, c'est-à-dire sa connaissance, n'est déterminée qu'en tant qu'elle connaît la nature divine elle-même. Pense-t-elle autre chose? Oui, puisque la création existe : or, « être créé, dit Scot.[1], n'est point sortir absolument du néant : ce qui est créé existe d'abord dans l'intelligence et la volonté du Créateur. » Avant d'être créé, il faut être inventé. Mais il y a une grande différence entre l'invention divine et la nôtre. Nous ne faisons que varier les combinaisons de matériaux préexistants : lorsque la pensée divine conçoit les choses qui vont pouvoir être réalisées, c'est un commencement absolu[2]. Scot soutient des propositions semblables à celle-ci de Leibniz : « L'entendement de Dieu est la source des essences, et sa volonté est l'origine des existences[3]. » Mais il n'en conclurait pas comme Leibniz que : « Dieu n'est point l'auteur des essences en tant qu'elles ne sont que des possibilités. » Dieu, pour Scot, est au moins l'auteur de ses idées, en tant qu'il pense autre chose que lui. « Dans le premier instant, dit Scot, Dieu connaît son essence considérée absolument en elle-même. Dans le second instant, il produit l'être intelligible de la pierre, et il pense la pierre... On pourra dire que dans un troisième instant, il met cette pierre

---

[1]. Scot, In 2um Sent. D. 1, q. ?. p. 38 : Non potest aliquid creari, i. e. produci ad esse, simpliciter de nihilo... Nihil enim creatur quod non prius habuit esse intellectum vel volitum.

[2]. Ibid : Creatura producitur in esse intelligibili, non de aliquo esse, nec simpliciter, nec secundum quid, nec possibili ex parte sui in isto esse.

[3]. *Théodicée*, § 7.

intelligible en regard de tout autre objet intelligible, et en regard de lui-même. Ainsi une relation idéale est établie entre Dieu et l'objet intelligible, et dans un quatrième instant cette relation idéale est connue par Dieu comme par réflexion [1]. » C'est tout l'inverse de la doctrine de saint Thomas citée plus haut. Pour saint Thomas, l'essence des choses précède la pensée que Dieu en a ; la pensée divine précède cette essence selon Scot. Poser l'essence comme antérieure aurait paru à Scot faire participer les choses créées à l'éternité et à la nécessité de Dieu. La création est cette opération divine absolument mystérieuse et incompréhensible par laquelle est produit ce qui n'a aucune nécessité d'être. Les existences sont créées par Dieu, et avant les existences, selon Scot, les possibles sont créés en tant que possibles [2].

Fr. Morin [3] a bien vu comme nous l'importance et

---

[1]. Scot, *In 1um Sent.* D. 35, p. 1251 : Deus in primo instanti intelligit essentiam sub ratione mere absoluta: in secundo instanti producit lapidem in esse intelligibili, et intelligit lapidem, ita quod ibi est relatio in lapide intellecto ad intellectionem divinam : sed nulla adhuc in intellectione divina ad lapidem, sed intellectio divina terminat relationem lapidis intellecti ad ipsam. In tertio instanti forte intellectus divinus potest comparare suam intellectionem ad quodcumque intelligibile ad quod nos possumus comparare, et tunc comparando se ad lapidem intellectum, potest causare in se relationem rationis : et in quarto instanti potest quasi reflecti super istam relationem causatam in terto instanti, et tunc illa relatio rationis cognita erit.

[2]. Scot, *Report. Paris,* l. 2, D. 1, q. 1 : Si non sit ponere existentias ab æterno, igitur nec propter hoc necesse erit ponere essentias ab æterno, p. 245. — Cf. Boutroux : *De la contingence des lois de la nature,* p. 178 : « Dieu est le créateur de l'essence et de l'existence des êtres ». Voir la critique de *l'exemplarisme* dans Janet, *Les Causes finales,* l. 2. ch. 4, p. 586 sqq.

[3]. *Dict. de Theol. scol.* t. 1er, col. 1068 sqq.

l'originalité de ce point de la doctrine de Scot. Mais il nous semble que le savant auteur a eu tort de croire que Scot avait lui-même atténué sa doctrine en disant plusieurs fois que les créatures ont en Dieu, avant leur réalisation, une sorte de petit être, *esse diminutum*. Scot leur attribue en effet cet *esse diminutum*, mais après qu'elles sont pensées par Dieu ; or cette pensée, nous le répétons, est créatrice, elle n'est pas la conscience que Dieu prend de son essence [1].

Le commentateur Lychet, d'un autre côté, défend Scot d'une contradiction qu'on pourrait trouver entre ce qu'il dit de la production du possible, et ce principe posé par lui-même dans sa démonstration de l'existence de Dieu [2], que la Cause Première ne peut produire qu'en ayant d'abord pensé et choisi ce qu'elle produit, à la différence des causes secondes, telles que le soleil ou le feu, qui agissent par la fatalité de leur nature et sans savoir ce qu'elles font. Lychet fait observer que ce qui est ainsi produit, selon Scot, sans conception préalable, n'est pas un être véritable, mais ce qu'on ne peut appeler être que relativement, ensuite qu'ici la production même consiste à concevoir, en sorte qu'il n'y a nullement d'action divine sans intelligence, et c'est là seulement ce qui importe [3].

---

1. Scot, *Rep. Paris*, l. 2, D. 1, q. 1, p. 245 : Sententia vera : nullum esse quidditativum vel essentiæ esse ab æterno nisi tantum in esse cognitio et sic etiam esse existentiæ ab æterno est. — Cf. Scot, *In 1um Sent.* D. 36, p. 1269.

2. *In 1um Sent.* D. 2, q. 2, p. 262.

3. Comment. sur Scot, *In 1um Sent.* D. 36, p. 1266 : Hoc non est inconveniens de agente omnino dependente, ut de Sole, quod producat non intelligendo: tunc enim dirigeretur ad finem ab alio cognoscente et amante

Mais une action intelligente et en même temps exempte de toute nécessité, n'est-ce pas essentiellement ce qu'on appelle vouloir? Si Scot a expressément donné la production des possibles comme antérieure à la volonté créatrice des existences, c'est que le terme de volonté ne lui a paru convenir que là où l'on peut distinguer deux instants logiques, celui de la conception et celui de la détermination. Élargissons le sens de volonté, et l'on pourra dire que dans la doctrine de Scot, en dépit de son propre langage, la volonté est le principe des possibilités comme des existences. Voilà Scot bien rapproché de certains philosophes modernes, de Fichte par exemple et de M. Sécrétan. Mais premièrement, pour Scot, les déterminations par lesquelles dans une pleine liberté la volonté infinie réalise le monde, ne sont pas immanentes et portent sur un objet substantiellement distinct du Moi absolu. En second lieu, quoique M. Sécrétan se proclame le disciple de Scot [1], le docteur subtil ne mettrait pas dans le premier instant de la production des choses une volonté qui commence par s'ignorer, mais à la fois ces deux principes inséparables, la volonté et la connaissance.

finem... Esset ergo inconveniens in intellectu divino producere aliquid in esse simpliciter, non cognoscendo illud. Loquendo vero de esse secundum quid, nullum est inconveniens... Potest etiam aliter responderi ad omnia argumenta singillatim. Ad primum dico, quod producit intelligendo, sic tamen quod actu illo quo producit, etiam intelligit : ita quod ante illam intellectionem nihil creaturæ fuit in quocumque esse, et sufficit quod producat in esse intellecto sive in esse cognito.

1. *Phil. de la Liberté*, t. 1er, p. vii: « Scot, Descartes, Kant, M. de Schelling, sont mes principaux maîtres ».

II

Les existences, avons-nous dit, supposent avant elles les possibilités. Nous venons de voir comment les possibles sont inventés par l'intelligence divine. Mais quels seront les élus parmi tous ces prétendants à l'existence? Il y a deux choses que la volonté divine devra déterminer : parmi les possibles (qui sont ou des genres ou des individus), les uns seront réalisés et les autres ne le seront pas ; entre ceux qui seront réalisés, certaines relations ou lois seront établies.

L'optimisme de Leibniz soutient que parmi toutes les combinaisons possibles il y en a une qui s'impose inévitablement au choix divin, parce qu'elle est la meilleure en elle-même, et cette doctrine prétend ne point faire tort à la liberté de Dieu. « Les décrets de Dieu, dit Leibniz, sont toujours libres, quoique Dieu y soit toujours porté par des raisons qui consistent dans la vue du bien : car être nécessité moralement par la sagesse, être obligé par la considération du bien, c'est être libre, c'est n'être point nécessité métaphysiquement. Et la nécessité métaphysique seule, comme nous avons remarqué tant de fois, est opposée à la liberté. » Rien n'est plus éloigné de cette doctrine que celle de Scot, et il admettrait très bien cette objection de M. Sécrétan [1] : « La prétention souvent affichée de

---

1. Même ouvrage, t. 1er, p. 19.

concilier la liberté et la nécessité dans une idée supérieure ne se justifie pas. Cette idée soi-disant supérieure n'est jamais que celle d'une activité nécessaire, nécessité spontanée, nécessité intelligente, nécessité de perfection si l'on veut, mais enfin c'est la nécessité. »

« Dieu, dit Scot [1], est absolument libre à l'égard des créatures possibles. » La conception qu'il en a n'est nullement « pratique [2] » (*notitia practica, quod est prior praxi et dictativa ejus*, Scholie de Wadding). S'il les réalise, c'est par pure libéralité ; et il ne faut pas supposer, avec Avicenne, que cette libéralité ajoute à sa perfection [3]. Un agent naturellement imparfait acquiert, directement ou indirectement, de la perfection, en se fortifiant lui-même par son action, comme l'intelligence humaine quand elle s'exerce, ou en se perpétuant par la production de son semblable, comme le feu qui se communique d'un corps à un autre, ou même en enrichissant l'ensemble dont il est une partie, comme le Soleil perfectionne l'univers en y produisant des vivants. Or Dieu ne peut pas s'accroître ; il ne peut pas produire son semblable en dehors de lui-même, et il n'est pas une partie d'un tout [4].

Dans la métaphysique de Leibniz, il y a des mondes appelés possibles qui, à vrai dire, sont impos-

---

1. *In* 1ᵘᵐ *Sent.* D. 38, p. 1287 : Libertas ejus est ad omnia factibilia.
2. Ibid. p. 1286.
3. Scot, *In* 1ᵘᵐ *Sent.* D. 8, q. 5, p. 813.
4. Ibid. p. 814.

sibles, parce que, comme ils ne sont pas le meilleur monde, Dieu ne saurait les réaliser, ce qui ne paraît pas exempt de contradiction. Pour Scot [1], les possibles sont tous également possibles, métaphysiquement et moralement. « Les essences et les existences, dit-il, n'ont pas plus les unes que les autres de rapport nécessaire à la perfection divine ». Alors, demandera-t-on, quelle peut être la raison du choix divin? Scot répondra que ce choix n'a pas à se justifier. « Aucun fait ne saurait se trouver vrai ou existant, affirme Leibniz [2], sans qu'il y ait une raison suffisante pourquoi il en soit ainsi plutôt qu'autrement ». Le choix divin, selon Scot, est supérieur à un tel principe, et il est inutile de demander une raison, un motif déterminant, qui n'existe pas [3]. Ce serait vouloir remonter plus haut que

1. Ibid: Res in esse quiditativo non magis habent necessarium ordinem ad bonitatem divinam quam res in esse existentiæ. Cf. *De Rer. pr.* q. 4, p. 20 : Quum voluntas Dei non feratur per se nisi ad bonum adæquatum quod est bonitas sua, non fertur ad volendum necessario nisi illa quæ suæ bonitati essentialiter sunt annexa, qualia sunt omnia divina et sola intrinseca (génération du Fils et procession du Saint-Esprit). Omnis autem creatura ad bonitatem Dei accidentalem habet ordinem, quia ex eis bonitati suæ nihil accidit, sicut nec punctum additum lineæ.

2. *Monadologie*, § 32.

3. Scot, *Quodlibet*, q. 16. p. 454 : Non est quærenda ratio quorum non est ratio. Cf. *In* 1um *Sent.* D. 8, q. 5. p. 820 : Et si quæras quare igitur voluntas divina magis determinatur ad unum contradictorium quam ad alterum, respondeo : Indisciplinati est quærere omnium causas et demonstrationem secundum Philosophum 4. Met.; principii enim demonstrationis non est demonstratio. Immediatum autem principium est voluntatem velle hoc, ita quod non est aliqua causa media inter ista, sicut immediatum est, calorem esse calefactivum : licet hic sit naturalitas, ibi autem libertas. Et ideo hujus, quare voluntas voluit hoc, nulla est causa, nisi quia voluntas est voluntas, sicut hujus, quare calor est calefactivus, nulla est causa, nisi quia calor est calor, quia nulla est prior causa. — Cf. *Report.* l. 1, D. 35, q. 1, a. 1.

le premier principe. Pourquoi la chaleur échauffe-t-elle ? — Parce qu'elle est la chaleur. De même, pourquoi la volonté souverainement indépendante a-t-elle voulu telle chose ? Il n'y a rien à répondre, si ce n'est qu'elle est la volonté souveraine.

Mais cette volonté parfaitement autonome n'est pas une puissance capricieuse et aveugle. Nous avons vu en exposant les preuves de l'existence de Dieu, que les choses qui ont commencé d'être doivent avoir une fin suprême, et que cette dernière fin est identique à la cause première. L'action divine a donc une fin. Dieu, « qui ne peut s'annuler lui-même », s'aime nécessairement [1]. Il pouvait ne pas créer : aucune nécessité, même morale, ne l'y obligeait ; il pouvait créer un autre monde, mais dès lors qu'il choisissait de créer, la création devait être, pour ainsi dire, ordonnée par rapport à lui.

L'univers créé est gouverné par des lois à la fois contingentes et invariables. On pourrait dire que sans rien perdre de sa liberté, la volonté divine s'enchaîne elle-même. C'est qu'elle est en dehors du temps [2], et

---

1. Scot, *Meteorologic.* l. 1, p. 2 : Deus non potest annulare seipsum. — Sur l'amour nécessaire de Dieu pour lui-même, v. *Quodlib.* q. 16, p. 446, sqq. et *In* 1um *Sent.* D. 10, q. 1, p. 836, sqq.

2. Scot, *In* 1um *Sent.* D. 8, q. 5, — p. 820 : Vult esse pro tempore determinato, quod tamen non exspectat, quia operatio voluntatis ejus non est in tempore ; Cf. *In* 1um *Sent.* D. 39, q. Unica. q. 5 connexa p. 1306 : Sicut voluntas nostra potest diversis volitionibus tendere in diversa volibilia, ita illa voluntas potest unica volitione simplici illimitata tendere in quæcumque volibilia ; et *Quodlib.* q. 16, p. 451 : Deus necessario vult quidquid vult, quia non potest succedere oppositum ei quod inest, neque ex parte actus neque objecti, quia non potest esse sine aliqua mutatione in Deo.

ce n'est que pour notre esprit que son acte, parfaitement un en lui-même, apparaît comme successif. « Dieu ne veut rien que de conforme à son essence. Absolu, ses volontés sont absolues ; elles embrassent la chose voulue dans la totalité indéfinie de ses déterminations, de ses développements et de ses suites. L'inconséquence et l'arbitraire ne sont point à craindre dans le monde voulu de Dieu ; toutes les lois en sont contenues dans la volonté ordonnatrice, *voluntas ordinans*; la Providence particulière ne fait que manifester ce qui est impliqué dans cette volonté suprême, c'est la volonté ordonnée, *voluntas ordinata* [1]. » Ainsi Dieu s'est posé comme loi que par la grâce seule on peut arriver à la gloire du Ciel [2] : absolument parlant, (*de potentia absoluta*), Pierre comme Judas pouvaient être sauvés sans la grâce, mais, par égard à la loi, (*de potentia ordinata*), Pierre recevra la grâce parce qu'il est appelé à la gloire, et Judas qui doit être abandonné à lui-même, restera pécheur et sera damné. Dieu s'est donc prescrit à lui-même des moyens pour atteindre les fins particulières qu'il s'est proposées. Telle est, aux yeux de Scot, la nécessité que l'ordre établi soit respecté, qu'il n'y a suivant lui, [3] que, des

---

1. *Revue philosophique*, juillet 1884 ; art. de Sécrétan sur *La restauration du thomisme*, p. 84.

2. Scot, *Report. Paris*, 1. 3, D. 8, q. 2 : Deus potest remittere culpam sine infusione gratiæ de potentia absoluta, sed non de potentia ordinata. Cf. *In 1um Sent.* D. 44.

3. *In 1um Sent.* D. 42, p. 1351. — Lychet, comment : sur Scot *In 1um Sent.* D. 2, q. 3. p. 294, s'exprime ainsi : Omnipotentia, ut theologi loquentur, quod primum possit producere omne producibile, nulla causa concurrente.

raisons probables, et non suffisantes, pour prouver l'omnipotence divine, au sens théologique du mot, c'est-à-dire entendue comme le pouvoir de produire n'importe quel effet sans l'intermédiaire des causes secondes ordinaires ; la foi seule, selon Scot, nous garantit la possibilité du miracle [1].

La volonté créatrice s'enchaîne encore d'une autre façon. Avant son choix, comme nous l'avons vu, les essences des choses sont données, quoique ces essences soient elles-mêmes inventées par l'intelligence divine, et non contenues dans l'essence du seul être nécessaire : ces essences étant données, il en résulte des incompatibilités, et supposé que Dieu veuille telle chose, il s'interdit par cela même de vouloir telle autre chose : sa volonté antécédente, si l'on peut dire, n'a pas de raison déterminante ; sa volonté conséquente en a une. Si l'on ne considère, dit Scot, que les choses simples ou isolées, il n'y a rien d'impossible en soi, car s'il y a un Etre absolument nécessaire, il n'y a pas un non-être absolument nécessaire [2]. Mais il peut arriver que deux choses produites comme possibles par l'intelligence divine soient telles qu'elles ne puissent être réunies pour former

---

[1]. On pourrait rapprocher de la manière dont Scot concilie la liberté de Dieu et l'ordre nécessaire des choses la solution que donne Kant de l'antinomie de la liberté et du principe des causes : il a recours également à une liberté « intemporelle ».

2. Scot, *In* 1um *Sent.* D. 43. p. 1363 : Falsa imaginatio quærentium impossibilitatem aliquorum quasi in aliquo uno : quasi aliquid unum vel intelligibile vel qualecumque ens sit ex se formaliter impossibile, sicut Deus ex se necesse est formaliter : nihil enim est tale primum in non-entitate.

un seul composé[1]. Le monde pourrait être autre qu'il n'est, mais le feu ne pourrait devenir supérieur à ce qu'il est en recevant l'intelligence et la volonté, car il est essentiellement incapable d'avoir ces attributs. De même, disent les Scotistes, Dieu ne peut créer la chimère, ni faire que la nature humaine se trouve dans un âne[2].

La volonté de Dieu est donc d'une certaine façon dirigée par son intelligence[3]. Scot nous dit « qu'il y a des principes[4] nécessaires, que Dieu entend naturellement, comme antérieurement à l'action de la volonté divine, parce que leur vérité ne dépend pas de cette action, et qui seraient connus par l'intelligence divine, même si par impossible Dieu n'avait pas de volonté ». Mais quels sont ces principes nécessaires ? On peut trouver que Scot n'est pas assez explicite. Ce sont sans doute les essences. Mais ont-elles une véritable nécessité ? Nous avons vu que Scot ne consentait pas à dire qu'elles étaient produites par la volonté divine, mais

---

1. Ibid., p. 1362 : Deus producit duo entia formaliter, utrumque in esse possibili, et illa producta se ipsis formaliter sunt incompossibilia, ut non possint simul esse unum neque aliquid tertium ex eis.

2. Ibid., p. 1363 : Nec sequitur quod ignis manens ignis possit fieri melior si capax intellectus vel voluntatis, quia non potest esse istorum capax.

3. Scholie de Wadding, t. v, p. 1362. Comment de Lychet, p. 1364.

4. Scot, In 1um Sent. D. 39, q. Unica, q. connexa.5. p. 1307 : Naturaliter intelligit (Deus) omnia principia quasi ante actum voluntatis divinæ quia eorum veritas non dependet ab illo actu, et esset cognita ab intellectu divino, si per impossibile non esset volens... Sicut essentia Dei est ratio cognoscendi simplicia [les essences], ita et complexa [les relations des êtres] necessaria, independenter a voluntate ; sed contingentia non independenter ab ea.

il n'admet pas non plus qu'elles soient coessentielles à Dieu. Il nous semble que dans le système de Scot le seul principe vraiment nécessaire est celui qui oblige Dieu à ne pas se contredire lui-même : Dieu a voulu une fois pour toutes.

Si les lois établies pour l'univers sont immuables, la science physique est possible. Si l'œuvre de la création est rapportée à Dieu comme à sa fin suprême, s'il y a dans cette œuvre par conséquent un ordre qui aurait pu être différent, mais qui enfin est un certain ordre, rien ne s'oppose à ce que l'on cherche à reconnaître dans la nature des causes finales. C'est ce que fait Scot dans son commentaire des Météores d'Aristote, sans être, il est vrai, très heureux dans les explications qu'il propose, semblable en cela à tous les Scolastiques. Pourquoi, par exemple, la mer est-elle salée? Scot répond [1] : Pour conserver certains poissons à qui cette salure est nécessaire comme l'air aux hommes. — Pourquoi les vents [2]? Principalement pour rassembler les nuages; ensuite pour le salut des arbres (propter salutem arborum) qui ont besoin d'être secoués, de même que le mouvement est nécessaire à la santé des animaux. Il est mieux inspiré quand il a l'idée que les monstres ne résultent pas d'un caprice de la nature, mais sont à leur façon un élément de l'ordre général [3].

1. Scot, *Meteorol.*, l. 2, q. 3, p. 67.
2. Ibid., q. 4, p. 70.
3. *Meteorol.* l. 1, p. 5 : In universo fiunt multa monstra... sicut in consonantia musicali intercipitur quoque aliqua dissonantia propter quam tota melodia est pulchrior.

Cet ordre général résulte de la nature des êtres choisis pour faire partie du monde, mais ces êtres ne sont pas nécessairement les meilleurs possibles, de sorte que ce monde, quoique très sagement ordonné, n'est pas le meilleur possible de toute nécessité : telle est la thèse de Scot, qui est loin de lui être personnelle. On ne saurait en effet opposer d'une façon absolue « l'intellectualisme » de saint Thomas au « volontarisme » de Scot. La divergence qui est entre eux, relativement à la question qui nous occupe, se trouve plus dans l'application des principes et dans le détail que sur les principes mêmes. Saint Thomas démontre [1] que « Dieu veut nécessairement son être et sa perfection ; » mais « qu'il veut sans nécessité ce qui est hors de lui [2]. » Mais il y a des choix entre les possibles qui en entraînent d'autres ; [3] « la volonté de Dieu ne peut porter sur des choses impossibles en elles-mêmes, par exemple qu'un homme soit un âne [4]. » Dieu ne peut prendre pour fin que lui-même, mais il y a plusieurs manifestations ou expressions possibles de la perfection ; et même, de cette possibilité de choisir [5] entre plusieurs moyens, la fin suprême étant

---

1. *S. c. Gent.* l. 1, c. 80 : Deus de necessitate vult suum esse et suam bonitatem.
2. Ibid. c. 81.
3. Ibid. c. 83 : Necessarium est eum velle omne illud quod ad volitum ab eo de necessitate requiritur.
4. Ibid. c. 54. — De même, plus longuement, S. c. Gent. l. 2, c. 25.
5. Ibid. l. 1, c. 82 : Invenitur aliqua virtus ad utrumlibet esse, quando perfecta operatio virtutis a neutro dependet, sed tamen utrumque esse potest : sicut aliquis qui diversis instrumentis uti potest æqualiter ad idem opus perficiendum.

donnée, saint Thomas fait une perfection : c'est être plus habile ouvrier selon lui que de pouvoir faire aussi bien le même ouvrage avec différents instruments. Pose-t-on cette question : Dieu peut-il faire *mieux* qu'il ne faut ? Il faut, selon lui, pour répondre, savoir [1] si dans cette proposition *mieux* est pris comme substantif, comme adjectif, ou comme adverbe. Comme substantif ? Dieu peut toujours faire une autre chose meilleure que celle qu'il a faite. Comme adjectif ? Il peut faire la même chose meilleure accidentellement, sinon meilleure quant à son essence. Comme adverbe ? La proposition est fausse : « Dieu ne peut faire mieux qu'il ne fait, parce qu'il ne peut agir avec plus de sagesse et de bonté. » Cela reviendrait en effet à dire qu'il peut agir plus divinement. Jusqu'ici c'est le même langage que Duns Scot. Voici ce qui s'écarte davantage de ce que celui-ci soutiendra, malgré ce qu'il dit des incompossibilités résultant des essences : « Ce monde [2] ne pouvait être rendu meilleur [3], parce que Dieu a soumis les êtres qu'il a créés à l'ordre qui convient le mieux à leur nature et que c'est précisément dans cet ordre que consistent la bonté et la beauté de l'univers. On ne saurait rendre meilleure une des créatures qui le composent sans troubler la proportion et l'harmonie de l'ensemble. C'est comme

---

1. *S. Theol*, 1ª q. 25, 6. — Ad 1ᵘᵐ.
2. *S. Theol.* 1ª q. 25, art. 6. — Ad 3ᵘᵐ.
3. Quoique Dieu ait pu vouloir un autre univers, et même « un univers meilleur que celui qui existe. » S. Thomas le dit formellement à la suite du passage que nous citons.

une lyre dont on ne peut forcer une corde sans détruire la mélodie des sons. » Mais ce que Scot critiquera dans saint Thomas, c'est, après qu'on a posé en principe la souveraine indépendance du Créateur, une recherche indiscrète des raisons de convenance qui justifient, sans prétendre cependant le rendre nécessaire, l'ordre de choses qu'il a plu à Dieu de décréter. Si en effet l'on réussit trop bien à expliquer ce qui est, la possibilité du contraire va disparaître aux yeux de l'esprit, et avec elle la liberté divine que Scot veut par dessus tout défendre. Un vrai chrétien, par exemple, qui croit et qui aime, et qui sait que Dieu est essentiellement Amour et Bonté, peut-il penser que Dieu aurait pu ne pas vouloir retirer les hommes des ténèbres et du péché? Aussi saint Thomas prouve que rien ne convenait plus à la perfection divine que la Révélation et la Rédemption. Mais Scot résiste, et rejette les arguments présentés: l'homme, selon lui, pouvait être laissé aux seules lumières de la raison, si imparfaites qu'elles soient; un homme en recevant une grâce assez abondante pouvait racheter le genre humain [1]; l'hérésie d'Arius aurait donc pu être vraie. Remarquons la méthode qu'une conception aussi nette de la liberté divine imposera à la théologie : elle devra être une méthode exclusivement exégétique, et elle devra s'interdire ces constructions a priori dont certainement saint Thomas a le goût dans ses deux Sommes quand il y disserte sur les mystères.

1. Scot, *Prologi Sent.* q. 1. et *Report.* Paris. l. 3, D. 20. V. la scholie de Wadding, ibid.

Mais, si saint Thomas ne s'interdit pas d'expliquer les voies divines, il n'en reconnaît pas moins en principe, ne l'oublions pas, « qu'il n'y a aucune cause qui pèse sur la volonté divine [1], » que « Dieu a le libre arbitre [2], » « qu'il aurait pu faire un univers meilleur que celui qui existe [3]. »

Saint Bonaventure, qui serait plus près de l'optimisme, admet, en somme, les mêmes principes, au moins au sujet des essences.

Suivant le docteur séraphique, l'ordre du monde, une fois donnés les éléments qui le composent, ne saurait être plus parfait [4] ; mais un autre monde aurait pu être créé avec des êtres supérieurs, différant des êtres actuels par l'essence, comme l'homme diffère de l'âne, et dans le monde actuel, les êtres qui le forment auraient pu recevoir, conformément à leur essence, une perfection relative plus grande, et différer de ceux qui existent comme un marc d'or d'une once d'or ou un géant d'un enfant [5]. Toutefois ceci n'est vrai

---

1. *S. c. Gent.* l. 1, c. 87 : Quod divinæ voluntatis nulla potest esse causa.

2. Ibid. c. 88 : Quod in Deo est liberum arbitrium.

3. V. *S. Theol.* 1ª q. 25, art. 6. cité plus haut. — Cf. : *Secundum Scriptum super Sent.* l. 1, D. 44, art. 1. La réponse suivante est approuvée : Omni finito Deus potest facere majus, cum sua potentia sit infinita. Sed bonitas universi est finita : alias æquaretur bonitati factoris, quod est impossibile. Ergo Deus potest facere majorem bonitatem quam sit bonitas universi.

4. *In* 1um *Sent.* D. 44, art. 1, q. 3, p. 358 : Utrum Deus potuerit mundum facere meliorem quantum ad ordinem partium.

5. Ibid. q. 1, p. 356 : An Deus potuerit mundum facere meliorem quoad substantiam partium integrantium ; ibid. q. 2, p. 357 : Utrum mundus potuerit fieri melior quantum ad partium integrantium proprietates.

que pour les individus (quantum ad partes transeuntes, sicut hic homo et hic equus), à la production desquels les causes secondes concourent avec Dieu, et non pour les diverses natures générales qui entrent dans la composition du monde (quantum ad partes manentes, sicut natura intellectualis, rationalis, cœlestis, et elementaris) et qui considérées soit les unes par rapport aux autres soit par rapport à la fin générale, ont reçu les propriétés les meilleures : ainsi il convenait, quant à la nature « raisonnable », que les hommes naquissent tous d'un seul homme, par conséquent qu'ils eussent des corps vivants, par conséquent qu'il y eût d'autres corps disposés pour les nourrir [1].

Si l'on compare les opinions de ces trois docteurs, on voit que, les éléments du monde une fois donnés, Scot laisse le plus de latitude à la Providence pour les disposer, et saint Bonaventure le moins. Mais pour tous, d'autres êtres, d'autres natures, auraient pu être choisis, et un monde meilleur était possible.

Telle était la véritable tradition chrétienne. Personne n'a pris plus que saint Augustin la liberté de rechercher les raisons infiniment sages qui justifient les dispositions prises par la Providence pour le monde qui a été créé [2]; mais il n'en reconnaît pas moins que ce monde n'avait pas de lui-même un titre particulier

---

1. Ibid. p. 358 : Melius fuit quod omnes homines essent ex uno; et ita quod haberent corpus animale, et secundum exigentiam ejus necesse fuit alias creaturas corporales disponi in motu et corruptibilitate.
2. Voir Nourrisson : *La phil. de S. Augustin.* l. 1er, c. 4, § 43.

à prétendre au choix divin qui l'a élu parmi les mondes possibles [1].

C'est la même doctrine que soutient Fénelon dans sa Réfutation du P. Malebranche à laquelle Bossuet a collaboré : « La sagesse infinie de Dieu, dit-il [2], ne peut le déterminer à choisir le meilleur, quand il n'y a aucun objet déterminé qui soit le meilleur par rapport à sa perfection souveraine, [dont les choses les plus parfaites sont toujours infiniment éloignées] [3]. Il est pourtant vrai que dans ce choix pleinement libre, où Dieu n'a d'autre raison de se déterminer que son bon plaisir, sa parfaite sagesse ne l'abandonne jamais. Pour être souverainement indépendant de l'inégalité de tous les objets finis entre eux, il n'en est pas moins sage : il voit cette inégalité de tous ces objets entre eux ; il voit leur égalité par rapport à sa perfection infinie ; il voit leur éloignement infini du néant ; il voit tous les rapports que chacun d'eux peut avoir à sa gloire, et toutes les raisons de le produire ; il voit une raison générale et supérieure à toutes les autres, qui est celle de son indépendance et de l'imperfection de toute créature par rapport à lui ; il y trouve son souverain domaine et sa pleine liberté ; il l'exerce, pour faire le bien, à telle mesure qu'il lui plaît. »

Pour les philosophes qui, comme Platon, admettaient la matière incréée, l'imperfection inévitable des

---

1. V. S. Aug : *Contra Ep. Manich. quam vocant fundam*, c. 33. — *De Natura boni*, c. 3, 18, 19.
2. Fénelon : *Réfut. du P. Malebranche*, ch. 8.
3. [] addition de Bossuet.

choses s'expliquait par le défaut de réceptivité de cette matière et son indocilité à l'action divine. Si le monde est créé de rien, il faut que 'a raison de la « mesure » du bien réalisé se trouve dans le mystérieux arbitraire du choix divin.

Toute philosophie qui admet qu'il y a un monde le meilleur possible et que Dieu est déterminé dans son action par l'idée du meilleur, tend au panthéisme, c'est-à-dire à faire du monde le prolongement inévitable de l'être divin. Telle est la philosophie de Plotin, et par ce côté celle de Leibniz s'en rapproche. Fénelon objecte à Malebranche [1] qu'il aboutit à faire non seulement de tel monde, mais encore de la création même, une chose nécessaire, ce qui détruit l'idée même de la création. Ce n'est pas Duns Scot que l'on peut ainsi convaincre d'infidélité au principe fondamental de la liberté divine et à toutes les conséquences logiques de ce principe.

1. *Réfutat.* ch. 6 et 7.

CHAPITRE IX.

LES GENRES, L'INDIVIDU, LA MATIÈRE PREMIÈRE.

On ne saurait accorder à V. Cousin que la théologie écartée, la scolastique est tout entière dans la question des universaux. Nous venons de voir que bien d'autres questions préoccupent les docteurs du treizième siècle. Mais ils ne méconnaissent pas l'importance de ce problème qui, mal résolu, conduit à mettre en péril soit l'ordre de la nature soit la distinction substantielle des êtres, et ils lui font une part assez grande dans leurs écrits. Toutefois, au lieu de se demander seulement, comme les philosophes du onzième siècle : Qu'est-ce que l'universel ? ils s'occupent davantage de l'autre côté de la question : En quoi consiste l'individualité ?

C'est souvent par leurs solutions de ce double problème que, dans le moyen âge même, la voix publique les caractérise. Les scotistes sont souvent appelés les formalistes. Guillaume d'Occam de son vivant est salué du titre de prince des nominaux. M. Jourdain émet, d'une façon très dubitative il est vrai, l'hypothèse que le nom de docteur angélique donné à saint Thomas pourrait tenir aux opinions très particulières de ce docteur sur la nature des anges [1] : or nous allons dire quel est le rapport de cette question avec les débats sur les universaux.

Ce qui avait, au onzième siècle, passionné ces débats, c'est l'idée qu'avait eue Roscelin d'appliquer son nominalisme au dogme de la Trinité où il ne voyait plus que l'accord de trois volontés et l'égalité de trois puissances [2]. Au treizième siècle, c'est encore une question théologique, bien moins essentielle assurément, qui fait l'intérêt de la controverse; mais les questions philosophiques qui s'y rattachent sont traitées avec une ampleur qu'elles ne pouvaient avoir au onzième siècle.

Saint Thomas avait soutenu que les natures angéliques ne renferment pas de matière, au sens péripatéticien du mot matière, et que comme, selon lui, la matière est le principe de l'individuation, il y a d'un ange à un autre une différence spécifique, telle que celle qui est entre l'homme et la brute, et non telle que celle qui est entre un homme et un autre homme; opinion qui semble en contradiction avec les textes

---

1. *La philosophie de saint Thomas d'Aquin*, t. 1ᵉʳ, p. 279.
2. « In Deo tres personas esse tres res adinvicem separatas sicut sunt tres angeli; ita tamen ut una sit voluntas et potestas, » cité par V. Cousin. *La phil. scholast.* p. 132.

sacrés où il est question de plusieurs séraphins, de plusieurs chérubins, etc., et qui fut censurée par l'évêque de Paris Templier; puis, après le retrait de cette censure, laissée parmi les opinions libres mais douteuses.

Duns Scot, obligé de commenter à son tour le deuxième livre de Pierre Lombard qui traite des anges, soutient que rien ne s'oppose à ce qu'il y ait plusieurs anges de la même espèce, car, d'un côté, le principe de l'individuation n'est pas dans la matière; de l'autre, il y a de la matière dans toute créature, par conséquent aussi dans les anges, et même le fond de cette matière est une matière premièrement première qui est commune à tous les êtres créés par Dieu.

Il y avait, comme on le voit, dans cette question théologique de la nature angélique ce que nous pourrions appeler trois *lieux* philosophiques engagés, celui des universaux, celui de l'individuation, celui de la matière.

Scot a pu être dit réaliste à un triple point de vue, à cause des thèses suivantes qu'il soutient sur ces trois questions : 1° Le fondement de nos idées générales est dans une nature commune aux êtres du même genre, qui, retrouvée à l'aide de l'abstraction dans chacun d'eux, possède cependant par elle-même une unité réelle, inférieure, il est vrai, à l'unité numérique. 2° Le principe d'individuation est une entité positive, distincte et de la matière et de la forme et des accidents. 3° Aucun être créé n'est sans matière, mais la matière est une véritable entité qui peut exister sans la forme ; ce n'est pas une puissance objective, c'est-à-dire distinguée seulement par l'analyse de notre pensée, mais c'est un véritable sujet. — La solution que Duns Scot donne de la question des universaux renferme un réalisme très mitigé, embarrassé toutefois de formules trop subtiles qui donneront lieu à plus d'une méprise. Sur la question de l'individuation, il se montre habile dialecticien dans la partie réfutative, mais il peut sembler n'avoir donné qu'une solution purement verbale. Nous essaierons de montrer que, contrairement à l'opinion de M. Hauréau, la théorie de Scot sur la matière ne le met pas sur la pente du panthéisme ; mais nous conviendrons que là encore, Scot s'expose bien à l'accusation d'avoir réalisé des abstractions.

I

Les universaux. — La théorie de Scot sur l'universel traite deux questions : ce que l'universel est dans l'esprit, et ce qui y correspond hors de l'esprit, ou la question de l'universel logique, *inprædicando*, et celle de l'universel métaphysique, *in essendo*. On demande, en premier lieu, comment se forme la conception de l'universel, car elle est due à la réflexion et non à une intuition directe de l'esprit ; en second lieu, si l'objet de cette « intention seconde » n'est qu'un être de raison, ou, étant admis qu'il est *ens rationis fundatum*, quel en est le fondement[1].

L'universel logique, comme disent les scolastiques ou comme nous disons, l'idée générale, c'est ce qui peut être dit de plusieurs choses [2] ; c'est, par exemple, l'idée d'animal, de raisonnable, d'homme, de risible, de blanc : c'est le genre, la différence, l'espèce, le propre, l'accident. Les sens ne fournissent directement aucune de ces idées ; on voit Socrate ou Platon, un homme ou un âne, un homme qui court ou un homme qui est assis : on ne voit pas l'homme, l'animal, ou la course. Ces idées ne peuvent donc être dues qu'à un travail de l'esprit. Elles ne sont pas en nous comme une empreinte incomplète des objets perçus, empreinte où tous les traits qui faisaient leur individualité étant effacés, il ne resterait que ce qui peut être aussi bien affirmé de tel objet que de certains autres. Il ne faut pas multiplier les choses sans nécessité, mais il y a des économies qu'il ne faut pas faire, de crainte d'abaisser ce qui ne doit pas l'être [3]. Il ne faut pas faire de toute pensée comme une impression reçue des objets : l'intelligence doit avoir un acte propre, qui est la conception de l'universel[4].

Une preuve, selon Scot, que la sensation ne donne

---

1. V. Boyvin. *Logicæ* 1ª pars, Disp. 1, q. 2. Quotuplex sit universale.
2. Scot, *Super Porphyr.* q. 12, page 102 : Est ratio universalis prædicari de pluribus.
3. Scot, *In* 1um *Sent.* D. 3, q. 6. p. 525 : Si objicias : Pluralitas non est ponenda nisi ubi est necessitas, respondeo : Necessitas est quando perfectio naturæ requirit.
4. Ibid. p. 525.

pas d'elle-même l'idée générale, c'est qu'aucune représentation ne peut figurer une idée générale ; par exemple, dit-il[1], il ne peut pas y avoir de représentation de la qualité qui n'est ni la couleur ni le son, etc.

Une curieuse expérience des modernes semblerait réfuter ce raisonnement, au moins relativement aux espèces les plus restreintes[2]. M. Galton met successivement devant l'objectif d'un appareil photographique les photographies de différents membres d'une même famille, de différents hommes d'un même pays, et, en prenant certaines précautions, il obtient une image très nette qui donne ainsi le type de la famille, de la race. Les traits spéciaux se sont contrariés entre eux et effacés ; les traits communs ou les plus accentués sont seuls restés. Une opération analogue ne peut-elle se faire dans notre cerveau ou dans notre mémoire ? Mais remarquons que le type n'est pas l'idée générale : le type a pour caractère d'être individuel ; l'idée générale doit pouvoir être affirmée de plusieurs. Considérons une des photographies de M. Galton ; elle n'est le portrait d'aucune des personnes de la famille, de la race, quoiqu'elle ressemble à toutes. Bien plus, Aristote interviendrait ici avec son argument du troisième homme : en effet, avec la photographie, résultante de la première expérience, et quelques-uns des portraits qui auraient déjà servi, on pourrait, dans une seconde expérience, obtenir un type nouveau, moyenne entre la première moyenne et ces portraits ; mais avec le

1. Ibid. p. 517.
2. Voir *Revue Scientif.* du 6 sept. 1879.

genre homme et un homme quelconque on ne saurait former l'idée d'un nouveau genre.

Si l'intellect dégage l'universel de la représentation, ce n'est pas seulement, dans la théorie de Scot, comme on dégage un minerai de sa gangue : l'intellect y ajoute du sien ; et ce qu'il ajoute à ce qu'il a tiré de la représentation, c'est précisément l'universalité. Son opération, des souvenirs conservés de Platon et de Socrate, dégage la notion de l'homme ; mais pour que cette notion soit vraiment un universel, il faut qu'elle soit conçue comme l'attribut possible d'un nombre indéfini de sujets. Le rôle de l'intellect, c'est d'abord de démêler ce qu'est une chose, ce qui servira à la définir ; les accidents sont donc exclus : mais l'universalité est un mode que l'intellect ajoute à cet objet et sans lequel on peut le concevoir. Selon Scot, pour qui aucune distinction n'est trop subtile, il y a un moment où dans notre esprit l'idée de l'homme sans être une idée individuelle n'est pas encore une idée générale [1].

On peut rapprocher, croyons-nous, de ce que dit Scot de l'intellect ajoutant par lui-même l'universalité à ce qui a été extrait des données de la sensation le passage où Malebranche veut montrer que la généralité dans nos idées ne peut s'expliquer que par la pré-

---

[1]. Scot : *Super Univer. Porphyr.* q. 5. — t. 1, p. 91 : Primum objectum intellectus, scilicet quod quid est, intelligitur sub ratione universalitatis ; illa vero ratio non est idem essentialiter cum illo quod quid est, sed modus ejus accidentalis : ergo intellectus potest cognoscere differentiam inter suum objectum primum et illum modum. — Ibid. : Universale non est objectum ejus, sed quod quid est in phantasmatibus, et universale est finis ejus.

sence dans notre esprit de l'idée de l'infini, c'est-à-dire par quelque chose que ne nous donnent pas les sens : « Vous pensez, Ariste, à un cercle d'un pied de diamètre, ensuite à un de deux pieds, à un de trois, à un de quatre, etc., et enfin vous ne déterminez point la grandeur du diamètre, et vous pensez à un cercle en général. L'idée de ce cercle en général, direz-vous, n'est donc que l'assemblage confus des cercles auxquels j'ai pensé. Certainement cette conséquence est fausse ; car l'idée du cercle en général représente des cercles infinis et leur convient à tous, et vous n'avez pensé qu'à un nombre fini de cercles [1]. »

L'idée générale est produite par l'intellect et non donnée par la sensation ; mais il n'en résulte pas, selon Scot, que le général en lui-même soit une fiction. « L'universel a sa cause dans l'intellect, mais la matière, ou l'origine, ou l'occasion, en est dans une propriété des choses, et il n'est nullement une fiction de l'esprit [2]. »

Nos idées en effet ne viennent jamais de rien ; l'intellect agit sur la matière qui lui est fournie, mais il ne crée rien absolument [3]. Il n'a pas même le pouvoir de faire violence aux choses sur lesquelles il opère au point d'en changer l'essence. « Si l'objet de notre pensée était essentiellement individuel, comment le penserions-nous ensuite universel contrairement à son es-

---

1. *Entretiens sur la Métaphysique*, II, 9.
2. Scot, *Super Univ. Porphyr.* q. 4, t. I, p. 90.
3. Ibid. : Cum intellectus sit virtus passiva, non operatur nisi moveatur ab objecto ; non ens non potest movere aliquid ut objectum, ergo nihil intelligitur sub ratione non entis.

sence ¹ ? » Nous dirons en effet que toute classification est naturelle par certains côtés, par exemple que la classe des quadrupèdes ou celle des animaux blancs n'est pas une pure invention de l'esprit ; c'est de même que toute erreur est une vérité incomplète ².

Si les choses n'ont rien de commun que le concept dans lequel nous les avons arbitrairement comprises ou, ce qui revient au même, le nom que nous leur avons donné, toute science se réduit à la science des termes ou à la logique ³. Or quand nous disons que certaines choses sont semblables, égales, ou contraires, nous prétendons affirmer des rapports réels, et tous ces rapports supposent des natures communes ⁴. Si l'on peut abstraire une idée générale de Socrate et de Platon, plutôt que de Socrate et de la ligne ⁵, c'est que Socrate et Platon ont une nature commune. En disant que le blanc est le contraire du noir, je n'entends pas dire qu'il y a opposition entre tel individu et tel autre individu, mais que le premier possède une certaine nature commune à lui et à d'autres qui est l'opposé d'une certaine nature commune à l'autre objet et à ses pareils ; de plus on

---

1. Scot, *In* 2ᵘᵐ *Sent.* D. 3, q. 1, t. VI, p. 335.
2. Cf. Fouillée: *La phil. de Platon*, t. 1, p. 71 : « Parmi les notions générales il en est sans doute que l'esprit forme à son gré et qui semblent de pures fictions. Et cependant, même dans ces idées factices, l'esprit est peut-être moins créateur qu'il ne le semble : peut-être une analyse plus profonde découvrirait-elle, même dans nos chimères, de nombreux éléments de réalité. »
3. Scot, *Theor.* 3 : Omnis scientia esset logica.
4. Scot, *In* 2ᵘᵐ *Sent.* D. 3, q. 1. p. 336, Relatio non est realis nisi habeat fundamentum reale.
5. Ibid. et *Quæst. in Mataphys.* l. 7, q. 13, p. 698.

ne compare et l'on n'oppose que ce qui se ressemble par quelques côtés[1].

Scot objecte encore aux nominalistes la génération, par laquelle l'unité de forme subsiste dans des êtres distincts. « S'il n'y avait aucune intelligence, dit-il[2], le feu n'en produirait pas moins le feu, et il n'y aurait pas moins unité réelle du générateur et de l'engendré quant à la forme; ce droit de l'engendré d'être nommé du même nom que le générateur, l'intellect le découvre, mais ne le crée pas. » L'argument est bon, mais au lieu de parler d'un feu qui produit un autre feu, exemple très vague, car dans cet exemple où commence, où finit l'individu?, nous aurions préféré que, comme Aristote, Scot citât l'exemple des espèces vivantes. « Un homme, dit Aristote, engendre un homme. » Comment voir une fiction de l'esprit dans ces « idées directrices », comme s'exprime Cl. Bernard, qui, connues ou non de nous, président au développement de chaque germe et le forcent, sans aucune apparence de nécessité mécanique, de continuer avec une matière nouvelle la forme de l'être d'où il est sorti? Une science moderne nous montre de plus l'embryon, caractérisé d'abord seulement comme animal, acquérant ensuite successivement des caractères qui sont ordinairement de moins en moins généraux. L'analyse que font la pensée et le

---

1. *In* 2um *Sent.* loc. cit. In specie atoma fit comparatio.
2. Ibid. p. 337 : Nullo existente intellectu, ignis causaret ignem et corrumperet aquam; et esset aliqua unitas realis generantis ad genitum, secundum formam, propter quam generatio esset univoca; intellectus enim considerans non facit generationem esse univocam sed cognoscit eam esse univocam.

langage en distinguant la différence spécifique, l'espèce, le genre prochain, puis la série des genres plus éloignés, est faite en sens inverse par le travail de la nature qui compose l'individu vivant en ajoutant une forme à une autre[1]. Nous pouvons donc nous tromper en dénommant les espèces et les genres, mais Scot a raison de dire que nous n'inventons pas qu'il y en a.

Contre qui argumente-t-il ? Suivant sa coutume la plus fréquente, il ne le dit pas. Remarquons qu'il n'est pas nécessaire que ce soit contre quelqu'un. La méthode consciencieuse des scolastiques les oblige à examiner tous les côtés d'une même question. Personne ne pratique mieux qu'eux ce devoir que prescrivent Descartes et Malebranche d'éprouver soi-même ses propres opinions par un doute méthodique. Mais d'ordinaire ils ne s'inventent pas des objections; ils prennent celles qu'ils discutent dans ce qu'ils connaissent de l'antiquité et chez leurs prédécesseurs plus rapprochés. Ici nous ne pouvons savoir qui Scot peut viser. Il ne nomme pas Roscelin, et au treizième siècle Roscelin est-il connu ? Le commentateur Lychet nous dit que c'est le moine Adam que Scot veut réfuter[2]. De quel Adam s'agit-il ? Ce ne peut être de celui dont on a imprimé en 1512 un commentaire sur les Sentences, qui s'appelait Adamus Goddamus ou Wodheamensis ou Odohamus, puisque ce n'est qu'un disciple d'Occam. C'est plus probablement d'Adam de Marisco, franciscain, qui fut l'ami de Bacon et enseigna à Oxford,

---

1. Voir *Revue philos.* avril 1876 : Liard. *Des notions d'espèce et de genre*, p. 393.

2. Scoti opera, t. VI, p. 337.

et auquel on attribue un commentaire sur les Sentences non publié[1].

Soutenait-il, comme Roscelin, un nominalisme aussi excessif que celui que Scot réfute ? Nous ne saurions le dire. Mais ce que nous trouvons intéressant de remarquer, c'est qu'après Scot, Occam ne soutient nullement un système qui niant toute communauté de nature dans les choses, mène à la négation de toute science. Si Occam dit que les universaux n'existent pas hors de l'intellect humain, s'ensuit-il que, pour lui ces vocables ne représentent rien? « Vingt fois dans ses divers ouvrages, dit M. Hauréau[2], Guillaume d'Occam aborde cette question et la traite amplement. On sent qu'il craint d'être mal compris, d'être mis au nombre des sophistes discrédités qui passent pour les disciples du chanoine de Compiègne, et qu'il a fort à cœur de s'expliquer à ce sujet. » « Cette opinion est fausse, dit Occam[3], suivant laquelle rien n'est universel de sa nature et tout universel est arbitrairement institué par nous. » Biel[4], d'après Occam, définira l'universel : « Un concept singulier signifiant à la fois plusieurs singuliers dont il est une similitude naturelle, non pas quant au mode de l'existence, mais quant au mode de la représentation. »

Pour retrouver quelque chose qui ressemble à ce

---

1. Fabricius : *Bibl. med. et inf. latinit.* l. 1, p. 21 et 29.
2. *Hist. de la phil. scol.* 2 part. t. 2, p. 415.
3. Occam, *In* 1um *Sent.* D. 2, q. 8 : Opinio quod nihil est universale ex natura sua sed tantum ex institutione voluntaria... non videtur vera.
4. Biel, *In* 1um *Sent.* D. 2, q. 8, cité par Hauréau, ouvr. cit. p. 420.

que M. Hauréau[1], un nominaliste lui-même, appelle « l'absurde thèse dont Abélard veut que son maître Roscelin ait été l'inventeur, » il faudrait venir jusqu'à Hobbes[2], dont le nominalisme est bien moins raisonnable que ne paraît le croire M. Hauréau enfin, jusqu'à Condillac et Laromiguière. C'est un abus, suivant Condillac, de supposer qu'il y ait dans la nature comme dans notre esprit des genres et des espèces; tout est distinct dans la nature[3]. « Les similitudes, dit Laromiguière, tiennent à l'imperfection de nos sens et aux bornes de notre esprit. » Au regard de Dieu, selon lui, les différents êtres sont totalement distincts. « Il s'ensuit que Dieu agit sur chaque être d'une manière spéciale, c'est-à-dire qu'il n'agit point par des lois générales et uniformes. » — Mais s'il n'y a point d'ordre dans la nature, si tout s'y fait par décrets spéciaux, que devient la science de la nature ? « Les sciences dont s'enorgueillit le génie de l'homme ne sont qu'un magnifique témoignage de son impuissance[4]. » Condillac avait dit : Les sciences ne sont que des langues bien faites. Mais c'est précisément cette conséquence que Scot objectait au nominalisme : *omnis scientia esset logica*.

Sur quoi ont donc porté les protestations de Guillaume d'Occam contre son ancien maître ? et qu'ont signifié après eux les appellations de réalistes et de nominalistes ? Car il en est des noms des sectes philo-

---

1. Ibid. p. 425.
2. Robert, *Les théories logiques de Condillac*, p. 90, 158 sqq.
3. XII° leçon. — 7° Edit. p. 321.
4. Ibid. p. 329.

sophiques comme des noms des partis politiques : le temps en modifie la signification.

Il ne suffisait pas de dire qu'à nos idées générales quelque chose correspondait en dehors de nous; il fallait encore s'expliquer sur la nature de cette chose.

L'universel métaphysique n'est pas un pur être de raison. Jusque-là tout le monde est d'accord. Qu'est-il donc considéré en lui-même ?

Ce ne serait pas répondre que de dire que l'universel est dans la pensée divine. Là est bien, comme a dit Albert le Grand, la source de tout universel : c'est que là se trouve la source de tout. Si l'on disait que l'universel est dans la pensée divine et que rien n'y correspond dans les choses, ce serait le conceptualisme d'Abélard transporté de l'homme à Dieu. Mais nous avons admis qu'il y a dans les choses mêmes quelque chose qui correspond à notre idée générale : Dieu doit le connaître et le penser, comme il pense les choses elles-mêmes, avec leurs essences, leurs accidents, et leurs rapports, et avant qu'elles soient et pendant qu'elles sont, ou plutôt éternellement, en dehors du temps.

Sur les pensées divines les scolastiques sont d'accord [1]. Ils le sont aussi pour rejeter les idées de Platon comme les comprend Aristote, sinon comme les interprète saint Augustin. Dieu, nous dit Scot [2], renferme en lui le principe formel de tous les êtres : c'est

---

1. Boyvin, *Logica*, p. 77.
2. *De Rer. pr.* q. 1, p. 4. — Cf. *In* 2um *Sent.* D. 1, q. 2.

par la conscience qu'il a de lui-même qu'il voit les principes de tous les êtres et tout ordre possible des choses, et puisqu'il a établi entre les choses des rapports, c'est en lui-même qu'il a dû trouver l'idée de ces rapports. Tout est idéalement en Dieu puisque toute réalité sort de lui, mais il ne s'est pas d'abord créé des modèles pour les imiter ensuite. Si l'artiste humain considère un modèle qui est hors de lui, c'est parce qu'il se propose d'imiter la nature : celui qui crée la nature ne peut agir de même.

Si en eux-mêmes les universaux étaient seulement ou des pensées divines ou des exemplaires d'après lesquels Dieu aurait formé les choses particulières, la sensation ne serait pas, comme on l'a vu, la première origine de nos idées générales : ce serait par intuition ou réminiscence que nous aurions ces idées. Or, pour Scot comme pour Aristote, l'esprit avant la sensation est une table rase : il combat [1] longuement l'opinion platonicienne suivant laquelle il y a « des espèces intelligibles (naturellement) imprimées dans l'intellect possible, » c'est-à-dire que notre esprit a d'avance comme une provision d'idées sommeillant dans l'intelligence et prêtes à passer de la puissance à l'acte à l'occasion de la sensation : ce qui est contraire selon lui au témoignage de la conscience.

C'est dans les choses mêmes qu'il faut chercher le fondement des idées que nous nous faisons sur les choses.

Guillaume de Champeaux [2] avait d'abord défini l'u-

1. *De Rer. pr.* q. 14.
2. Voir Cousin : *La phil. schol.* p. 185.

niversel *in re* l'essence ou la substance qui reçoit les individus comme accidents. Mais alors ce qui méritera véritablement le nom d'être, ce sera l'espèce ou plutôt même le genre, car l'espèce est au genre comme l'individu à l'espèce. Et même comme il y a un genre généralissime qui comprend tout ce qu'on appelle des êtres, on arrivera, si l'on est logique, à les regarder tous comme les modes d'une substance unique.

Mais jamais Scot n'a conçu de la sorte l'universel. Nous examinerons sa théorie de la matière première que M. Hauréau interprète en ce sens, et nous essaierons de montrer qu'elle ne va pas nécessairement à ce panthéisme. Nous verrons surtout par sa théorie de l'individuation combien il est loin de constituer les individus avec de simples accidents.

Les objections d'Abélard amenèrent Guillaume de Champeaux [1] à substituer à ce qu'il avait soutenu sur l'unité essentielle des êtres la théorie de la non-différence. Faites abstraction dans Socrate et dans Platon de leurs caractères particuliers ; ce qui reste est identique, voilà l'espèce. De même, si l'on néglige la raison dans l'homme, on a le genre animal. L'universel est donc ce en quoi ne diffèrent pas les êtres différents. Rien ne s'oppose alors à ce que ces êtres subsistent en eux-mêmes vraiment distincts ; mais il n'y a rien d'arbitraire à retrancher de Socrate par la pensée ce qu'il y a d'exclusivement socratique, et de Platon ce qu'il y a d'exclusivement platonique : les résidus de ces deux opérations mentales sont indiscernables; ils

---

1. Ibid. p. 163 sqq., p. 202.

ne sont donc pour la pensée qu'une seule chose. V. Cousin [1] déclare ce réalisme conforme au sens commun et à la raison, et selon lui, si Abélard, dont la polémique n'a pas su s'arrêter où il fallait, a servi d'une manière mémorable la cause de la philosophie et celle de l'esprit humain, c'est que, sans le vouloir, « il a sauvé le réalisme en l'épurant [2]. »

L'opinion de Duns Scot est très voisine de cette seconde théorie de Guillaume de Champeaux ; mais son réalisme est encore plus mitigé. Il ne voudrait pas que l'on dît : Ce qui reste de Socrate après qu'on a retranché ce qu'il a d'exclusivement socratique, c'est l'homme universel. Non, c'est seulement, selon lui, quelque chose qu'on peut concevoir répété dans d'autres êtres que Socrate, mais qui de soi n'est ni commun ni particulier. « La quiddité [3], dit-il [4], considérée séparément, en elle-même, n'est ni universelle ni singulière, mais de soi elle est indifférente à la pluralité et à la singularité. » « La nature, dit-il ailleurs [5], est indifférente à l'unité singulière. On peut facilement le comprendre en faisant attention à ce mot d'Avicenne : L'équinité est seulement l'équinité ; d'elle-même elle n'a ni unité ni pluralité, elle n'est ni universelle ni particulière. Ce qui veut dire : Elle n'est pas une d'une unité numérique ni plusieurs d'une

---

1. Ibid. p. 146.
2. Ibid. p. 280.
3. Ce qui répond à la question : Quid est? — Quid est Socrates? Homo. Quid est homo ? Animal.
4. Scot, *De Anima*, q. 17, p. 546.
5. *In* 2um *Sent.* D. 3, q. 1, p. 357.

pluralité opposée à l'unité numérique. » Donc lorsque par la seule abstraction nous n'avons encore fait qu'enlever de la notion reçue des choses ce qui les individualise, nous ne trouvons pas l'objet de notre idée générale, mais seulement la matière avec laquelle nous pouvons la former. « L'universalité [1] ou la propriété de n'être pas celui-ci n'existe que dans l'intellect. » Voilà donc un réalisme vraiment éclectique, qui fait une large part au conceptualisme, et qui, encore plus que la seconde thèse de Guillaume de Champeaux, aurait satisfait V. Cousin s'il l'avait considéré.

Albert le Grand et saint Thomas avaient soutenu de même que l'universel n'est pas dans les choses extérieures à l'âme, mais seulement dans les choses en tant qu'elles sont pensées par notre entendement [2].

Mais Scot, après avoir admis avec eux que ce qui est dans les choses ce n'est pas l'universel lui-même, mais le non-différent, matière de l'universel, insiste beaucoup pour que l'on reconnaisse une certaine unité à cet élément indifférent de soi à la singularité, que l'analyse de la pensée fait découvrir dans les divers individus. Suivant lui [3], la nature humaine n'a pas le même genre d'unité que Socrate ou Platon ; elle

---

1. *Quodlib.* q. 2 : Universalitas, sive non hoc, non potest alicui competere nisi in intellectu.

2. Albert, *Métaph.* l. 5, t. 6, c. 7 : Non est universale nisi dum intelligitur. — Saint Thomas, *De potent.* q. 7, art. 6 : Nihil est in rebus quæ sunt extra animam cujus similitudo sit ratio generis vel speciei. Nec tamen intellectus est falsus, quia ea quorum sunt istæ rationes, scilicet genus et species, non attribuit rebus secundum quod sunt extra animam, sed solum secundum quod sunt in intellectu.

3. Scot, *In* 2um *Sent.* D. 3, q. 1, p. 335. *In* 1um *Sent.* D. 7, p. 702.

est une, mais « d'une unité inférieure à l'unité numérique, » et il explique sa pensée en disant que l'unité numérique ne peut se diviser tandis que cette unité moindre comporte de coexister à plusieurs individus. Saint Thomas avait trop dit [1] que dans l'individu tout s'individualise, que la nature humaine qui est dans Paul n'est pas la nature humaine qui est dans Pierre. C'était pour Scot trop de conceptualisme, et il voulait trouver une formule plus exacte qui le préservât mieux de la doctrine opposée au réalisme sans le faire tomber dans celle de l'unité substantielle de tous les êtres [2]. Vaine subtilité ! Dès lors qu'il a dit qu'il y a dans les choses distinctes une unité réelle, on lui objectera, sans vouloir entendre toute sa pensée, ce qu'on a opposé de tout temps à la doctrine de l'unité substantielle de tous les êtres, à savoir l'impossibilité d'admettre un même sujet pour des modes ou des accidents contradictoires. Si la nature humaine est *une* dans Judas et dans Pierre, dira Occam [3], elle est donc à la fois damnée et sauvée. De même Abélard prétendait [4] qu'on peut prouver avec les principes de Guillaume de Champeaux, que le même homme est à la fois à Rome et à Athènes. Et l'on demandera ironiquement à Spinoza si à la bataille de Saint-Gothard c'est Dieu qui, sous la forme de dix mille chré-

---

1. V. *De Ente et essentia*, c. 4.
2. Scot. l. cit : Ista unitas est realis... Non est autem singularis vel numeralis.
3. Voir la dissert. de Lychet sur les critiques d'Occam. *Scoti opera* t. VI, p. 338.
4. Cousin : *La phil. schol.* p. 189.

tiens, a battu Dieu sous la forme de dix mille Turcs.

Cet argument porte-t-il? Spinoza, qui soutient expressément l'unité de substance, répondrait peut-être que les contradictions des modes divins entre eux n'existent que par rapport à nous, comme il dit du bien et du mal. Mais nous n'avons point affaire à Spinoza. Quant à Guillaume de Champeaux et à Scot, qui rejettent l'unité de substance, ils pourraient dire, le premier, que deux individus qui participent du même genre, de la même essence, ne forment pas pour cela un seul individu, et le second, qu'il a eu soin de faire remarquer que la nature commune de Pierre et de Judas n'était pas une d'une unité *numérique*, mais d'une unité *moindre que l'unité numérique*. Mais qui est-ce qui, tout en ayant de l'unité, est moins un que ce qui est absolument un? Nous répondrions volontiers : c'est la *similitude*[1]. Or Occam a reconnu que le terme général représentait une similitude qui se trouve dans les choses. Si l'on s'inspire de cette méthode moderne qui cherche moins à opposer des formules qu'à rapprocher autant que possible les opinions, l'on conclura que sur cette question de l'universel métaphysique, saint Thomas, Scot, et Occam sont bien plus d'accord qu'eux-mêmes ne le

---

1. Poncius : *Integer phil. cursus ad mentem Scoti.* (Paris, 1649), p. 84 : Quo sensu individua ejusdem speciei sunt idem formaliter? Propter maximam similitudinem quam habent in suis essentiis, sicut etiam solet dici de duobus aliquibus individuis hominum, si valde magnam similitudinem habeant, quod non videantur esse distincta et quod videantur esse unus et idem homo. — Cf. Occam, cité par Lychet, l. c. : « Non debet concedi quod Socrates convenit cum Platone in aliquo, sed aliquo, quia seipso. »

reconnaîtraient. Sur la question de l'individuation, la divergence sera plus réelle.

Reprenons les formules de Scot. — Dans Socrate, il y a la nature humaine plus quelque chose. Négligeons ce second élément : le premier, de soi, n'est pas universel, c'est-à-dire commun à plusieurs êtres, mais indifférent à être dans un ou dans plusieurs. S'il est dans plusieurs, il reste aussi un qu'on peut être sans être numériquement un. Combien ces distinctions raffinées exposent à des méprises ! De là, sur le point qui nous occupe, le malentendu des scotistes eux-mêmes entre eux. S'agit-il de savoir si le maître admet l'universel *a parte rei*, expressions qui ne se trouvent pas dans Duns Scot, et qui signifient, en langage moderne, une réalité objective ? Il le nie, répondent par exemple les scoliastes et commentateurs de la grande édition de Wadding, comme Hiquæus, Lychet, Wadding lui-même. Ils nous semblent bien interpréter les textes. Mais d'autres scotistes, s'attachant à ce que Scot dit de l'unité du genre ou de l'espèce, ont supprimé l'autre partie de sa théorie, qui lui était commune avec saint Thomas, que les quiddités s'universalisent dans l'entendement, et Boyvin par exemple écrit : *Universale dari a parte rei* [1].

---

[1]. Boyvin, *Philosophia Scoti* (Venetiis, 1734), p. 80 sqq. — Cf. Wadding, Schol. t. VI, p. 360 : Toto cœlo errant qui putant Scotum posuisse universale positive commune a parte rei.

II

L'individuation. Tous les scolastiques, à partir du treizième siècle, donnent une grande place dans leurs écrits à cette question qui est comme l'inverse de celle des universaux : qu'est-ce qui fait les êtres singuliers ou individuels? Y répondre n'est pas chose aisée; car, si l'on descend l'échelle des genres, au-dessous de l'espèce la définition n'est plus possible : or comment caractériser l'indéfinissable?

Scot, abordant ce problème de l'individuation, commence par critiquer les solutions données avant lui.

Henri de Gand paraissait expliquer l'individualité par une négation : Ceci est soi-même parce qu'il n'est pas cela. — Sans doute, dit Scot [1], nier qu'un être soit tel être emporte l'exclusion pour lui de la possibilité de certains modes, actifs ou passifs, mais cela ne suffit pas à le constituer lui-même et non un autre, *hoc aliquid*. Pierre n'est pas Paul : ce n'est pas cela seul qui constitue Pierre ce qu'il est et le fait un être à part de tous les autres.

C'est donc par quelque chose de positif, et non par une négation, qu'il faut expliquer l'individualité.

On propose l'existence actuelle [2]. Pierre existe réel-

---

1. Scot, *In* 2um *Sent.* D. 3, q. 2. p. 374 : Quantumcumque negatio tollat potentiam proximam ad agere et pati, non tamen ponit formalem repugnantiam illius entis ad aliquid.
2. Scot, *In* 2um *Sent.* D. 3, q. 3; et *Quæst. in Metaphys.* l. vii, q. 13.

lement de son côté, Paul du sien : ils sont dès lors, comme impénétrables l'un à l'autre, et forment donc des individus distincts [1]. Mais, objecte Scot, pour que des êtres soient distincts dans leur actualité, il faut qu'ils le soient déjà dans leur essence.

D'autres, comme Adam, disent [2] : Il n'y a rien que d'individuel ; toute nature par elle-même et en elle-même est formellement individuelle par cela seul qu'elle est une nature ; elle ne devient universelle que par l'intelligence qui la considère ; ce qui est à chercher, c'est donc ce qui universalise, non ce qui individualise. — Le nominalisme d'Adam, niant que les êtres aient quelque chose de commun si ce n'est comme par une fiction de l'esprit, se trouve dispensé d'expliquer ce qui les fait différents et singuliers. Mais on a vu que ce système était à rejeter. « Si la nature, dit Scot, était pensée par nous comme une chose essentiellement individuelle, comment la penserions-nous ensuite comme universelle, contrairement à son essence ? » Sans doute, suivant Scot lui-même, en concevant à part cette nature qui est l'animal raisonnable, nous n'avons pas encore l'universel, si par un second acte de l'esprit nous ne concevons pas cette nature comme multipliable et multipliée dans un nombre

---

1. Cette solution, selon Suarez, *Disp. Metaph.* 5. Sect. 5, n. 1 et 2, était discréditée et personne ne la soutenait. M. Jourdain cependant (*La phil. de saint Th. d'Aquin*, t. 2, p. 387) la relève dans Fénelon (*Exist. de Dieu*, 2 part. ch. 4 § 60) « L'existence actuelle de mon voisin n'est point la mienne ; la mienne n'est point celle de mon voisin. Cette indépendance réciproque montre l'entière distinction, et c'est la véritable différence individuelle. »

2. Scot, *In* 2um *Sent.* D. 3, q. 1 ; et *Quæst. in Metaphys.* l. VII, q. 13, p. 700.

indéfini de sujets. Mais cette nature n'est pas non plus individuelle par elle-même : l'idée d'une nature où se trouvent réunies l'animalité et la raison n'est pas l'idée de Paul ou de Pierre; chez tel homme, il y a cette nature, plus quelque chose [1].

Quelle est cette chose qui pour constituer l'individu s'ajoute à la nature spécifique ou du moins la modifie en quelque façon? On ne saurait faire résulter cette détermination d'un certain ensemble d'accidents, quoique ce soit peut-être la première réponse qui se présente à l'esprit : c'était en effet la solution de Porphyre, de Boëce, de Jean Damascène, d'Avicenne. « Mais le sujet, dit Scot [2], est par lui-même et précède tous les accidents : il est donc lui-même avant eux. — Le même sujet est susceptible d'accidents contraires ; une même substance pourrait donc revêtir deux singularités. » — Sans doute, par l'énumération de certains accidents nous pouvons désigner un sujet de façon qu'on ne le confonde pas avec un autre, mais nous n'exprimerons pas ainsi ce qui est essentiellement ce sujet considéré en lui-même. Ces accidents formeront seulement ce qu'on appellera plus tard le principe extrinsèque [3] d'individuation par opposition

---

1. Scoti opera, t. VI, p. 357. Scholium : Resolvit naturam de se non esse universalem nec singularem, sed indifferentem ad utrumque; et sicut per intellectum fit universalis, ita per aliquid contrahens cum fit singularis. — Cf. Scot, *De Anima*, q. 17 : Aliquando universale accipitur pro re subjecta intentioni secundæ, id est, pro quidditate rei absoluta, quæ, quantum est de se, nec est universalis nec singularis, sed de se est indifferens.

2. V. Scot, *Quæst. in Met.* l. cit. p. 699.

3. Boyvin : *Phil. Scoti, Logica*, c. 2, q. 6, p. 124 :

au principe interne d'individuation : or c'est ce dernier que l'on demande.

On ne le donne même pas en indiquant non un accident quelconque, mais ce rapport nécessaire que soutient le sujet avec sa cause productrice. « La substance première, dit Scot [1], c'est-à-dire tout sujet individuel, est en elle-même : ce n'est pas une relation qui la fait ce qu'elle est. » Alexandre, dirons-nous, est Alexandre, et pas seulement le fils de Philippe.

Le problème est donc circonscrit. Ne sortons pas de l'individu pour chercher le principe de l'individuation.

Nous examinerons plus tard avec Scot s'il y a des substances qui soient de pures formes, ce qu'il contredit pour toutes les substances créées. Ne considérons d'abord que les substances où l'on distingue sans conteste la forme et la matière. Saint Thomas [2] propose la matière comme principe d'individuation, non pas la matière au sens strictement péripatéticien auquel Scot entendra ce mot, mais au sens de chose sensible, étendue, susceptible de quantité et de figure. On ne saurait dire en effet que

Forma, figura, locus, tempus, cum nomine sanguis,
Patria, sunt septem quæ non habet unus et alter.

Per formam intelligitur complexio; per figuram, vultus lineamenta, etc... Hæc accidentia collective sumpta distinguunt unum hominem ab alio extrinsece, et sic sunt principium extrinsecum individuationis. — V. le principe de cette distinction dans Scot, *De Anima*, q. 22, p. 575-576.

1. *Quæst. in Metaphys.* l. cit.

2. Saint Thomas : *De Ente et Essentia*, c. 2 : Materia non quomodolibet accepta est principium individuationis, sed solum materia signata. Et dico materiam signatam quæ sub certis dimensionibus continetur. — Cf. saint Bonaventure, *In* 2um *Sent.* D. 3, 1ª pars, art. 2, q. 3, qui reconnaît aussi la matière comme principe d'individuation.

le seul fait qu'une forme universelle soit unie à une matière quelconque l'individualise. Il faut que la matière à laquelle elle est unie soit déterminée, et c'est ainsi que l'entend saint Thomas. — Cette détermination vient de la quantité (c'est-à-dire du volume, car Scot ne songe pas à la masse), ou de la figure : Scot demande si ce qui se condense ou se raréfie[1], ou si ce qui change de figure comme l'eau versée d'un vase dans un autre ou la cire devenue cubique de sphérique qu'elle était, devient un autre individu[2]. Il objecte encore que, dans la thèse de saint Thomas, aucun individu nouveau ne peut se produire. « La matière de ce qui est engendré est empruntée de ce qui engendre[3] : la matière étant la même, ce sera le même individu si la matière est le principe de l'individuation… L'air corrompu produit le feu (la foudre), et le feu produit de l'air : ce second air sera-t-il un individu identique au premier ? » On ne le soutiendra pas : « le même individu, dit Aristote[4], ne se reproduit pas par l'action de la nature » ; cependant sous les diverses formes c'est la même matière qui subsiste.

D'un autre côté, rien ne s'oppose, contrairement à l'opinion de saint Thomas, à ce que les êtres qui n'ont

1. Scot ne cite pas d'exemple.
2. Scot, *Quæst. in Metaph.* l. c. cit. p. 699.
3. Scot, *In* 2um *Sent.* D. 3, q. 5, p. 402 : Materia est eadem in generato et corrupto; ergo habet eamdem singularitatem in genito et corrupto. — Cf. *Quæst. in Met.* l. 7, q. 13, p. 699; *In* 2um *Sent.* D. 3, q. 4, p. 389, et D. 3, q. 5, p. 402. Dans ces passages, il cite l'eau qui produit le feu : il veut sans doute parler des nuées qui engendrent la foudre.
4. *De la Génération,* 2, fin.

pas une matière étendue aient entre eux des différences individuelles, c'est-à-dire soient compris plusieurs dans une même espèce. Si Dieu est seul de son genre, c'est qu'il est l'être nécessaire et infini : il en est autrement pour les créatures [1]. Dieu qui a créé telle nature ayant une différence spécifique, par exemple tel ange dans le système de saint Thomas, peut la détruire et la renouveler : deux individus de la même espèce sont donc toujours possibles [2]. Les âmes humaines avant d'être unies à des corps sont déjà distinctes quoique de la même espèce [3]. Si on leur reconnaît des inclinations électives, ces inclinations viennent non de la matière, mais d'un caractère individuel antérieur à l'union avec la matière [4]. L'être spirituel peut donc avoir une différence individuelle; le principe de l'individuation n'est donc pas dans la matière étendue.

Résumons pour arriver à la solution de Scot. Ce qui constitue l'individualité d'un être, ce n'est pas sa simple existence à part des autres; ce n'est pas sa nature spécifique, ni le fait que telle matière entre dans sa composition, si c'est un être ayant de la matière : il reste que ce soit une forme particulière qui s'ajoute

---

1. Scot, *In* 2um *Sent.* D. 3, q. 7, p. 423 : Quælibet quiditas creaturæ potest intelligi sub ratione universalis absque contradictione : si autem ipsa de se esset hæc, contradictio esset intelligere eam sub ratione universalis, sicut est contradictio intelligere essentiam divinam sub ratione universalis vel universalitatis.
2. Ibid.
3. Scot, *Quodlib.* q. 2. — En paraissant admettre la préexistence des âmes, il se sert d'un argument aventureux; il eût mieux fait de demander si après la mort elles se confondaient en une seule.
4. Scot, *In* 2um *Sent.* D. 3, q. 7, p. 423.

en lui à la nature spécifique. Ce principe spécial qui fait que l'être est celui-ci, *hoc ens*, est ce que les Scotistes ont appelé l'*hæccéité*, terme qui, comme le fait remarquer Faber, ne se trouve ni dans les livres de Scot sur les Sentences, ni dans les Quolibets[1]. Le mot d'ailleurs n'ajoute rien à la doctrine de Scot : formé comme ceux de quiddité, de qualité, etc., usités par tous les scolastisques, il ne mérite pas le mal qu'on en a dit. Si le terme peut facilement s'entendre, il ne nous semble pas non plus que l'idée soit obscure. Ce principe constitutif de l'individualité que Scot distingue, mais auquel il ne donne pas encore de nom, est pour lui une entité mais non une substance, quelque chose mais non un être à part : c'est, dit-il, « ce qui achève la réalité de l'être, *ultima realitas entis*[2]. » *Realitas*, et non pas *res* : ce qui est d'un être, et non pas un être. Scot ne réalise pas plus, au sens grossier qu'on lui a prêté à tort, le principe d'individuation que les universaux : il ne suppose pas, par exemple, dans l'homme une âme générale, plus une âme individuelle. En niant que le principe d'individuation soit le corps, *materia signata* de saint Thomas, les scotistes ne diront pas qu'il est une forme, mais quelque chose de la forme, le complé-

---

1. Nous le lisons cependant dans Scot, *Quæst. in Metaph.* l. 7, q. 13, p. 701. Mais le texte de ce passage semble altéré suivant la remarque du commentateur Maurice du Port.

2. Scot, *In* 2um *Sent.* D. 3, q. 6. p. 413 : Ista entitas non est materia vel forma nec compositum, in quantum quodlibet istorum est natura, sed est ultima realitas entis quod est materia, vel forma, vel compositum. — Comment. de Lychet, ibid. : Realitas individui a qua accipitur differentia individualis, non est proprie res, sed quædam realitas addita naturæ, quæ formaliter ab entitate naturæ distinguitur.

ment de la forme *ultima actualitas, formalitas*, et non *forma*. C'est en tenant bien compte de cette distinction de *realitas* et de *res*, de *formalitas* et de *forma* qu'il faut entendre ce qu'on a appelé le réalisme ou le formalisme de Scot [1].

Mais ne peut-on reprocher à la solution qu'il donne du problème de l'individuation d'être une solution purement verbale ? — Qu'est-ce qui fait que cet être est un individu, hoc aliquid ? C'est son hæccéité : « *entitas qua est hoc*, » dit Scot, et Boyvin [2] nous explique ainsi la pensée de son maître : « Postquam enim animal fit homo per rationalitatem, postea fit individuum per hæcceitatem, Petrus scilicet per Petreitatem, Paulus per Pauleitatem, et sic de aliis. » Sommes-nous bien avancés par une telle réponse ?

Roger Bacon [3] avait présenté des diverses opinions sur l'individuation une critique analogue à celle de Scot [4]. Mais après avoir critiqué, il refuse de répondre pour son compte à la question qu'il déclare insoluble. Cependant il n'a pas pour l'écarter les raisons que croiront avoir les nominalistes du siècle suivant,

---

1. V. Leibniz, *De principio individui*, § 24 : Distinctio formalis tribuitur communiter Scoto ut media inter realem et rationis, unde ejus sectatores dicti Formalistæ. — Cf. Morin : *Dict. de théol. scol.* vol. 1, col. 17. — Mais il est arrivé à certains scotistes d'obscurcir la question en donnant au terme *res*, une signification plus vague, et en employant comme équivalents les termes de *res, realitas, ens, formalitas*. V. par exemple un petit traité de Sirect, franciscain de Tours : *Formalitates de mente Scoti* (Paris, 1541) initio.
2. *Phil. Scoti, Logica* 1ª p. c. 6, in fine.
3. Charles : *Roger Bacon*, p. 242.
4. Ibid. p. 205, sqq.

comme Occam et Durand de Saint-Pourçain, car il admet la réalité des universaux [1] au même sens que Scot, et quand on a reconnu que les êtres ont quelque chose de commun, il est naturel de se demander par quoi ils sont singuliers. Mais encore est-il plus sage de ne pas soulever des questions que d'y répondre par des tautologies.

Prenons garde toutefois d'être abusés par l'apparence. Dans l'hæccéité de Scot, qui a paru si vide à plusieurs, Fr. Morin voit [2] les lacunes de la métaphysique péripatéticienne comblées, le *nisus* rétabli au sein des choses [3], le dynamisme moderne pressenti. Certes, s'il en était ainsi, l'hæccéité ne serait pas une vaine formule. Mais si nous reconnaissons, avec Fr. Morin, que la philosophie et la théologie de Scot font en général une grande part à l'activité des êtres et à la liberté, il ne nous semble pas que sa solution du problème de l'individuation soit le centre où toutes ses opinions se rattachent [4]. Fr. Morin fait une remarque très juste mais qui fournit un argument contre ce qu'il soutient, c'est que plusieurs de ces opinions de Scot « demeurent accréditées dans l'école d'Occam [5]. » Or celui-ci rejette l'hæccéité et même écarte

---

1. Ibid. p. 198.
2. *Dict.* t. 2, col. 1093.
3. Ibid. col. 1090.
4. V. Ibid. col. 1090 : « C'est elle [la solution de Scot au problème de l'individuation] qui rend compte de la direction de ses théories sur les rapports de la substance de Dieu et de ses personnes... C'est à elle qu'il faut attribuer les idées franciscaines sur les sacrements, la grâce, et leur efficace. »
5. Ibid.

le problème de l'individuation [1]. De même s'il faut croire que l'hæccéité prépare, même de très loin, le dynamisme de Leibniz, comment se fait-il que ce philosophe dont la doctrine forme assurément un système bien lié, soutienne [2] une opinion tout à fait analogue à celle de saint Thomas sur le principe d'individuation en disant que le corps est le point de vue sous lequel les âmes représentent l'univers, par conséquent ce qui les diversifie et les individualise?

Si Fr. Morin attache une telle importance au problème de l'individuation et à la solution qu'en donne Scot, d'autres historiens de la Scolastique auraient voulu qu'on négligeât cette question. Suivant M. Charles [3], c'est « une question difficile qu'il valait peut-être mieux ne pas poser. » M. Jourdain [4] voit dans ce problème une « tâche inextricable, » une « question frivole. » « Nous écartons, dit-il, la question elle-même comme ayant été posée mal à propos. »

Il y a cependant un point de cette question qui ne nous paraît ni frivole ni inutile à débattre. Nous reprocherions volontiers à Scot et à bien d'autres scolastiques non d'avoir posé la question mais de l'avoir obscurcie en l'étendant à tous les êtres, ce n'est pas assez dire, à tous les sujets, que nous puissions concevoir. Scot l'a particulièrement embrouillée en parlant à la fois de choses très différentes. Lorsque

---

1. Occam : Non est quærenda causa individuationis, cité par Charles, *Roger Bacon*, p. 207.
2. *Monadologie*, § 62.
3. *Roger Bacon*, p. 204.
4. *La phil. de saint Thomas d'Aquin*, t. 2, p. 88; p. 376; p. 386.

Suarez [1] traite du principe d'individuation, il a au moins le soin d'examiner à part l'individuation des êtres purement matériels, celle des âmes qui doivent s'unir à la matière, celle des esprits purs, et encore à part l'individuation des substances, celle des modes substantiels, celle des accidents. Il est prolixe, il traite de questions inutiles, mais grâce à ses divisions, on peut s'y reconnaître. Un tel ordre n'est pas dans Scot. Il parle à la fois [2] de ce qui individualise les hommes ou les animaux, et de ce qui individualise cette eau et ce feu, même les êtres mathématiques [3], sans doute comme ce triangle ou cette sphère. Selon nous, considérer cette eau et ce feu comme des individus et chercher le principe de leur individuation, voilà ce qui est frivole ; mais se demander à quoi tient ce qui est primitivement, dans son essence individuelle, particulier à chaque homme, voilà un côté très restreint de la question agitée par Scot, mais qui a son intérêt.

Les scolastiques définissaient l'individu : ce qui ne peut se diviser en parties auxquelles il serve de prédicat [3]. Or pour Suarez [4], par exemple, un tas de cailloux est un individu, parce que si chaque caillou est encore un caillou, il n'est plus un tas ; de même

---

1. Saint Thomas de même. V. S. c. Gent. l. 2, c. 49. Mais dans le *De Ente et Essentia*, c. 2, et le *De princip. individuat.*, mieux avisé, il parle d'une façon abstraite, ou se borne aux exemples de Socrate et de Callias.

2. *Quaest. in Metaph.* l. 7, q. 13, p. 700.

3. Boyvin, *Phil. Scoti. Logica.* 1ª p. c. 2, q. 6 : Individuum, secundum rem, esse id quod de uno solo prædicatur, cum non habet inferiora de quibus dici possit.

4. *Disp. Met.* 5. sect. 1, n° 1.

cet espace de deux pieds est un individu, car chacune de ces divisions ne s'appelle plus de deux pieds (bipedalis). Il faut corriger la définition scolastique. Un individu est ce dont les éléments ou les parties, s'il en a, ne conservent même proportionnellement aucune des propriétés essentielles du tout. Une collection dont les propriétés ne sont que la somme des propriétés de plusieurs éléments, n'est pas un individu. Un mur, un tas de cailloux, ne sont pas des individus, car leur figure, leur poids, leur couleur, etc. résultent de l'addition des figures, des poids, etc., de chacune de leurs parties. Un animal vivant est un individu quand même on considérerait chaque cellule de son corps comme un être vivant particulier, car la conscience, qui est indivisible, n'appartient à la cellule en aucune proportion. Nous ne refuserons pas de dire que la cellule vivante elle-même est un individu, car si ses éléments viennent à se dissocier, ils ne sont plus qu'une matière inerte qui doit être éliminée de l'organisme. Mais, en dehors de la vie ou de la conscience, nous ne trouvons pas l'individu : partout ne s'offrent à notre pensée que des collections aux éléments desquelles on peut concevoir une part proportionnelle des propriétés de l'ensemble. Si l'on compose les corps d'atomes étendus, on peut concevoir dans chaque atome deux moitiés non réellement séparées mais renfermant chacune une proportion des propriétés du tout. Boscovich constitue les corps avec des points dynamiques; mais chaque force matérielle peut toujours être considérée comme la somme, la différence, ou la résultante de plusieurs forces semblables. D'une autre façon encore il n'y a point d'individualité dans les êtres inorganiques. Les atomes d'une même substance ne diffèrent entre eux que par le lieu qu'ils occupent à un moment donné, car s'ils n'étaient pas exactement substituables l'un à l'autre, comme des unités mathématiques, les lois de la physique et de la chimie ne se vérifieraient plus. On ne saurait pas les distinguer, comme on pourrait faire pour les âmes, par les dates de leurs créations : la chimie suppose ce principe, que rien ne vient s'ajouter à la quantité de la matière créée, que rien n'en est anéanti. Mais un être vivant est un individu, parce que les parties ne sont pas semblables au tout, parce qu'un être vivant n'est pas dans tous les cas substituable à un autre de son espèce : il contient plus ou moins d'énergie vitale, et il a une manière propre de réaliser ce qu'on peut appeler « l'idée » ou « la forme » de l'espèce ; il n'a pas seulement une différence de lieu et de temps ; il a une réelle différence intrinsèque, ou, suivant le langage scotiste, une entité positive, une formalité, qui lui est propre, une hæccéité.

Le seul point qu'il serait utile et intéressant de discuter, est donc celui-ci : dans les animaux et dans l'homme, est-ce dans le corps, ou dans l'âme, substance distincte du corps, qu'est la raison de la différence constitutionnelle d'un individu et d'un autre ? On pourrait demander les raisons des différences physiologiques, comme la figure du corps, ou son aptitude propre à résister aux influences morbides, différences qu'on ne peut expliquer entièrement ni par l'hérédité, ni par l'action des milieux, c'est-à-dire par tout ce que les péripatéticiens appellent les accidents. Mais nous nous bornerions à l'individualité intellectuelle et morale. Nous demanderions, par exemple, si la puissance ou la faiblesse de l'intelligence, si la vivacité ou la sécheresse des sentiments, si la prédominance de telles inclinations, tiennent à quelques propriétés spéciales du cerveau ou du sang, ou bien s'il faut en chercher la raison dans la nature individuelle des âmes. Le problème peut même s'étendre : ce qui fait la différence intellectuelle et morale d'une espèce animale et d'une autre, tient-il seulement à la différence spécifique des corps [1]? Ces questions sont susceptibles de solution, car on peut comparer les individus ou les espèces au point de vue intellectuel et moral, et d'un autre côté étudier leurs organismes ; les scolastiques ne se sont point avisés de cette méthode.

On soutient une opinion voisine de la doctrine thomiste quand on explique par la constitution du cerveau le caractère propre et les aptitudes des différents hommes. La solution que saint Thomas donne au problème de l'individuation n'est pas le matérialisme, mais elle est favorable au matérialisme. Or on n'a point trouvé en quoi le cerveau d'un homme de génie différait de celui d'un homme d'une intelligence ordi-

---

1. Scot, après Averroès, semble avoir eu l'idée de cette question. V. Scot, *In* 1um *Sent.* D. 3, q. 6 : Commentator ait : Membra leonis non differunt a membris cervi nisi quia anima differt ab anima. Non igitur forma est propter materiam, sed e converso.

naire [1] ; il n'a pas été possible de déterminer la nature des « germes moraux inhérents à notre constitution cérébrale » que Littré avait supposés [2]. Lorsqu'il y a si peu de différence entre le cerveau du singe et celui de l'homme, d'où vient tant de différence entre leurs intelligences [3] ? Ce serait donc quelque chose de l'âme qui constituerait les différences propres de l'espèce et de l'individu ; nous rejetterions donc, comme Scot, l'opinion de saint Thomas.

Les défenseurs du thomisme reprochent [4] à la doctrine scotiste de l'individuation qui accorde à l'âme une certaine individualité, abstraction faite du corps, de mettre en péril la doctrine du « composé humain, » si chère au péripatétisme scolastique, suivant laquelle l'âme n'est pas dans le corps « comme un pilote dans son navire, » mais forme avec lui « un tout naturel. » C'est de même qu'ils reprochent à Scot de tendre, par son opinion sur la corporéité, à accorder au corps une vie propre indépendamment de celle qu'il reçoit de l'âme [5]. Mais ces conséquences ne sont pas rigoureuses. La doctrine de Scot sur la corporéité ne l'empêche pas d'être animiste, et, s'il a mis dans l'âme le principe du caractère individuel, il n'a jamais supposé que l'âme humaine ne fût pas essentiellement faite pour être unie à un corps.

1. V. Janet, *Le Cerveau et la Pensée*, c. 5.
2. *Revue positive*, Sept.-Oct. 1868. — *Du libre arbitre*, § 4.
3. V. Janet. o. c. ch. 3, p. 58, sqq.
4. Voir *Annales de philosophie chrétienne*, avril 1884, art. de Gardair : *L'Être individuel*.
5. Liberatore : *Le composé humain*, ch. 10, art. 2. — trad. fr. p. 501.

III

La matière première. — Le mouvement, le changement dans la qualité ou la quantité, la naissance et la mort, ou la génération et la corruption, voilà, selon Aristote, des faits qu'on n'a pas besoin de prouver et qu'on n'a pas le droit de contester, parce que l'expérience les montre. La réalité du mouvement prouve la réalité de l'espace sans lequel le mouvement serait inintelligible. La réalité des changements d'états nous donne la réalité de la substance identique et permanente sous ces divers changements. « Nous ne disons pas que Socrate naît réellement lorsqu'il devient beau ou musicien, ni qu'il périt quand il perd ces manières d'être, parce que le sujet des modifications, parce que Socrate lui-même, persiste dans son existence [1]. » Mais comment s'explique la production des substances elles-mêmes? La nature, selon Aristote, est soumise aux mêmes conditions que l'art. Pour que l'artiste puisse faire une statue, il faut lui donner le bois ou l'airain. Rien ne peut venir de rien. Il y a des êtres sensibles éternels, les astres incorruptibles : nous ne demanderons pas d'où ils viennent. Mais la production des êtres qui commencent d'être n'est intelligible que si, outre la cause efficiente, l'on admet un principe qui soit à l'être proprement dit ce que l'ai-

[1]. Met. I, 3.

rain est à la statue. Ce principe, sujet de toute production, élément constitutif de tous les êtres produits, Aristote l'appelle la matière, et la réalité lui en paraît démontrée par l'évidence de la production elle-même. La statue, c'est de l'airain ou du bois disposé de manière à représenter Diane ou Jupiter : c'est l'union de la matière avec une certaine forme qui constitue l'être véritable, Socrate, Bucéphale, ce feu, cet élément, ce mixte. Il y a analogie entre le rapport de la substance aux phénomènes et celui de la matière à la forme, et Aristote cite le premier rapport pour faire comprendre le second ; la substance est en effet une sorte de matière susceptible de certains contraires dont l'un en se réalisant exclut l'autre : Socrate est assis ou levé, jeune ou vieux, et l'une de ces formes accidentelles exclut l'autre. Mais on ne saurait, malgré cette analogie, considérer plusieurs substances comme les modes ou les accidents d'une autre substance, par exemple Socrate et Platon comme les modes de l'humanité. La substance, c'est l'être complet, σύνολον, ce qui peut être conçu en soi-même, ce qui ne s'affirme de rien et dont on affirme tout le reste : ce qui est en quelque sorte au-dessus ou au-dessous de la substance individuelle, comme l'universel ou la matière, n'a d'existence séparée que dans la pensée. La conception de la matière paraît à l'esprit essentiellement incomplète si on la sépare de toute forme [1] : « la forme, dit Aristote [2], pourrait être plutôt appelée sub-

---

1. *Met.* VII, c. 10. Ἡ δ' ὕλη ἄγνωστος καθ' αὐτήν.
2. *Ibid.* τὸ δ' ὑλικὸν οὐδέποτε καθ' αὐτὸ λεκτέον.

stance que la matière. » Mais la forme ne se produit que parce que la matière existe, terme moyen entre le non-être et l'être : avant d'exister en acte par la forme, l'être est en puissance dans la matière. Si logiquement la matière est antérieure à l'être véritable, il n'y a en réalité jamais eu de matière informe. Une forme en remplace une autre : l'airain, avant de représenter Diane, avait une autre figure ; ce bois, avant d'être sculpté ou équarri, était un tronc d'arbre. Bien plus, les espèces que nous observons ont toujours existé : de tout temps, il y a eu des hommes, des animaux, comme ceux que nous voyons, du feu, de l'air, etc., sans qu'Aristote prétende comme Platon dans le Politique, qu'il y ait toujours le même nombre d'individus de chaque espèce. Si donc l'on considère ce monde sublunaire à deux moments de sa durée, il est, non pas pareil à lui-même, mais analogue, puisque des formes semblables y constituent, en plus ou moins grand nombre, des individus différents. Mais puisque, après tout, dans ce système, une matière ancienne sert à la production d'un individu nouveau, comme le gland sorti du chêne devient un autre chêne, faudra-t-il admettre pour tous les êtres une matière primitive et commune qui soit le sujet de toute génération ? Aristote rejette la matière primitive et commune (qui, chez ceux qui l'ont admise, se confond facilement avec la matière informe), parce qu'il n'en a pas besoin, à cause de son opinion sur l'éternité des espèces. Non seulement chaque être a sa matière propre, en ce sens que la matière qui est dans Socrate n'est pas celle qui est dans Platon ; mais il y a de plus une matière spécifique avec laquelle il pouvait être produit, ne pouvant l'être avec d'autres : il ne faut pas, comme les Pythagoriciens et Platon, imaginer une dyade indéterminée du plus grand et du plus petit où les formes (dans leur système, les idées) iraient puiser comme dans un réservoir commun pour constituer les individus. « Si la matière est le principe de tous les êtres qui deviennent, chacun cependant a une matière propre. Ainsi la matière immédiate de la pituite est le doux et le gras ; celle de la bile, l'amer ou quelque autre chose... Du bois peut provenir un coffre ou un lit ;... mais nulle cause efficiente ne fera une scie avec de la laine ou du bois [1]. » Mais, dirons-nous à Aristote, le fer, le bois, le gras, l'amer, etc., n'est-ce pas de la matière déjà revêtue d'une forme ? Assurément ; aussi distingue-t-il la matière prochaine et la matière éloignée. Arriverons-nous ainsi à une matière primitive totalement dénuée de forme, par suite commune à tous les êtres ? — Oui, en analysant par la pensée les éléments de l'être : mais, historiquement, nous le répétons, pour Aristote il n'en est pas besoin. Quelle est la matière propre et prochaine de l'individu humain [2] ? Un élément féminin qui contient l'homme en puissance, de même qu'un élément mâle est la cause efficiente. Or, il n'y a pas eu un premier homme et une première femme.

Telle est la théorie d'Aristote sur la matière. Elle

---

1. *Met.* VIII, 4.
2. Ibid. Ἀνθρώπου τίς αἰτία ὡς ὕλη ; ἆρα τὰ καταμήνια · τί δ'. ὡς κινοῦν; ἆρα τὸ σπέρμα.

ne pouvait évidemment s'accommoder avec les dogmes chrétiens sans de grandes modifications. D'abord, tout ce qui n'est pas Dieu ayant été créé, l'antécédent de tous les êtres qui se produisent n'était plus seulement une chose qui est l'être en puissance, mais, en remontant plus loin, le pur non-être. On pouvait encore soutenir que le Ciel et les astres étaient incorruptibles ; on ne pouvait plus dire qu'ils n'avaient pas, comme les êtres terrestres, commencé d'être ; de même les espèces des êtres terrestres avaient commencé d'être : sur ces deux points le système bâti par Aristote était ébranlé. De plus, il fallait admettre l'existence d'êtres non sensibles quoique créés, des anges, et des âmes humaines qui, bien qu'intimement unies au corps pendant une première existence, devaient leur survivre à l'état de substances séparées. Alors devait se poser cette question : Ces substances non sensibles qui ont commencé d'être, ont-elles aussi une matière ? Si elles en ont une, qu'est-ce que cette matière ? Aristote n'avait pas eu à résoudre ces problèmes. Selon lui, la faculté de se souvenir, de vouloir et d'aimer, en un mot ce qui fait la personne humaine, ce qui est le sujet des faits de conscience, s'anéantit à la mort du corps [1].

Voyons donc ce que devient chez Scot la théorie péripatéticienne de la matière.

Dieu est prouvé comme première cause de toute chose, spécialement comme cause et objet de notre

---

1. Voir Th.-H. Martin : *La vie future*, p. 30. — Barth. Saint-Hilaire, *Traduction du Traité de l'Ame d'Aristote*, préface, p. XLI, sqq.

désir de l'infini [1] : il est l'Etre nécessaire, infini, parfait. Si d'autres êtres existent, Scot prouve que Dieu est leur créateur, directement, en se fondant sur la perfection de Dieu, indirectement, par la réfutation du dualisme. 1° Créer c'est être la cause totale de l'existence d'une chose; c'est la produire sans intermédiaire. Etre soumis à la nécessité de cet intermédiaire serait la marque d'une imperfection dans l'agent principal [2]. « La nature, dit-il, ayant une puissance limitée, ne tire rien du néant. [Pour les transformations qu'elle opère], il lui faut donc une matière. Par nature nous entendons ici toute puissance créée... Et même l'action de la nature ne peut atteindre la matière préexistante que grâce à l'intervention de quelque autre action... Dieu est donc l'auxiliaire de tout agent naturel, de deux façons, en lui fournissant une matière, et en agissant premièrement par lui-même sur la matière, de sorte que l'action de la créature s'appuyant sur la sienne puisse aussi atteindre la matière [3]. » 2° Si, comme le supposaient les anciens philosophes, il y a un être ou quelque chose de l'être qui n'ait pas été créé, cet être ou cette matière est un être nécessaire, donc parfaitement actuel, *esse actualissimum*; il se confond avec Dieu : le dualisme est donc réfuté par l'absurde [4]. — Ce pouvoir de créer qui appartient à Dieu, n'appartient qu'à lui seul,

---

1. V. notre chapitre 6.
2. *In* 1um *Sent.* D. 1, q. 4, et *De Rer. pr.* q. 2, p. 8.
3. Ibid. p. 9.
4. *De Rer. pr.* q. 5, p. 29.

et ne saurait être communiqué à aucune créature : entre le néant et l'existence il y a une distance infinie que seule une puissance infinie peut franchir [1]. Il y a des êtres qui, une fois créés, subsistent par eux-mêmes, comme l'ange, le Ciel : à leur création la créature ne peut même pas concourir ; à d'autres choses il faut un support, comme à la grâce il faut l'âme, à l'âme le corps : pour leur création la créature peut concourir en disposant le support [2].

Il nous semble qu'on pourrait objecter à tous les scolastiques : Puisque vous établissez, contrairement à Aristote, que l'être imparfait a Dieu pour cause totale, pourquoi le diviser encore en matière et forme ? Ils pourraient répondre qu'ils préfèrent, autant que possible, corriger la doctrine du Philosophe à la rejeter complètement. Ils invoquent les transformations que des créatures, qui ne peuvent pas créer, font subir à d'autres créatures. « Le feu, dit Frassen [3], produit du feu dans le bois : il détruit la forme du bois, et en transforme la matière ; autrement il serait créateur. Donc dans le bois il y avait une forme et une matière. » Cet argument est assez péripatéticien. Mais il ne prouverait pas qu'il y a de la matière dans les êtres que les créatures ne sauraient modifier, ni dans les cieux réputés incorruptibles, ni dans les âmes séparées du corps et dans les anges. Aussi les scotistes

1. Ibid. q. 6, p. 32, sqq.
2. Ibid. p. 35.
3. Frassen : *Philosophia Academica ex Scoti rationibus* (2ᵉ Edit. Paris, 1668). t. 2, p. 18. Cf. Poncius : *Integer phil. cursus ad mentem Scoti.* (Paris 1649). Disp. 31, p. 385, sqq.

qui donnent cet argument ne le trouvent pas exactement dans Scot.

Celui-ci raisonne autrement : c'est l'idée même de la création qui lui fournit une raison de distinguer la matière et la forme dans chaque être qui n'est pas Dieu. En effet la matière pour Aristote est l'être en puissance, ce qui, élevé au-dessus du non-être, peut achever de se réaliser par l'un ou l'autre des contraires, ce qui peut recevoir telle forme ou en être privé, monter ou descendre les degrés de la perfection. Le liquide qui a été vin, dit Aristote [1], devient vinaigre; le jour qui a été lumineux devient la nuit; l'animal qui a été vivant devient cadavre; mais, ajoute-t-il, la matière du vinaigre ou du cadavre peut redevenir vin ou animal vivant. Ailleurs [2] il dit que tout ce qui a eu un commencement est instable et peut périr. Tels sont les principes que Scot pouvait trouver dans le Philosophe. « Or, dit-il [3], tout être créé est essentiellement sujet à la privation et même à l'anéantissement,... car n'étant rien de lui-même, suivant la parole de saint Grégoire, il retomberait dans le néant si la main de Dieu ne le soutenait pas. » Il y a donc dans les êtres créés quelque chose qui peut être le sujet d'un perfectionnement ou d'un amoindrissement; il y a donc en eux une matière [4]. Scot les compare [5] aux

---

1. *Met.* VIII, 5.
2. *Du Ciel.* c. 10.
3. *De Rer. pr.* q. 7; p. 40.
4. Ibid. Omne igitur esse creatum, in quantum surgit de nihilo, in suis intimis habet potentiam passivam adjunctam.
5. Ibid. p. 41.

couleurs inférieures à la parfaite blancheur qui contiennent plus ou moins d'obscur : c'est cette possibilité de se rapprocher davantage de l'Etre parfait ou du non-être, d'être enrichis ou appauvris, qui constitue la matière des êtres créés.

Scot convient que si l'on considère une espèce ou un être en particulier, la matière qu'ils renferment leur est propre [1]. On ne peut certainement faire une scie avec du bois, et d'un germe donné ne naît pas un vivant quelconque. Mais la matière propre de chaque être, malgré l'indétermination qui y subsiste, est une matière prochaine, déjà informée, déjà préparée à recevoir telle forme, ou plus exactement, déjà susceptible de certains contraires et non d'autres. « La cire [2] est déjà quelque chose en acte : il est cependant impossible que par essence elle possède quelque forme ou figure, car elle n'en recevrait pas d'autres. » Il faut remonter au delà de cette matière prochaine et arriver à une matière absolument indéterminée, qui par suite sera la fond commun de tous les êtres « matériels », c'est-à-dire de tous les êtres créés, qui sera commune par conséquent aux esprits, aux astres, et aux corps corruptibles.

Scot diffère de saint Thomas, 1° en ce qu'il soutient que tous les êtres créés renferment de la matière; 2° en ce qu'il admet la possibilité d'une matière pre-

1. Ibid : Ista potentia, ut contracta, differt in entibus secundum quod entia inter se distinguuntur... genere, vel specie, vel numero, p. 40-41. Cf. q. 8, p. 54 : Materiæ propinquæ ; ut alia materia est aqualium, alia fructuum, alia ficuum, alia pomorum.
2. Ibid. q. 7, p. 43.

mière, historiquement antérieure à tous les êtres. — Sur le premier point, il nous paraît plus logique, étant donnés le dogme de la création et la notion aristotélique de la matière ; sur le second, il nous paraît soutenir une thèse inutile et très téméraire.

Voyons d'abord comme il répond aux objections thomistes contre ce principe, que tout être créé contient de la matière. — La quantité, selon l'école thomiste, est inséparable de la matière : or la pensée indivisible exclut la quantité. — Mais c'est raisonner avec l'imagination ou les sens [1] : être soumis à la quantité, c'est une détermination ; or la raison, au delà de toute détermination conçoit l'indéterminé. Nous le répétons, être susceptible de déterminations contraires, voilà toute l'essence de la matière. La division en corporelle et incorporelle, étendue et inétendue, est la première détermination de la matière, et l'inétendu lui-même, soustrait à la quantité, est susceptible de certains contraires. « Si les substances spirituelles, dit Scot, sont parfois dites immatérielles, cela vient de ce que leur matière n'est pas semblable à la matière des corps qui est communément appelée matière, par les philosophes, et aussi de ce que, comme le dit Boèce, la forme spirituelle par suite de son activité plus grande s'unit tellement intimement la matière que leur composé apparaît comme une forme pure [2]. » En effet les formes corporelles en s'unissant à une matière étendue, l'âme elle-

---

1. V. Suarez. *Disp. Met.* D. 13, sect. 14, p. 456 : Nunquam experti sumus hujusmodi materiam nisi sub quantitate.
2. *De Rer. pr.* q. 7, p. 44.

même en tant qu'elle est la forme du corps, semblent s'y disperser : au contraire, en recevant en eux de la matière, les purs esprits, ou l'âme considérée séparément du corps, absorbent en quelque sorte cette matière dans leur indivisible unité.

En reportant la conception de la matière au delà de la quantité, au delà de toute détermination, Scot ne veut pas toutefois qu'on appauvrisse trop le contenu de cette conception. Il ne veut pas qu'on en fasse quelque chose de purement négatif, une pure possibilité qui n'est distinguée que par la pensée, une puissance objective : c'est, selon lui, le réel commencement de l'être, le réel support de la forme, une puissance subjective. La matière est capable de recevoir : ce n'est donc pas un vide, un néant ; c'est un être, et un être à qui le nom d'acte convient de quelque façon [1].

Encore plus que par cette première opinion qu'il y a de la matière dans tous les êtres créés, ou par celle-ci que la matière possède déjà l'acte dans un certain sens, Scot se sépare de l'école dominicaine et a fortiori d'Aristote lorsque, en second lieu, il considère ces distinctions de la forme et de la matière, de la matière prochaine et de la matière première, non plus seulement comme une analyse logique qui aurait toutefois son fondement dans la réalité extérieure à

---

1. Ibid. p. 38 : Materia est in potentia ad alia ; sed nihil ad nihil est in potentia ; ergo habet aliquem actum de se, etsi non subsistentiæ, tamen existentiæ... Quod non est aliquid actu non est principium patiendi nec fundamentum. Cf. q. 8, p. 47 : Materia de ratione sua nominat substantiam quamdam actu in composito existentem... Nec tamen sequitur quod sit in actu sive existens in actu univoce cum forma.

notre esprit, mais encore comme l'histoire même de la création de l'être. Du moins, s'il ne dit nulle part en termes tout à fait formels que la matière corporelle a été avant les corps, la matière spirituelle avant les âmes, et la matière informe avant tout être, partout il soutient que cette antériorité est historiquement possible. Il répond toujours affirmativement à cette question [1] : Dieu a-t-il pu faire une matière informe ? tandis que saint Thomas soutient au contraire que « l'informité de la matière n'a pas eu une priorité de temps, mais une priorité de nature sur sa formation ou sa distinction, à moins que par formation de la matière on entende sa beauté, son ornement [2]. » Il semblerait d'après ce passage que saint Thomas consentirait à admettre que le monde terrestre au moins a pu d'abord exister à l'état de mélange confus d'éléments ayant déjà leurs propriétés, mais pas encore disposés avec ordre, c'est-à-dire dans un état semblable au chaos primitif imaginé par Anaxagore et rejeté par Aristote. Mais ce n'est pas Scot qui s'arrêtera à moitié chemin, une fois admis que l'acte créateur a pu, quant à la perfection de l'être, se décomposer en plusieurs moments, procéder par étapes, produire les éléments d'abord et ensuite l'ordre des choses. Le chaos d'Anaxagore dont l'hypothèse est tolérée par saint Thomas, ne serait pour Scot que la matière secondement première qui n'est plus homo-

---

1. *De Rer. pr.* q. 8, p. 57. *In* 2um *Sent.* D. 12, q. 2.
2. *S. Theol.* 1a p. q. 66, art. 1.

gène [1], et encore ce chaos supposerait une séparation déjà faite entre la matière corporelle et la matière incorporelle. Dès lors qu'il s'agit de courir l'aventure de réaliser des abstractions, Scot ne le cède à personne en témérité. Mais pourrons-nous réussir à comprendre ce qu'est l'acte de cette matière première suspendue entre le néant et toute détermination, dont, selon Scot, Dieu a l'idée en lui et qu'il peut réaliser ? Dieu, dirons-nous, prend dans sa liberté cette résolution initiale, que d'autres êtres existent, ou même, remontons plus haut, soient possibles, en dehors de lui : par cette seule résolution qui décrète la création, mais pas encore le plan de création et la figure du monde, la matière première existe. Mais se peut-il que Dieu ait la volonté de créer et que cette volonté n'engendre pas aussitôt un effet véritable et se contredise ainsi elle-même ? Saint Thomas rejetait donc la matière informe ; mais Duns Scot proteste contre cette limitation de la puissance divine et réclame pour Dieu le droit de suspendre une œuvre qu'il était libre de ne pas commencer.

Les témérités de Scot à propos de la matière comme à propos de l'universel, l'ont exposé au reproche de panthéisme. C'est « le spinosisme avant Spinoza, » conclut M. Hauréau après avoir exposé ces deux théories [2]. Mais nous croyons que le docteur subtil s'est

1. *De Rer. pr.* q. 8, p. 55. V. ibid. p. 54 : De isto totius universalis naturæ fundamento, materia scilicet primo prima, verum est quod in fundamento naturæ nihil est distinctum. Dividitur radix ista immediate in duos ramos, in corporalem et spiritualem.
2. *Hist. de la phil. scol.* 2ᵉ part, t. 2, p. 225.

bien rendu compte [1] de l'interprétation fâcheuse qu'encourait sa doctrine, et a nettement séparé sa cause de celle des panthéistes. N'en faisons pas un spinosiste malgré lui. Aussi bien il serait étrange que cette théorie, dont le point de départ est, comme nous l'avons vu, l'idée même de la création, aboutît à un système qui est la négation de la création.

Sans doute, quand Scot pose sa thèse de la matière, il commence par citer le nom d'Avicembron [2], dont il nous semble que M. Hauréau abuse contre lui : « Quand Scot, dit-il, cherche des autorités en faveur du système de la matière unique, il n'en trouve pas d'autres parmi les philosophes que l'auteur du *Fons vitæ*, cet Avicembron si maltraité par Albert et décrié dans toute l'Ecole comme responsable des erreurs condamnées sous les noms d'Amaury et de David [3]. » Mais 1° si Scot cite Avicembron, ce n'est point à cause d'un goût particulier pour ce philosophe ; c'est pour marquer plus nettement son opposition à saint Thomas qui, combattant la thèse de la matière unique, cite Avicembron et le critique [4]. — 2° En disant qu'il reprend la thèse d'Avicembron, Scot a soin d'y distinguer deux points, le premier, qu'il y a de la matière dans tout être créé ;

---

1. « Le panthéisme, dit M. Hauréau, est la conclusion normale du réalisme. Mais Scot ne l'a pas soupçonné. » p. 227. Nous allons voir que Scot a soupçonné qu'on pourrait se méprendre de la sorte sur sa pensée, et qu'il s'en est expliqué.

2. *De Rer. pr.* q. 8, art. 4, p. 52 : Sed ego ad positionem Avicembronis redeo.

3. Hauréau, ouvr. cité p. 196.

4. V. S. Thomas : *De Angelis*, Opusc. xv, c. 5, sqq. et *Quæst. disput. De Anima*, art. 6.

il y adhère sans restriction ; le second, qu'il y a une matière commune à tous, il fait observer que pour lui matière unique ne signifie pas unité de substance. 3° Enfin, avec Avicembron (dont le nom véritable est Ibn-Gébirol, philosophe juif de Malaga du XIe siècle), est-on en compagnie aussi compromettante, c'est-à-dire aussi panthéiste, que le dit M. Hauréau? Avicembron [1], fidèle aux dogmes du judaïsme, reconnaît la création et la personnalité divine. La matière universelle, selon lui, reçoit de Dieu les formes qui constituent les différents êtres, non suivant la faculté de réception que l'intelligence divine aurait pu y concevoir, car alors la création serait infinie, mais suivant une faculté de réception qu'il a plu à la volonté divine de déterminer. David de Dinan ne parlait plus de la volonté divine ; il finissait par confondre en un seul principe ces deux formes de l'existence, la matière, principe indivisible des corps, et Dieu, principe des idées. S'il faut trouver un spinosiste au moyen âge, c'est celui-là, et Duns Scot ne va pas le chercher.

Continuons donc de lire le *De Rerum principio* particulièrement visé par M. Hauréau, et voyons ce qui suit cette déclaration que fait Scot, qu'il reprend la thèse d'Avicembron.

Pour Scot, comme pour M. Herbert Spencer, « tout va de l'homogène à l'hétérogène par une différentiation progressive. » « *In toto mundo ex materia una homo-*

---

1. V. *Dict. des Sc. phil.* de Franck, art. de S. Munk sur la philosophie chez les Juifs. 1re Edit. t. 3, p. 359.

genea communis (du sujet commun)[1] *omnis multitudo rerum procedit cum non possit esse nisi unum primum determinatum*[2]. » — « Le monde est donc comme un arbre très beau, dont les racines figurent la matière première, les feuilles caduques les accidents, les branches avec leur feuillage les créatures corruptibles, la fleur l'âme raisonnable, enfin le fruit semblable à la fleur par sa nature et sa perfection, la nature angélique. C'est la main de Dieu seule qui dirige et façonne dès le principe ces semis, agissant soit sans intermédiaire, comme quand elle forme les cieux et les anges et l'âme raisonnable, soit avec l'intermédiaire des agents créés, comme dans la production des choses qui sont engendrées et corruptibles[3]. » Bien que tout ait été formé d'une même matière homogène, n'allons pas attribuer au monde l'unité de substance. L'unité de la matière est comme l'unité de l'universel, une unité inférieure à l'unité numérique. Tous les êtres, diversement déterminés, sont puisés à la même source, mais le monde, qui est un concert d'êtres, n'est pas comme un seul germe qui se développe, ainsi que le dieu de Schelling. Voici comment s'exprime Scot: « *Nec oportet dicere quod omnia sint idem numero, sicut membra unius corporis; quia illa materia non habet unitatem numeralem, sal-*

---

1. A moins qu'il ne faille lire : communi.
2. Scot, *De Rer. pr.* q. 8, p. 53. Cf. ibid : Quæcumque sunt determinata specie aut numero, et surgunt ex indeterminato, dicimus quod communicant in una materia. Idem dicimus de quatuor elementis respectu materiæ primo creatæ : idem de membris ex uno semine, de ramis ex uno germine.
3. Ibid. p. 54.

tem actu signatam sicut semen est unum numero ¹.»

Nous nous rangeons donc complètement à l'interprétation que M. Morin donne de la doctrine scotiste: «L'unité de matière que Scot admet n'est pas une unité de nombre, mais uniquement une unité de ressemblance, ou ce qu'il appelle *minor unitas* . Lorsqu'il prononce ces mots, *unica materia*, il entend donc simplement que la terre et le ciel, par exemple, ont un élément similaire, de telle sorte qu'il y a des propositions qui peuvent s'affirmer universellement et de celui-ci et de celle-là. Dans le système de saint Thomas, tout est spécifique et le spécifique absorbe à la fois l'individuel et l'universel ².»

Si dans la théorie très complexe de Scot sur la matière, on veut bien, négligeant ce qui concerne les natures spirituelles, considérer ce seul point, sur lequel, entre autres, il y a désaccord entre saint Thomas et Scot, à savoir qu'il y a une matière commune aux êtres sublunaires et aux êtres célestes, qui dans son homogénéité primitive les contenait tous en puissance, il est intéressant de remarquer, avec Fr. Morin ³, que Scot préparait ainsi les voies à l'astronomie et à la physique modernes, ou du moins ne les empêchait pas de naître. Si en effet comme le voulait l'opinion thomiste, inspirée d'ailleurs par Aristote, il y a diversité absolue de nature entre le ciel et la terre, si on ne les considère pas comme formés d'une ma-

---

1. Ibid. p. 53.
2. *Dict. de Théol. scolast.* 2ᵉ vol. col. 1097.
3. Ibid. col. 1098.

tière homogène, on n'aura jamais l'idée de rejeter les préjugés péripatéticiens de l'incorruptibilité des cieux et de la diversité des lois du mouvement dans les corps supérieurs et les corps sublunaires [1]. Scot pour son compte partage ces préjugés : nous avons vu qu'il classait les cieux parmi les choses incorruptibles [2]; dans ses Météores [3], il veut prouver que le ciel est d'une nature différente des quatre éléments sublunaires, et que ce cinquième élément possède un mouvement propre, le mouvement circulaire que la violence seule impose au feu lui-même fait pour le mouvement vertical. Mais cette physique reposait sur des observations incomplètes, et la métaphysique de Scot ne barrait pas le chemin à la science moderne.

Il ne faudrait pas croire toutefois que les idées de Scot sur la matière lui soient assez particulières. Il a cité Avicembron ; il eût pu aussi indiquer des autorités chrétiennes, et montrer ses conceptions dans les interprétations très souvent données des premiers versets de la Genèse par les Pères de l'Eglise eux-mêmes et par d'autres après eux, jusqu'à ce qu'au treizième siècle l'influence d'Aristote eût modifié sur ce point l'exégèse [4], au moins dans l'école dominicaine. Hugues de Saint-Victor pensait encore que les corps célestes et les corps terrestres avaient dès l'a-

1. V. S. Thomas, S. theol. 1ª p. q. 66, art. 11.
2. Scot, De Rer. pr. q. 8, p. 54.
3. Scot, Meteor. l. 1, q. 4, art. 1, et 2. p. 6.
4. V. sur *l'Etat de la matière primordiale d'après la Tradition*, une savante dissertation de M. l'abbé Motais, professeur d'Ecriture Sainte au séminaire de Rennes, dans la Revue catholique de Louvain, année 1883.

bord fait partie d'un même globe de matière : « Par les noms de ciel et de terre, dit-il [1], Moïse indique la matière de tous les corps célestes et terrestres de laquelle sont sortis successivement dans leur forme spécifique tous les êtres créés d'abord simplement en essence. » Mais surtout Scot n'avait qu'à négliger Aristote et à lire saint Augustin pour y trouver toute sa doctrine. Saint Augustin admet que la création commence par la production de la matière universelle et informe. « Cette créature commencée, dit-il [2], est appelée ciel et terre, parce que le ciel et la terre seront faits d'elle. » Et encore [3] : « Toutes ces expressions, le ciel et la terre, la terre invisible et sans ordre, l'abîme ténébreux, l'eau sur laquelle se porte l'esprit, sont autant de noms de la matière informe. » Bien plus, il n'admet même pas que cette matière première soit étendue ; elle n'est pas plus corps qu'esprit, quoiqu'elle ne soit pas un néant : « Ne m'avez-vous pas appris, Seigneur, qu'avant d'informer cette matière informe, elle n'était pas quelque chose ? Elle n'était ni une couleur, ni une figure, ni un corps, ni un esprit ; et cependant cette informité sans aucun caractère spécifique n'était pas tout à fait rien [4]. » N'est-ce pas la matière premièrement première de Scot avec son acte entitatif ? Il est vrai que saint Augustin, en adoptant plus tard la thèse très particulière de la si-

1. *De sacramentis*, lib. 1, c. 6. Edit. Migne, col. 190.
2. *De Genesi ad litt.* l. 1, c. 6.
3. *De Genesi contra Manich.* l. 1, c. 9.
4. *Confess.* l. 2, c. 3.

multanéité de l'Hexaméron¹, finit par ne plus laisser à la matière informe qu'une priorité logique au lieu d'une priorité historique.

Enfin, sur cette question de la matière, en reprenant l'ancienne doctrine chrétienne et en la soutenant contre le thomisme, Duns Scot ne faisait que suivre le plus grand docteur de son ordre avant lui-même, saint Bonaventure. Le docteur séraphique professe en effet qu'il y a de la matière dans les êtres spirituels, notamment dans les anges, comme dans les êtres corporels², et pour le prouver il se fonde sur ce qu'ils sont aussi créés et sujets au changement. Cette matière, selon lui, dans les différents êtres (du même genre) a non une « unité d'individuation, » mais une « unité d'homogénéité, » de même que si l'on a fabriqué plusieurs vases avec le même or, la substance de l'or qui est dans l'un n'est pas celle de l'or qui est dans l'autre, quoique tous ces vases soient homogènes³. La matière des êtres spirituels est-elle homogène à la matière des êtres corporels ? Saint Bonaventure répond : Non, au point de vue de la philosophie de la nature ; oui, à celui de la métaphysique, parce qu'à toutes les substances créées il y a un fond commun⁴. Ce fond

---

1. V. Motais, ouvr. cité p. 14.
2. *In* 1um *Sent.* D. 3, 1^a p. a. 2, q. 1.
3. Ibid. q. 3.
4. Ibid. q. 2 : Metaphysicus considerat naturam omnis creaturæ, et maxime substantiæ per se entis, in qua est considerare actum essendi, (et hunc dat forma), et stabilitatem per se existendi, (et hanc dat et præstat illud cui innititur forma), et hæc est materia. Et quoniam per se esse in spiritualibus et corporalibus dicit communitatem non æquivocam, sed

commun n'est-il pas la matière premièrement première de Duns Scot ? Dieu a-t-il créé d'abord la matière universelle pour la spécifier ensuite par l'œuvre progressive des six jours ? Selon saint Bonaventure, la raison nous porterait plutôt à le nier, mais la solution affirmative, qui n'est point déraisonnable, est plus conforme à l'Ecriture et à la doctrine générale des Pères, et il regrette que saint Augustin ait sur ce point fini par trop concéder à la philosophie [1]. Que pouvait être cette matière créée avant la formation du monde proprement dit ? Sans être privée de toute forme, elle n'avait pas une « parfaite actualité ; » elle avait émergé du néant, mais aspirait à recevoir « l'être complet [2], » et « criait vers Dieu pour qu'il achevât son ouvrage [3]. » Saint Bonaventure ne veut pas [4] que ce commencement de l'univers soit appelé « le chaos ; » Duns Scot pense comme lui quand il reconnaît à la matière première un « acte entitatif. »

communitatem generis, et rei non analogiæ solum, ideo debet recurrere ad principii unitatem ; ideo secundum metaphysicum in omnibus per se entibus est ponere unitatem materiæ.

1. *In* 2um *Sent.* D. 12, a. 1, q. 2.

2. Ibid. q. 3 : Est alius modus dicendi rationabilior, quod materia illa producta est sub aliqua forma : sed illa non erat forma completa nec dans materiæ esse completum, et ideo non sic informabat quin adhuc materia diceretur informis, nec appetitum materiæ adeo finiebat quin adhuc materia alias formas appeteret, et ideo dispositio erat ad formas ulteriores, non completa perfectio.

3. Ibid. q. 2 : Cum possit dare beatitudinem absque meritis, vult tamen quod mercamur. Sic, cum possit statim perficere materiam, maluit tamen ipsam sub quadam informitate et imperfectione facere, ut ex sua imperfectione quasi materia ad Deum clamaret ut ipsam perficeret.

4. Ibid. q. 3.

IV

A la question des universaux, avec laquelle celles que nous venons d'examiner ont des liens si étroits, peut encore se rattacher ce problème de théodicée agité par les Scolastiques : Dieu rentre-t-il dans un genre ? problème qui donne lieu aux mêmes malentendus, et qu'on ne saurait résoudre par un oui ou un non tout simple.

« En présence du redoutable problème de l'unité de l'être, dit M. Renan [1], Duns Scot s'est visiblement troublé. Croyant sincère, il voit que la logique va le mener à un abîme, et il se perd comme à dessein dans les distinctions. » Nous ne croyons pas à ce trouble de Duns Scot, et il ne nous semble pas non plus qu'il se soit contredit à ce sujet comme on l'a estimé [2]. La pensée de Scot est qu'on peut dire assurément que Dieu est un être d'une certaine sorte, mais qu'en parlant ainsi on n'exprime nullement une proposition comparable à celles qui servent à classer et distinguer les créatures. « L'unité d'être, dit-il [3], prise dans une

---

1. Notice sur Jean Duns Scot, p. 453.
2. Par exemple, Vallet, *Hist. de la phil.* p. 307.
3. Scot, *De Rer. pr.* q. 1, art. 3, p. 3 : Circa naturam entis est sciendum quod unitas entis accepti largo modo ut continet Creatorem et creaturam, non est unitas generis, sed est unitas analogiæ... Unitas autem generis est unitas prædicationis, quia natura generis reperitur in omnibus de quibus prædicatur, ut patet in animali. Unitas autem analogiæ est unitas attributionis ; quare non est nisi duobus modis. Vel quia illa de quibus analogicum prædicatur, attribuuntur tertio cui primo et per se inest, ut sanitas dicitur de urina et cibo per attributionem, et per comparationem ad animal cui primo et per se inest sanitas. Vel quia unum illorum, de

acception large, comme contenant le Créateur et la créature, n'est pas unité de genre, mais unité d'analogie. » L'unité de genre suppose une nature commune à plusieurs sujets et des différences propres : telle est l'unité des animaux. Il y a unité d'analogie lorsque plusieurs choses sont qualifiées de même, parce que le même terme signifie tantôt une cause, et tantôt un effet ; ainsi l'on dit : Une urine saine, une nourriture saine, un animal sain ; ou encore, lorsque plusieurs choses sont qualifiées de même, quoique l'une soit sujet et l'autre attribut de celle-là : ainsi de la substance et de l'accident on affirme également qu'ils sont. Cette unité dans l'être de la substance et de l'accident, ou de la cause et de l'effet, est appelée par Scot un genre métaphysique par opposition au genre logique ou prédicament. « Le genre métaphysique, dit-il [1], est essentiellement fondé sur une communauté non univoque, mais purement analogique. Il contient en effet quelque chose à quoi convient principalement le nom commun, et qui est la mesure de tout ce qui est compris dans le même genre. » C'est seulement en ce sens que Dieu et les créatures peuvent être mis dans le même genre. Mais, encore une fois, « l'être pris dans son acception la plus étendue, comme contenant celui qui est essentiellement l'Etre et celui qui reçoit l'être, (*ut continet ens quod non est nisi esse, et ens quod habet*

---

quibus analogum prædicatur, attribuitur alteri de quo illud prædicatur. Sic ens prædicatur analogice de substantia et accidente, et accidentia non dicuntur entia nisi per attributionem ad substantiam. — V. mêmes exemples dans saint Thomas, *S. c. Gent.* l. 1, c. 34.

1. *De Rer. pr.* q. 19, art. 1, p. 171.

esse,) n'est pas un genre prédicamental, mais un genre métaphysique[1]. » Dans le Commentaire des Sentences, Scot dit sans doute que dès lors que l'on compare deux choses il faut bien qu'elles soient univoques de quelque façon[2]. Les attributs de Dieu, par exemple, ne sont pas connus de nous seulement comme les causes des nôtres, mais aussi comme leurs principes exemplaires ; si entre les uns et les autres il y a disproportion, il y a aussi quelque ressemblance. Comment soutiendrait-on en effet avec Spinoza qu'entre notre intelligence et l'intelligence divine il n'y a rien de plus commun qu'entre le Chien constellation céleste et le chien animal aboyant ? De même, si l'on distingue des degrés de perfection dans l'être, il faut bien que l'être soit commun au parfait et à l'imparfait[3]. Mais si Scot réagit contre ce qu'il a cru trouver d'excessif à ce sujet dans le langage d'Henri de Gand[4], il finit par dire, comme dans le traité *Du principe des choses*, que ce qu'il y a ainsi de commun à Dieu et aux créatures ne constitue pas un genre, — entendons un genre logique, — (*non tamen communis ut generis*), — et il conclut que le fini et l'infini ne sont pas deux espèces du même genre[5].

C'est la même doctrine qui est dans saint Thomas, lorsqu'il dit d'abord que, comme en Dieu l'être est son

---

1. Ibid.
2. *In* 1um *Sent.* D. 8, q. 3 : Omnis comparatio est in aliqualiter univoco.
3. Ibid. p. 725 : Ergo oportet entitatem esse aliquo modo communem utrique extremo.
4. V. Scolie de Wadding, ibid. p. 719.
5. Ibid. p. 745.

essence même, il ne rentre pas dans un genre et ne peut être défini[1] ; puis, que les termes également affirmés de Dieu et des autres êtres ne sont pas de pures équivoques, de pures rencontres de hasard[2], car alors on ne s'entendrait plus en disant que Dieu est bon, etc.[3]; enfin, que ce qui est dit de Dieu et des créatures l'est dans un sens analogique, en la façon que « l'être est dit de la substance et de l'accident[4]. »

Voilà du spinosisme, estime M. Rousselot[5] en relevant de telles expressions chez Duns Scot. Le spinosisme serait donc aussi dans saint Thomas. Le vrai, c'est que quiconque a la sagesse, pour échapper à l'absurde du panthéisme, de se résigner à l'incompréhensible de la création, est exposé à une inévitable apparence d'ambiguité. On commence avec raison par dire : Dieu est l'Etre, Dieu seul est véritablement. Alors, ce qui n'est pas Dieu, c'est le Non-Etre ? « L'Etre est, et le Non-Etre n'est pas, disait Parménide: tu ne sortiras pas de cette pensée. » Si, il faut en sortir, et admettre comme Platon dans le *Sophiste*, deux sortes de Non-Etre, le Néant inintelligible, et l'Etre amoindri, qui est la Créature, de qui on peut affirmer d'une

---

1. *S. c. Gent.* l. 1, c. 22 : Quod in Deo idem est esse et essentia, c. 25 : Quod Deus non sit in aliquo genere.
2. C. 33 : Ex præmissis etiam patet quod quidquid de Deo et rebus aliis prædicatur, non secundum puram æquivocationem dicitur, sicut ea quæ sunt a casu æquivoca.
3. Ibid. n° 5.
4. Ibid. c. 34 : Quod ea quæ dicuntur de Deo et creaturis analogice dicuntur.
5. *Etudes sur la phil. dans le moyen âge*, t. 3, p. 22.

façon qu'il a l'être, et de l'autre qu'il ne l'a pas. Les scolastiques n'ont pas eu d'autre pensée lorsqu'ayant en principe posé que Dieu n'est pas dans un genre, ils ont ensuite plus ou moins atténué leur assertion.

CHAPITRE X.

LES PRINCIPES DE LA MORALE.

Il y a, selon Scot, une loi naturelle connue naturellement par tous les hommes. De même que certains principes s'imposent à nos raisonnements, de même certaines règles de conduite nous commandent avec une obligation évidente dès lors que nous en comprenons les termes [1] Il y a en nous une connaissance naturelle du bien et du mal, en même temps qu'un mouvement naturel de notre âme vers le bien, et cette connaissance et cette inclination réunies constituent ce qu'on appelle la conscience et la syndérèse [2]. Dieu a révélé surnaturellement les préceptes du Décalogue, mais avant qu'ils eussent été écrits sur la pierre, ils étaient déjà obligatoires pour les hommes, quoique le sens mo-

---

1. *In* 2ᵘᵐ *Sent.* D. 39 . Non solum intellectus habet cognitionem per se de principiis speculabilibus, sed etiam de per se principiis agilibus, quæ sunt per se nota in illo genere notis terminis.
2. Ibid. D. 39, q. 1 et 2.

ral s'affaiblît dans l'humanité : on pourrait dire que ces préceptes étaient connus grâce à une révélation primitive transmise des parents aux enfants ; mais on peut dire aussi que ces préceptes « étaient écrits dans le cœur de chaque homme. [1] »

S'ensuit-il de ce fait, à savoir la conscience morale du genre humain, que les lois morales sont nécessaires ?. Elles ne sont nécessaires que par rapport aux créatures : pour Dieu, ce ne sont des vérités nécessaires et éternelles que parce que la volonté divine les a posées comme telles [2]. C'est de la même façon que Descartes soutient que ce qui est nécessaire pour nous peut n'être pas nécessaire en soi. « L'homme, dit-il, trouve déjà la nature de la bonté et de la vérité établie et déterminée en Dieu [3]. » Et ailleurs : « Notre esprit est créé de telle nature qu'il peut concevoir comme possibles les choses que Dieu a voulu être véritablement possibles, mais non pas telle qu'il puisse aussi concevoir comme possibles celles que Dieu aurait pu rendre possibles, mais qu'il a voulu toutefois rendre impossibles.... Et encore que Dieu ait voulu que quelques vérités fussent nécessaires, ce n'est pas à dire qu'il les ait nécessairement voulues ; car c'est tout autre chose de vou-

---

1. *In* 3um *Sent.* D. 37, q. 11 : Ante legem scriptam tenebantur omnes ad ista, quia erant scripta interius in corde, vel forte per aliquam doctrinam exteriorem datam a Deo quam discebant parentes et derivabant in filios.
2. Ibid. p. 879 : Quod si dicatur voluntatem creatam necessario debere conformare se istis ad hoc quod sit recta, non tamen voluntatem divinam oportet conformiter velle istis veris ; sed quia conformiter vult, ideo sunt vera.
3. Edit. Garnier, t. 2, p. 363.

loir qu'elles fussent nécessaires et de le vouloir nécessairement ou d'être nécessité à le vouloir[1]. »

Pour Scot[2], ce qui est vrai de soi ou ce qui logiquement résulte de ce qui est vrai de soi, possède sa vérité antérieurement à tout acte de volonté, ou du moins (car il y a impropriété à parler ici de priorité) serait vrai même si par impossible il n'existait aucun vouloir. « Donc si les préceptes du Décalogue, ou les règles pratiques qui découlent de ces préceptes, avaient une telle nécessité que des propositions de cette sorte : — Il ne faut pas tuer son prochain : Il ne faut pas commettre de larcin, — fussent reconnues nécessaires, abstraction faite de tout vouloir, par toute intelligence qui pourrait les concevoir, l'intelligence divine, en les concevant les concevrait nécessairement comme vraies par elles-mêmes, et la volonté divine concorderait nécessairement avec une telle conception, sans quoi elle ne serait pas droite. Or on placerait ainsi en Dieu des conceptions régulatrices, ce que nous avons condamné ailleurs. Ce serait encore établir que la volonté de Dieu est déterminée par une nécessité absolue à l'égard d'objets différents de lui-même, ce qui serait également contraire à ce que nous avons déjà dit en soutenant que la volonté divine ne s'exerce, à l'égard de tout ce qui n'est pas Dieu, que d'une façon contingente. »

1. Édit. Garnier, t. 4, lettre 48, p. 147.
2. In 3um Sent. D. 37, p. 879. Quæ sunt vera ex terminis, sive sint necessaria ex terminis, sive consequentia ex talibus necessariis, præcedunt in veritate omnem actum voluntatis, vel saltem habent veritatem suam, circumscripto per impossibile omni velle. Igitur si præcepta Decalogi, etc.

Ici se montre une distinction très importante de Duns Scot. Il a reculé le plus possible les frontières de la contingence, mais il s'est arrêté au moins devant une nécessité suprême : nécessité absolue de l'existence de Dieu, et, comme il est éternel, de l'immutabilité de sa volonté; nécessité conditionnelle de Dieu comme cause et fin de tout le contingent qui vient à exister. Sans cette nécessité en effet notre pensée ne saurait plus trouver de fondement à l'intelligibilité des choses, et il n'y aurait plus aussi de fondement à l'obligation morale, car si Dieu n'est pas la fin nécessaire des autres êtres, son commandement même n'a pas une souveraine autorité. D'autres, après Duns Scot, sont allés plus loin, jusqu'aux paradoxes les plus capables de « stupéfier » la raison. Descartes [1] ose dire, en passant, il est vrai, et dans une lettre, qu'il lui répugnerait « d'accorder formellement que Dieu n'ait pas la faculté de se priver de son existence. » « Effrayant problème ! » dit [2] à ce propos M. Sécrétan, et nous en convenons sans peine, car ce problème pourrait-il réussir même à se poser nettement dans notre esprit ? Mais M. Sécrétan soutient au moins la contingence de l'immutabilité divine : « Nous n'attribuons pas à Dieu, dit-il, l'immutabilité comme une nécessité de sa nature, mais nous considérons cette immutabilité elle-même comme un fait dépendant de sa volonté, comme le caractère le plus

---

1. Edit. Garnier, t. 4, p. 309.
2. Sécrétan : *Phil. de la Liberté*, t. 1er lec. vi, p. 119.

éminent de la manière dont il se manifeste à nous [1]. » Mais si l'immutabilité des volontés divines ne peut se déduire à priori de l'idée même de Dieu, ce sera l'expérience seule qui nous attestera la permanence de l'ordre de la nature, et les inductions de la science n'auront qu'une valeur purement empirique. Le même philosophe fait consister l'essence du bien dans l'union de la volonté créée et de la volonté divine [2]. » Comme *forme* de la loi morale, cette proposition nous semble vraie, et nous croyons que l'auteur a bien mérité de l'Amour, en écrivant un peu plus loin, pour résumer sa théorie : « La créature, en aimant Dieu, l'affranchit de la limitation qu'il s'impose en créant. » Voilà une métaphysique profonde et un beau langage. Mais quelle est la *matière* de la loi morale ? La volonté de Dieu, qui la pose, est-elle, à cet égard, absolument indéterminée ? Ecoutons l'étrange thèse d'un auditeur de Duns Scot : « Quoique la haine de Dieu, le vol, l'adultère, dit Guillaume d'Occam [3], offrent des circonstances mauvaises en tant qu'ils sont défendus par un décret divin, ces actes pourraient être dégagés de toute circonstance mauvaise et même devenir bons s'ils tombaient sous le précepte divin qui aujourd'hui nous les défend. » Avec Suarez, nous conviendrons que c'est là une opinion absurde [4] ; comment en effet inventer un plus singulier cercle vicieux que celui-ci :

---

1. Ibid. p. 121.
2. Ibid. p. 107.
3. Occam, *In* 2um *Sent.* q. 19.
4. Suarez, *De legibus*, l. 2, c. 15. OEuvres, t. v, p. 145.

haïr Dieu pour lui témoigner notre obéissance?

Tel n'avait pas été l'enseignement de Duns Scot. Il profite de l'interprétation consacrée par Pierre Lombard [1] du passage de l'Exode où Moïse est représenté descendant du Sinaï avec deux tables de pierre : suivant cette interprétation, sur l'une étaient les commandements qui se rapportent à Dieu lui-même, sur l'autre ceux qui se rapportent au prochain. Scot pense que les premiers sont des lois strictement naturelles [2] ; il est aussi inévitable que Dieu les veuille, qu'il est nécessaire que Dieu existe. Les seconds, quoique, suivant Scot, très en harmonie avec les premiers [3], n'ont pas le même caractère de vérités nécessaires ; « dans ce qu'ils prescrivent, il n'y a pas une bonté ayant un rapport nécessaire à notre fin suprême ; dans ce qu'ils défendent, il n'y a pas une malice qui nous détourne nécessairement de notre fin suprême [4]. » La première table comprend d'abord l'interdiction du culte des faux dieux et du blasphème : Dieu même ne saurait dispenser de ces commandements [5]. Elle contient ensuite la pres-

---

1. V. Lombard, 3 *Sent.* D. 37, initio. — *Exode*, c. 31, v. 18.
2. Biel revient à cette doctrine. In 3um *Sent.* D. 37, concl. 1, 2, et 4.
3. In 3um *Sent.* D. 37, p. 898 : Multum consona illi legi naturæ, licet non sequatur necessario ex principiis practicis quæ nota sunt in terminis.
4. Ibid.
5. Ibid. De præceptis autem primæ tabulæ secus est, quia illa immediate respiciunt Deum pro objecto : duo quidem prima si intelligantur esse tantum negativa, primum : Non habebis deos alienos ; secundum : Non assumes nomen Dei tui in vanum, i. e., Non facies Deo tuo irreverentiam, ista sunt stricte de lege naturæ, quia sequitur necessario : Si est Deus, est amandus ut Deus : et quod nihil aliud est colendum tamquam Deus, nec Deo est facienda irreverentia : et per consequens in istis non poterit Deus dispensare, ut aliquis possit licite facere oppositum talis prohibiti.

cription d'un certain culte : ce n'est plus une loi naturelle aussi stricte ; peut-il y avoir là matière à dispense? Oui, selon Scot, quant aux actes particuliers, mais non d'une façon universelle ; du moins on peut douter qu'un homme puisse, par suite des circonstances, « être dispensé à tous les moments de sa vie de tout bon mouvement vers Dieu [1]. »

Quant aux interdictions renfermées dans la seconde table, nous pouvons, suivant Scot, en être dispensés. Sa doctrine, à leur sujet, comprend deux points : premièrement, ces interdictions, n'étant pas strictement de droit naturel, Dieu aurait pu ne pas les porter ; en second lieu, il ne les a pas voulues par une volonté immuable. Quoi donc! pourvu qu'on eût la piété, le vol et l'adultère pourraient être permis ? « On ne peut assigner de raison, nous dit Poncius en commentant Scot [2], pourquoi Dieu ne voudrait pas conduire à la fin suprême ceux qui agiraient de la sorte sur son ordre ou avec sa licence. » Remarquons que cette opinion est encore éloignée de la folie de certains mystiques du quatorzième siècle qui, disant que la piété est tout, prétendaient qu'avec elle toutes les actions devenaient licites ou indifférentes [3]. Les commandements de Dieu existent, connus de tous les hommes : pour être relevé de leur obligation, il faut

---

1. Ibidem.
2. Scoti opera, t. VII, p. 901. Commentaire.
3. V. des exemples dans L'Ecuy : *Essai sur la vie de Gerson.* (Paris, 1832), t. 1ᵉʳ p. 94, et ailleurs. — Cf. Renan : *Notice sur J. Duns Scot*, p. 418.

une dispense spéciale, ou même un ordre particulier de Dieu. De tels ordres ont pu être donnés, selon Scot, et même, en fait, il y en a eu de donnés. A Abraham Dieu a commandé d'immoler son fils ; à Osée, d'avoir des enfants d'une prostituée ; aux Israélites quittant l'Egypte, de dérober les biens des Egyptiens [1] ; Lamech a péché gravement en s'octroyant le droit d'avoir deux épouses en même temps, car la monogamie est plus conforme à la loi naturelle, mais Abraham et les autres patriarches avaient, pour agir de même, l'autorisation de Dieu [2]. Scot ne paraît pas croire que pour le mensonge il y ait eu de dispenses divines [3], mais il n'en critique pas moins l'opinion qu'il trouve dans Pierre de Tarantaise [4], suivant laquelle le mensonge est un péché parce qu'il détourne nécessairement de Dieu qui est la vérité même, ce qui tendrait à rendre impossible la dispense du mensonge comme l'est la dispense des interdictions de la première table.

Cette doctrine que des actions mauvaises en général et d'après la conscience et d'après la loi révélée, peuvent, s'il plaît à Dieu, devenir bonnes et même méritoires [5], n'est pas propre à Duns Scot. Occam la re-

---

1. **Scot**, *In* 3um *Sent.* D. 37.
2. Scot, *In* 4um *Sent.* D. 33, q. 1, p. 705 et 706.
3. Scot, *In* 3um *Sent.* D. 38, Ad argumenta, p. 963.
4. Ibid. p. 919.
5. Scot, *In* 3um *Sent.* D. 38, p. 919 : Stantibus conditionibus ex parte materiæ, scilicet hominis, potest fieri licitum occidere talem hominem, puta si Deus revocet illud præceptum : Non occides, et non solum licitum sed meritorium, puta si Deus præcipiat occidere, sicut præcepit Abrahæ de Isaac.

produira et l'exagérera, comme nous l'avons dit. Mais nous pouvons la trouver avant Duns Scot.

Saint Bonaventure [1] distingue le mal *in se* et le mal *secundum se*, et l'on peut rendre assez exactement cette opposition, qui par elle-même ne paraît pas très claire, en disant le mal objectif et le mal subjectif, au sens moderne des mots objectif et subjectif. Suivant saint Bonaventure, Dieu peut faire que ce qui est objectivement mauvais cesse de l'être, l'interdiction qu'il en a faite ayant été levée ; mais il ne peut faire qu'une intention mauvaise devienne bonne : si l'on fait avec l'intention d'obéir à Dieu, ce qui, sans cette injonction particulière, eût été un désordre, il n'y a plus aucun mal ni subjectif ni objectif.

Saint Bonaventure se réfère à l'autorité de saint Bernard [2]. Suivant l'abbé de Clairvaux, les lois telles que

---

1. S. Bonav. *In* 1um *Sent.* D. 47, q. 4 : Est aliquid malum in se, aliquid malum secundum se. Malum in se potest fieri bene : malum secundum se nullo modo potest fieri bene, immo hoc intelligere quod fiat bene, est intelligere quod idem fit malum et bonum... Deordinatio respectu proximi, nisi sit deordinatio respectu Dei, malum est in se. Sicut cognoscere non suam malum est in se ; sed cognoscere alienam ex libidine sive non suam, malum est secundum se. — Deus in præceptis secundæ tabulæ dispensat et dispensare potest et contra illa potest præcipere... In præceptis autem primæ tabulæ non potest Deus dispensare, quia eorum opposita sunt mala secundum se... Et ideo concedendæ sunt rationes probantes quod Deus non potest malum præcipere, utputa malum manens malum, et hoc est malum secundum se.

2. S. Bernard : *De præcepto et dispensatione*, c. 3 : Necessarium, quod inviolabile nominavi, illud intelligo quod non ab homine traditum, sed divinitus promulgatum, nisi a Deo qui tradidit, mutari omnino non patitur : ut, exempli causa, « Non occides, Non mœchaberis, Non furtum facies » (Exod. c. 20, v. 13-15), et reliqua illius tabulæ legis cita : quæ, etsi nullam prorsus humanam dispensationem admittunt, nec cuiquam

celles-ci : Tu ne tueras pas ; tu ne seras pas adultère ; tu ne déroberas pas, promulguées par Dieu, ne peuvent être changées que par Dieu lui-même. Il n'a jamais été permis, et il ne sera jamais permis à un homme d'en dispenser, mais le Seigneur a pu faire à leur sujet les dispenses qu'il lui a plu, par exemple quand il a prescrit aux Hébreux de dépouiller les Egyptiens, à Osée de s'unir à une prostituée ; et l'on peut croire que Samson n'a pas péché en se suicidant pour faire périr ses ennemis, parce qu'il a peut-être reçu du ciel une inspiration particulière.

Y avait-il des raisons pour qu'une telle doctrine morale se produisît et s'accréditât parmi les docteurs du moyen âge ? Nous croyons en trouver deux, indépendantes de leurs principes philosophiques. D'un côté, la constitution de la société civile à cette époque, le grand nombre des règles particulières (privilegia) admises par le droit coutumier et le droit canon, devaient préparer les esprits à l'idée d'une loi morale arbitraire : l'idéal des sociétés modernes est au contraire une loi rationnelle, — (ratio scripta, comme on a dit

hominum ex his aliquid aliquo modo solvere aut licuit aut licebit, Dominus tamen horum quod voluit, quando voluit, solvit, sive cum ab Hebræis Ægyptios spoliari (Exod. c. 3, v. 22), sive quando prophetam cum muliere fornicaria misceri præcepit (Ose. 1, 2). Quorum utique alterum quid nisi grave furti facinus, alterum quid nisi flagitii turpitudo reputaretur, si non excusasset utrumque factum auctoritas imperantis ? Sane ubi simile aliquid aliquando a sanctis hominibus fuisse legitur usurpatum, aut eos peccasse fatendum est sicut homines, aut certe, sicut prophetas, familiare Dei consilium accepisse. Unde et unum exemplum pono quod occurrit de Samsone qui se ipsum una cum hostibus opprimens interfecit (Judic. xvi, 30). Quod utique factum si defenditur non fuisse peccatum, privatum habuisse consilium indubitanter credendus est. — Edit. Migne, t. 1ᵉʳ col. 864.

du droit romain) — une loi dérivée de la nature même des choses, par suite, simple, uniforme et invariable. D'un autre côté, la théologie du moyen-âge, facilement esclave de la lettre, n'était pas disposée à prendre dans l'interprétation de la Bible les libertés dont nous trouverions des exemples, soit chez certains de nos contemporains dont la foi est incontestable, soit, ce qui est remarquable, chez les chrétiens des premiers siècles. Or dans les récits de la Bible se trouvent beaucoup d'actions qui semblent manifestement contraires aux lois de la morale sociale et qui sont données comme accomplies soit sur l'ordre exprès de Dieu soit par des personnages représentés par ailleurs comme les amis de Dieu : l'autorité du livre sacré devait induire les scolastiques à considérer la loi de la morale sociale comme des ordres qu'un Maître souverain peut maintenir, révoquer, ou changer à son gré.

Cependant saint Thomas d'Aquin rejette très expressément cette manière de voir. « Il peut sembler, dit-il, que la loi relève non de la raison, mais de la volonté, suivant ce que dit le Jurisconsulte: Ce qui a plu au prince a force de loi [1]. » Et ailleurs : « Il peut sembler qu'entre Dieu et la loi donnée par Dieu il y ait le même rapport qu'entre l'homme et la loi humaine. Or l'homme peut dispenser des préceptes établis par l'homme ; Dieu pourrait donc dispenser des préceptes du Décalogue, et aussi les prélats qui représentent Dieu sur la terre [2]. » Mais saint Thomas

---

1. S. Thomas, S. Theol. 1ª 2ᵃᵉ, q. 90. art. 1 : Secundum quod etiam Jurisperitus dicit : Quod placuit Principi legis habet vigorem.
2. Ibid. q. 100, art. 8.

n'énonce de telles propositions que pour les combattre. Pour lui [1] la loi relève avant tout de la raison : il y a une loi éternelle qui est la souveraine raison, loi immuable, promulguée par Dieu lorsqu'il en a placé dans le cœur des hommes la connaissance naturelle, loi fondamentale d'où les lois civiles doivent tirer les dispositions particulières qu'elles établissent, loi naturelle dont la loi révélée vient seulement rappeler les préceptes à l'intelligence obscurcie des hommes, loi primordiale et essentielle à l'égard de laquelle toute dispense est impossible, même de la part de Dieu : « Dieu en effet ne peut se nier lui-même. Or il se nierait s'il détruisait l'ordre de sa justice, puisqu'il est sa justice même. »

---

1. Ibid. q. 90, art. 1 : Relinquitur quod lex sit aliquid pertinens ad rationem. — Ibid. q. 91, art. 1 : Augustinus dicit in primo De Lib. arbitr. : « Lex quæ summa ratio nominatur non potest cuipiam intelligenti non incommutabilis æternaque videri. » — Ibid. q. 90, art. 4 : Ad 1um ergo dicendum quod promulgatio legis naturæ est ex hoc ipso quod Deus eam mentibus hominum inscruit naturaliter cognoscendam. — Ibid. q. 91, art. 3 : Ex præceptis legis naturalis, quasi ex quibusdam principiis communibus et indemonstrabilibus, necesse est quod ratio humana procedat ad aliqua magis particulariter disponenda, et istæ particulares dispositiones adinventæ secundum rationem humanam dicuntur leges humanæ. — Ibid. q. 100 : De præceptis moralibus veteris legis [divinæ], art. 1 : Omnia moralia præcepta legis sunt de lege naturæ — Ibid. q. 98, art. 6. Lex data est in auxilium, quod quidem tunc maxime populo necessarium fuit, quando lex naturalis obscurari incipiebat propter exsuperantiam peccatorum. — Ibid. q. 100, art. 8 : Præcepta Decalogi sunt omnino indispensabilia... Ad 2um dicendum quod sicut Apostolus dicit secunda ad Tim. v. 7 : « Deus fidelis permanet, negare seipsum non potest; » negaret autem seipsum si ordinem suæ justitiæ auferret, cum ipse sit sua justitia, et ideo in hoc Deus dispensare non potest, ut homini liceat non ordinate se habere ad Deum, vel non subdi ordini justitiæ ejus, etiam in his secundum quæ homines adinvicem ordinantur.

Nous voyons revivre ainsi dans la Somme de saint Thomas cette belle doctrine de l'immutabilité et de la souveraineté des lois naturelles, que la Grèce avait eu l'honneur de proclamer la première. Grâce au docteur angélique, sur les principes de la morale, à côté du courant qu'on peut appeler judaïque, se perpétue dans la philosophie et la théologie chrétiennes un courant qu'on pourrait appeler platonicien, ou, si l'on veut, augustinien.

Comment s'est-il tiré des difficultés que les textes sacrés présentaient ? A l'aide de la casuistique. Le philosophe, dans saint Thomas, a posé les principes, à savoir l'invariabilité et la nécessité des lois morales : le théologien a contraint les textes à ne pas démentir les principes. Maintenant « que les préceptes du Décalogue sont immuables par rapport à l'essence de la justice qu'ils renferment [1], » il s'appliqua à montrer que telle action n'était pas un homicide, un vol, un adultère, par suite des circonstances. Frapper de soi-même un innocent est un homicide ; immoler, sur l'ordre de Dieu, un des hommes qui sont tous « condamnés à la mort [2] » par nature, n'en est plus un [3]. S'attribuer le bien d'autrui est un vol ; saisir, en vertu de la sentence du Souverain Juge, le salaire qui vous

---

1. *S. theol.* 1a 2æ, q. 100, art. 8.
2. Pascal, *Pensées*, édit. Havet, art. 4, § 7.
3. *S. Theol.* 1a 2æ, q. 100, art. 8 : Quando filii Israel præcepto Dei tulerunt Ægyptiorum spolia, non fuit furtum, quia hoc eis debebatur ex sententia Dei. Similiter et Abraham, cum consensit occidere filium, non consensit in homicidium, quia debitum erat eum occidi per mandatum Dei qui est Dominus vitæ et mortis. Ipse enim est qui pœnam mortis infligit

est dû, n'en est plus un. Discuter la valeur de cette casuistique n'est pas notre affaire. Si on la trouve défectueuse, il faut savoir d'autant plus gré à saint Thomas d'avoir maintenu les vrais principes de la philosophie morale devant l'autorité des récits bibliques.

Duns Scot [1] rejette les explication de saint Thomas, trouvant que les textes sacrés ne s'y prêtent pas. Si, dans l'espèce, rien n'est changé, sauf qu'un ordre particulier de Dieu est survenu, il ne faut pas dire, selon Scot, que la matière du devoir a disparu, mais qu'il y a eu révocation du précepte : « C'est ce que montre, dit-il, manifestement l'histoire d'Abraham. »

Nous ne croyons pas toutefois que Scot ait été entraîné à son opinion sur les principes de la justice par une logique plus intraitable dans l'interprétation de l'Ecriture : nous trouvons à l'occasion, chez lui une casuistique toute semblable à celle de saint Thomas. Comme saint Thomas, et pour la même raison, il estime [2] qu'il n'y a pas eu vol, quand les Israélites ont emporté le bien des Egyptiens. Saint Thomas avait hésité [3] à absoudre

---

omnibus hominibus justis et injustis pro peccato primi parentis : cujus sententiæ, si homo sit executor auctoritate divina, non erit homicida, sicut nec Deus... Sic igitur præcepta ipsa Decalogi quantum ad rationem justitiæ quam continent immutabilia sunt : sed quantum ad aliquam determinationem per applicationem ad singulares actus, ut scilicet hoc vel illud sit homicidium, furtum, vel adulterium, aut non, hoc quidem est mutabile. — V. ibid. commentaire de Cajétan.

1. *In* 3um *Sent.* D. 37, p. 879.
2. Ibid. p. 911.
3. *S. theol.* 1ª 2ᵃᵉ, q. 90, art. 3, Ad 3um : Judith laudatur, non quia mentita est Holoferni, sed propter affectum quem habuit ad salutem populi pro qua periculis se exposuit. Quamvis etiam dici possit quod verba ejus veritatem habent secundum aliquem mysticum intellectum.

Judith du péché de mensonge : Scot estime qu'elle n'a nullement fait de mensonge, « car les paroles excessives qu'elle prononçait, s'adressaient (dans sa pensée) non à Holopherne, mais à Dieu [1] ». —On voit que l'art des restrictions mentales n'est pas aussi moderne que le pense l'interlocuteur de Pascal dans les Provinciales [2]. — Mais Scot n'absout pas Judith de s'être parée avec l'intention d'exciter des désirs coupables chez Holopherne: il ne croit pas encore que l'intention puisse tout excuser.

Si ce n'est pas quelque éloignement pour les habiletés d'une casuistique trop ingénieuse qui a décidé de la doctrine morale de Scot, il reste qu'il l'ait crue plus conforme aux principes généraux de sa philosophie. Nous ne pensons pas cependant que ces principes exigeient cette conséquence, de sorte que nous pourrions approuver sa métaphysique sans être tenus d'adopter sa morale. Scot avait complété sa doctrine de la contingence radicale des essences par celle des incompossibi-

---

1. *In* 3um *Sent.* D. 38. p. 968-969 : Judith in nullo mentiebatur quia verba illa excessiva quæ dixit, non dixit Holoferni, sed Deo... Sed ipsa etiam se ornavit ea intentione ut Holofernes caperetur in aspectu suo, et hoc volendo ipsum velle peccare secum mortaliter. Et velle alium velle peccare mortaliter est peccatum mortale. Unde non videtur omnino certum quod excusata sit ab omni peccato mortali, et licet factum ejus narretur in Scriptura et recitetur in Ecclesia tanquam laudabile quantum ad aliqua quæ erant ibi religiositatis, aliqua tamen ibi annexa nec laudantur nec licent.

2. 9ème lettre : « Cela est nouveau, dit-il : c'est la doctrine des restrictions mentales... Comment! mon père, et n'est-ce pas un mensonge, et même un parjure ? Non, dit le père : Sanchez le prouve au même lieu, et notre père Filiutius aussi, tr. 25, ch. 11, n° 331 ; parce, dit-il, que c'est « l'intention qui règle la qualité de l'action. » Edit. Didot, p. 129.

lités résultant de la nécessité où Dieu est de ne pas se contredire lui-même [1]. Etant données les essences telles que Dieu les a choisies, la Chimère est impossible. De même, étant donnée la nature humaine, telle que Dieu a daigné la concevoir et la réaliser, une certaine règle de conduite s'impose à l'homme, à l'égard de lui-même et de ses semblables comme à l'égard de Dieu : ne peut-on pas dire « qu'il porte sa loi au dedans de lui imprimée dans son essence même [2] ? » Si sa nature est telle qu'en dehors de la vie en société, il ne puisse pas subsister, ou du moins, pour ainsi dire, il ne puisse pas être vraiment homme, ne s'ensuit-il pas que les vertus sans lesquelles la société est impossible, lui sont prescrites par sa nature même ? De la nature humaine encore ne résulte-t-il pas une certaine constitution de la famille ? Pour être dispensés de nos obligations, il nous faudrait cesser d'être hommes vivant parmi les hommes. Nous répéterons avec saint Thomas : Dieu ne peut ainsi se contredire lui-même. Et Scot eût pu être fidèle à ses propres principes, en soutenant que toutes les lois morales étaient nécessaires pour Dieu, mais d'une nécessité conditionnelle [3], à savoir étant admis que Dieu voulait faire les créatures qu'il a faites.

Toutefois, en maintenant contre Scot que de la nature même donnée à Dieu par l'homme résultent des précep-

1. V. notre ch. 8.
2. *Revue philos.* Mars 1877, art. de Bouillier : *La règle des mœurs*, p. 271.
3. Suarez propose cette solution : *De legibus*, l. 2, c. 5. OEuvres, t. v, p. 147.

tes de justice dont Dieu ne peut dispenser l'homme sans changer sa nature, ce qui serait contradictoire, nous ne prétendons pas dire, avec certains modernes [1], que Dieu ne saurait, sans faire injure à la raison humaine, interdire ou prescrire à l'homme par des commandements arbitraires et par suite révocables, des actes en eux-mêmes indifférents. Sans doute on ne connaîtrait de tels commandements que grâce à une révélation surnaturelle ; mais pour qui admet la création, l'idée de la révélation ne contient rien d'impossible. Dieu a le droit de nous parler et de nous commander sans nous rendre raison. Nous accorderions volontiers ce principe au volontarisme en théodicée, et tous les docteurs chrétiens doivent le reconnaître à cause de la tradition sur le péché d'Eve et d'Adam, fondement de tout le christianisme. Il est remarquable toutefois que plus d'un parmi les docteurs des premiers siècles a considéré comme un mythe le récit de la Genèse et essayé de faire rentrer l'interdiction dont le mépris constitua le péché de nos premiers parents dans ce qui peut être considéré comme défendu par la morale naturelle elle-même [2]. Mais une telle liberté d'exégèse n'est pas dans les habitudes des Scolastiques.

Inférieur à saint Thomas quand il s'agit des principes de la morale, Duns Scot l'est encore quand il s'agit de certaines questions de morale pratique. Ainsi nous avons vu combien Scot insiste sur le libre arbitre en

---

1. Voir Coignet : *La Morale indépendante*. — V. surtout Boutteville : *La morale de l'Eglise et la morale naturelle* (Paris, 1866).

2. V. dans Boutteville, ouvr. cité, p. 31, les citations d'Origène, de Clément d'Alexandrie, de S. Cyprien, et de Tertullien.

l'homme comme en Dieu : mais sa morale va-t-elle répondre à sa psychologie ? Va-t-il manifester des sympathies pour les droits individuels et proclamer l'indépendance de la conscience ? Si l'on s'y attend [1], on se trompera fort. Vienne, par exemple, cette question, à propos du commentaire sur les sacrements : Doit-on baptiser les enfants des Juifs et des infidèles malgré leurs parents ? Voici la réponse de Duns Scot [2] : « Le prince doit enlever les enfants à la domination des parents qui veulent les élever en dehors du culte de Dieu, le maître souverain qui doit être honoré par dessus tout; et le prince doit astreindre ces enfants au culte de Dieu. S'il le fait en usant de sages précautions, de peur que les parents prévoyant cet enlèvement ne tuent leurs propres enfants, et si, après que ces enfants auront été baptisés, il les fait élever dans la religion, je dis que ce serait bien. Et même je regarderais encore comme une chose conforme à la religion de contraindre les parents eux-mêmes par des menaces et la terreur à recevoir le baptême et à être fidèles à leur baptême après l'avoir reçu. Accordons qu'ils ne seront pas de vrais fidèles dans leur cœur : ce sera toujours un moindre mal qu'ils ne puissent plus observer leur loi illicite. De plus leurs fils seront bien élevés, et, à la troisième ou quatrième génération deviendront de vrais fidèles .» Saint Thomas, qui trouve juste que l'Eglise abandonne au juge séculier l'hérétique obstiné et qu'il soit con-

---

1. Weber : *Hist. de la phil. Europ.* p. 226.
2. *In* 4um *Sent.* D. 4, q. 8.

danné à mort [1], admet au moins que les infidèles ne doivent pas être contraints d'entrer dans l'Eglise et qu'il y a chez eux des droits naturels à respecter [2] : «il serait contraire à la justice naturelle qu'un enfant, avant qu'il ait l'usage de la raison, fût soustrait aux soins de ses parents, ou qu'il fût décidé quelque chose à son sujet malgré ses parents [3]. »

1. *S. Theol.* 2a 2æ q. 11, art. 3.
2. Ibid. q. 10, art. 8.
3. Ibid. art. 12. — Cf. ibid. art. 12, Ad 3um : Dicendum quod Judæi sunt servi principum servitute civili quæ non excludit ordinem juris naturalis vel divini.

CHAPITRE XI.

RÉSUMÉ DE LA PHILOSOPHIE DE DUNS SCOT.

Nous avons parcouru les différentes parties de la philosophie de Duns Scot. Résumons-nous en nous attachant surtout à trois points principaux qui caractérisent sa doctrine. Quant au premier, il est d'accord en général avec saint Thomas d'Aquin ; quant au second et au troisième, il en diffère bien davantage, mais il y a entre eux divergence d'explication plutôt qu'opposition de principes fondamentaux.

1° L'expérience sensible est la base de la science, puisque c'est d'elle que nous viennent toutes nos idées. Sans cette expérience, même la perception directe que l'âme peut avoir de son existence et de ses actes resterait stérile. Mais l'esprit a le pouvoir de donner à ce qu'il reçoit du dehors le caractère de l'universalité et de la nécessité. Pour cela il faut que ce que l'expérience a fourni soit transformé. Aussi le sujet connaissant, ayant reçu en lui les espèces sensibles, forme les espèces intelligibles. Ces espèces ne sont pas des entités séparables en quelque façon de l'esprit, flottant pour ainsi dire entre lui et les choses : ce sont les produits de l'activité de l'esprit, « une forme qu'il se donne à lui-même. »

L'homme ne saurait en cette vie avoir l'intuition du monde divin. Mais si nous demandions d'où vient que l'animal qui a les mêmes sens, n'a pas la science que l'homme possède, Scot nous répondrait que c'est grâce à une énergie propre de l'âme humaine, et à la « lumière divine » qui l'éclaire.

« Si l'on nous interdisait complètement le mot de sensualisme, dit Fr. Morin [1], nous ne saurions comment nommer une doctrine qui fait d'une donnée sensible, non pas, il est vrai, le principe unique, mais le point de départ et la mesure de toute connaissance humaine. » Point de départ, est exact; mais, mesure, ne l'est pas. Aussi croyons-nous que le terme de sensualisme doit être écarté quand on parle des scolastiques : nous avons proposé celui de conceptualisme pour désigner leur doctrine, et nous pensons que cette doctrine est au fond celle d'Aristote.

2º Duns Scot a professé ce qu'on peut très bien appeler, avec le P. Kleutgen, un formalisme objectif. Loin de penser comme Kant que les idées ou les représentations que nous nous faisons des choses n'ont qu'une valeur purement subjective, Scot ne doute pas que, lorsque nous distinguons ou nous réunissons, il

[1]. *Dict.* t. 2, col. 682.

n'y ait dans les choses un principe réel, objectif, de distinction ou de communauté : de là les universaux *cum fundamento in re*, de là les hæccéités, de là aussi la distinction des attributs maintenue jusqu'au sein de la perfection divine. Mais de ce principe réel, qui justifie nos analyses et nos synthèses, Scot s'est bien gardé de faire un élément substantiel. Son système n'aboutit pas à confondre dans l'unité substantielle du genre les individus ou les espèces. Il ne compose pas les individus d'une substance qui serait eux-mêmes et d'une substance qui leur serait commune avec d'autres. Il ne s'avise pas, en distinguant les attributs de Dieu, de soutenir une sorte de polythéisme métaphysique.

Il y a quelque analogie entre ces opinions de Scot sur les universaux ou l'individuation, et sa doctrine sur la corporéité. Quoiqu'il se défende toujours de multiplier les entités sans nécessité, quoiqu'il soit animiste, il n'a pas cru briser l'unité de l'être humain, en admettant, contrairement au thomisme, que durant l'union de l'âme et du corps, celle-là laisse subsister dans le corps une forme propre, qui est, non pas la vie, mais simplement la corporéité.

3° Le principe qui domine toute la théodicée de Duns Scot est celui de la liberté de Dieu : il est par suite impossible, quoi qu'on ait cru à ce sujet, que le panthéisme ou le spinosisme s'introduise par quelque côté dans sa métaphysique. D'après Scot, Dieu est l'Absolue Liberté ; c'est pourquoi il est infini. C'est pourquoi aussi les créatures sont radicalement contingentes, et dans leurs existences et dans leurs possibilités. Spirituelles ou corporelles, elles renferment un élément commun d'indétermination essentielle, que Scot, s'inspirant d'Aristote, a pu appeler la matière premièrement première. Pas plus que la création elle-même, l'ordre du monde n'a rien de nécessaire ni même de moralement inévitable.

Jusque-là le système métaphysique de Scot peut être opposé avec profit aux excès de « l'intellectualisme, » et nous ne saurions conclure, comme le faisait récemment M. K. Werner [1], après une patiente étude de Duns Scot et de ses prédécesseurs, qu'avec saint Thomas la philosophie du moyen-âge avait atteint son apogée et qu'avec Duns Scot commence une visible décadence.

Mais Scot a eu tort de représenter les lois de la morale sociale comme des décrets arbitraires qui peuvent être suspendus ou révoqués : son tort a été d'autant plus grand que son système ne lui imposait pas cette conséquence, car on peut considérer les lois qui doivent régir les rapports des personnes entre elles comme résultant de la nature même de ces personnes telle qu'il a plu au Créateur de la constituer.

1. Karl Werner : *Johannes Duns Scotus*, fin.

Vu et lu, en Sorbone,
le 22 mars 1886,
par le Doyen de la Faculté des lettres,
A. HIMLY.

Vu et permis d'imprimer,
Le Vice-Recteur de l'Académie de Paris
GRÉARD.

NOTICE BIBLIOGRAPHIQUE

— Principaux commentaires ou exposés anciens de la philosophie de Duns Scot, [en outre des commentaires insérés dans l'édition de Duns Scot par Wadding] : J. de Rada, Controversiæ inter Thomam et Scotum (Venise, 1599); J. Philippus Faber, J. Duns Scoti philosophia naturalis in theoremata distributa (Venise, 1602); Albergoni, Resolutio doctrinæ scoticæ (Lyon, 1643); Poncius, Integer philosophiæ cursus ad mentem Scoti (Paris, 1649); Frassen, Philosophia Academica ex Scoti rationibus, 2 vol. (2ᵉ édition, Paris, 1668); Boivin, Philosophia quadripartita Scoti, 4 vol. (Paris, 1668, réédité à Venise, 1734, avec ce titre : Philosophia Scoti a prolixitate et subtilitas ejus ab obscuritate libera ac vindicata); Bonaventura Baro, J. Duns Scotus per universam philosophiam defensus, 3 vol. (Cologne, 1668); Crisper, Philosophia scholæ scotisticæ (Augsbourg, 1735).

Biographie : Hugo Cavellus, (Mac Caghwell), Vita Scoti, jointe à l'édition qu'il a donnée des Commentaires de Duns Scot sur les Sentences (Anvers, 1620) qui contient encore : Apologia pro Joanne Duns Scoto adversus P. Abraham Bzovium.

— Ouvrages à consulter sur l'histoire de la philosophie scolastique en général, ou spécialement sur la philosophie du treizième siècle. I. Suarez, Disputationes Metaphysicæ, 2 vol. (tomes 25 et 26 des Œuvres complètes rééditées à Paris en 1826); Brucker, Historia critica philosophiæ, vol 3nm. (Leipzig, 1742); Ritter, Histoire de la philosophie (Hambourg, 1837 à 1853), tomes 8 à 10 [allemand] ; Rousselot, Etudes sur la philosophie dans le moyen âge, 3 vol. (Paris, 1840-1842); Hauréau, Histoire de la philosophie scolastique, 3 vol. (Paris ; 1re partie, 1872 ; 2e partie (xiiie et xive siècles), en 2 vol. 1880), où un mémoire du même auteur, De la philosophie scolastique, (Paris, 1850), 2 vol., est reproduit et modifié ; Fréd. Morin. Dictionnaire de philosophie et de théologie scolastiques, 2 vol. in-4° (formant les tomes XXI et XXII de la Troisième Encyclopédie Théologique publiée par l'abbé Migne, Montrouge, 1856); Wetzer et Welte, Dictionnaire de théologie catholique, 26 vol. in 8, traduit de l'allemand par Goschler (Paris, 1858-1868); Histoire littéraire de la France, publiée par l'Académie des Inscriptions et Belles-Lettres, tomes 18-20, 25, 29. [Le tome 25 contient une notice étendue sur Jean Duns Scot, frère mineur, par Renan]; Prantl, Histoire de la Logique [allemand] (Leipzig, 1861-1870) [les volumes 2 à 4 sont relatifs au moyen âge]; abbé Simler, Des sommes de théologie [thèse, faculté de Paris] (Paris, 1871); cardinal Gonzalez, Histoire de la philosophie, 2 vol. (Madrid, 1879) [espagnol]; Vallet, (de Saint-Sulpice), Histoire de la philosophie, (2e édition, Paris, 1882) [Dans ces deux ouvrages, l'histoire de la philosophie scolastique est relativement développée]; Ch. Waddington, Mémoire sur l'Autorité d'Aristote au moyen âge, dans le Compte-Rendu de l'Académie des Sciences Morales, année 1877; Ad. Franck, Essais de critique philosophique (Paris, 1885) [Le troisième essai, pp. 59 à 121, est sur la philosophie au moyen âge] — II. Ozanam, Essai sur la philosophie de Dante (thèse, faculté de Paris, 1839); Fr. Huet, Recherches historiques et critiques sur Henri de Gand (Gand, 1838); abbé Barret, Etudes philosophiques sur Dieu et la création d'après la

Somme de Saint Thomas d'Aquin Contra Gentes (thèse, faculté de Paris, 1848); Léon Montet, Mémoire sur saint Thomas d'Aquin, dans le t. II des Mémoires de l'Académie des sciences morales (Savants étrangers); C. Jourdain, La philosophie de saint Thomas d'Aquin, 2 vol. (Paris 1858); (Mgr) Hugonin, De materia et forma apud sanctum Thomam (thèse, faculté de Paris, 1854); A. de Margerie, Essai sur la philosophie de saint Bonaventure [thèse, faculté de Paris] (Paris, 1855); abbé Combes, La psychologie de Saint Thomas d'Aquin [thèse, faculté de Rennes] (Montpellier, 1860); Charles, Roger Bacon, sa vie, ses ouvrages, ses doctrines, d'après des documents inédits [thèse, faculté de Paris] (Bordeaux, 1861); Renan, Averroès et l'Averroïsme (3ᵉ édit. augmentée, Paris 1867); D. Delaunay, Sancti Thomæ de origine idearum doctrina [thèse, faculté de Paris] (Rennes, 1876); abbé Bourquard, Doctrine de la connaissance d'après saint Thomas d'Aquin [thèse, faculté de Besançon] (Paris, 1877); Luguet, Essai d'analyse et de critique sur le texte inédit du Traité de l'Ame de Jean de la Rochelle (Paris, 1875); Mgr. de la Bouillerie, L'Homme, sa nature, son âme, ses facultés et sa fin, d'après la doctrine de saint Thomas d'Aquin (Paris, 1879); Valois, Guillaume d'Auvergne, sa vie et ses ouvrages [thèse, fac. de Paris] (Paris, 1880); Van Weddingen, chanoine, L'Encyclique de S. S. Léon XIII et la Restauration de la philosophie chrétienne (4ᵉ édition, Paris et Bruxelles 1880) [contient l'encyclique *Æterni Patris*, et sa traduct. française]; Sécrétan, art. sur la Restauration du thomisme, dans la Revue philosophique de juillet 1884; — Karl Werner : Saint Thomas d'Aquin, 2 vol. (Ratisbonne, 1858-1859), Histoire du Thomisme (Ratisbonne, 1860), Franc. Suarez, et la Scolastique des derniers siècles, 2 vol. (Ratisbonne, 1860-1861), La psychologie, l'ontologie, et la théorie de la connaissance de Roger Bacon [Mémoires de l'Acad. de Vienne] (Vienne, 1879), Cosmologie de Roger Bacon (ibid.), L'Averroïsme dans la psychologie du péripatétisme chrétien, [Mém. de l'Acad. de Vienne], (Vienne, 1881), La psychologie et la théorie de la connaissance dans Jean Bonaventure [Mémoires, ibid]; du même auteur, Jean Duns Scot (Vienne, 1881), La scolastique après Scot (Vienne, 1883), L'Augustinisme dans la Scolastique de la fin du moyen âge (Vienne, 1883) [allemand] (Aucun des nombreux ouvrages de Karl Werner sur la philosophie du moyen âge n'a été traduit); Loewe La lutte entre le réalisme et le nominalisme au moyen âge (Prague, 1876) [all]; Ehrle, S. J. Les Maîtres de la première école franciscaine qui précéda Scot, La première école dominicaine. [all.].

— Sur la question de la corporéité et sur l'animisme scolastique, voir : Bouillier. Le principe vital et l'âme pensante (2e édit. Paris, 1873); Liberatore, S. J. Du composé humain, (trad. fr. Lyon et Paris, sans date) [Voir. p. viii, les écrits dans le sens thomiste de médecins italiens contemporains]; Zigliara, De mente concilii Viennensis in definiendo dogmate unionis animæ humanæ cum corpore (Rome, 1878); Dr Fredault, Forme et Matière (Paris. 1876); Ramière, S. J. L'Accord de la philosophie de saint Thomas et de la science moderne (Paris, 1877); Bottalla, S. J. La composition des corps (brochure, Paris, 1877); Sauvé, prélat, De l'union substantielle de l'âme et du corps, réponse au R. P. Bottalla (Paris et Angers, 1878); Karl Werner, La psychologie et l'ontologie de J. Duns Scot, dans le t. XXVI des mémoires sur l'histoire de la philosophie de l'Acad. de Vienne (1877) [all.]

— Ouvrages relatifs à l'histoire de la première période de la philosophie du moyen âge : V. Cousin, Fragments philosophiques : Philosophie scholastique (2e édit. Paris, 1840); Ch. de Rémusat : Abélard, 2 vol. (Paris, 1845), Saint Anselme de Cantorbéry, (Paris, 1853); Vacherot, De rationis auctoritate tum in se tum secundum sanctum Anselmum considerata (thèse, faculté de Paris, 1836); Saisset, De varia S. Anselmi in Proslogio argumenti fortuna (thèse, faculté de Paris, 1840); Saint-Réné Taillandier, Scot Erigène et la philosophie scholastique [thèse, faculté de Paris] (Strasbourg et Paris, 1843).

— *Néo-Scolastiques* : Liberatore, S. J. Traité de la connaissance intellectuelle d'après saint Thomas d'Aquin (1857), trad. fr. par l'abbé Deshayes (Paris et Le Mans, 1885); Kleutgen, S. J. La Philosophie Scolastique exposée et défendue, 4 vol. in-8°, trad. fr. par le R. P. Constant Sierp (Paris, 1868); Liberatore, S.J. Institutiones philosophicæ, 3 vol. in-8° (5° édit. Rome, 1872); San Severino, Philosophia christiana cum antiqua et nova comparata, 4 vol. in-8 (Naples, 1862); cardinal Zigliara, (dominicain), Œuvres philosophiques, 3 vol. in-8°, trad. fr. par l'abbé Murgue (Lyon, 1880); Palmieri, S. J., Institutiones philosophicæ, 3 vol. (Rome, 1875); Vallet, de Saint-Sulpice, Prælectiones philosophicæ ad mentem sancti Thomæ [avec cette mention : Ouvrage spécialement recommandé par S. S. Léon XIII] 2 vol. in-12 (3° édit. Paris, 1882); Harper, S. J., La Métaphysique de l'Ecole [anglais] (2 vol. parus, Londres); Th. de Regnon, S. J., Métaphysique des causes d'après saint Thomas et Albert le Grand (Paris, 1886); Revues: Annales de philosophie chrétienne (nouvelle série commençant en avril 1884, Paris); — La civiltà cattolica; Divus Thomas (Rome).

TABLE DES MATIÈRES

INTRODUCTION 1

   CHAPITRE I. *Vie et écrits de Duns Scot.* 9

I. Incertitudes sur le lieu et la date de sa naissance, 9. — Duns Scot à Oxford, 15 — à Paris, 16. — Prétendu débat sur l'Immaculée Conception, 18. — Duns Scot à Cologne, 20. — Légende sur sa mort, 21. — Du caractère de Duns Scot, 23. — Duns Scot docteur des franciscains, 25.

II. Ecrits de Duns Scot, 25.

   CH. II. *De l'idée générale de la philosophie d'après Duns Scot* . . . 31

I. Rapports de la philosophie et de la théologie chez Duns Scot, 31. — Il n'est ni un sceptique ni un mystique. Apparences de sophistique dans Duns Scot, 34.

II. Division des sciences, 36. — La métaphysique en soi et la science possible à l'homme, 38. — Ordre à suivre dans l'étude de la philosophie de Duns Scot, 39.

   CH. III. *Théorie de la connaissance* 41

I. La sensation, 42. — Les espèces sensibles, 42. — Les sens spéciaux et le sens commun, 45. — L'organe sujet de la sensation, 46. — Les sens internes. Duns Scot rejette le sens appréciatif, 48. — La mémoire sensitive, 49.

II. L'intellect et la connaissance des choses particulières, 50. — Les genres et les lois, 55. — L'intellect patient et l'intellect agent, 57.

III. L'espèce intelligible, 60. — Pourquoi Duns Scot l'admet, 63. La mémoire intellectuelle, 65. — Les espèces combattues par Malebranche, 67 ; — par Occam, 69.

IV. La conscience base de toute certitude, 74. — Opinion de saint Thomas que l'âme ne connaît sa nature qu'à l'aide de l'expérience sensible, 75. — Variations de Scot sur cette question, 77.

V. Comment nous formons l'idée de Dieu selon Scot, 80. — Idée de l'Etre infini, 83. D'après Scot, l'idée de l'infini n'est pas purement négative, 84. — Il rejette la vision en Dieu, 86. — Il admet le concours divin dans la connaissance, 87. — Doctrine scolastique de la lumière intellectuelle, 88.

Сн. IV. *La volonté, le libre arbitre, et le péché* 92

La volonté ou appétit rationnel, 92. — Le libre arbitre, 93. — Relations de l'intelligence et de la volonté, 93. — Le libre arbitre et les attributs divins, 97. — Du péché ; le mal n'est qu'un désordre ; la créature ne peut être impeccable, 99. — Scot et le dogme de la grâce, 100.

Сн. V. *De l'Ame*. 103

I. Doctrine d'Aristote sur l'âme et la vie, 104. — Doctrine scolastique : 1) l'âme intellective distincte des organes, 107 ; 2) l'âme végétative ne fait qu'un avec elle, 109. — Origine de l'âme suivant saint Thomas, 112, et suivant Scot, 113. — Question de la corporéité, 114. — La physiologie n'est pas intéressée dans cette question, pas plus que dans celle de l'animisme, 121.

II. Les facultés de l'âme sont-elles une même chose avec l'essence de l'âme ? 127. — Importance attachée à l'opinion thomiste par les néo-scolastiques, 130.

Сн. VI. *Preuves de l'existence de Dieu. - De l'idée de l'Etre infini.* 132

I. Degrés de la connaissance de Dieu selon Scot, 132. — Dieu prouvé comme cause efficiente, 136 ; comme fin suprême, 139 ; comme nature éminente, 139. — L'argument du premier moteur négligé par Scot, 141.

II. Attributs de Dieu, 143. — Unité, 143. — Intelligence et liberté, 144. — Infinitude, 146. — Origine de la doctrine qui met l'infini en Dieu, 151. — Doctrine sur l'infini d'Aristote, 153 ; de Platon, 154 ; de Plotin, 155 ; des Alexandrins chrétiens, 157. — La théologie scolastique plus positive que celle des Alexandrins, 159. — Rapport de l'idée de la création avec celle de l'infinitude de Dieu, 160.

Ch. VII. *De la simplicité de Dieu* 163

Doctrine platonicienne de l'unité des perfections divines, 163. — Théologie exclusivement négative, 164. — Doctrine scotiste de la distinction des perfections divines, 165. — Arguments en faveur du formalisme, 171. — De l'abus de la synthèse en philosophie, 174.

Ch. VIII. *Des rapports de Dieu avec les autres êtres*. 177

I. La volonté divine source des existences et de la connaissance que Dieu en a, 177. — Des essences ou possibilités, 178. — Leurs idées contenues dans l'essence divine suivant saint Thomas et saint Bonaventure, 180. — Selon Scot, les possibles sont créés en tant que possibles, 182. — Scot et la Philosophie de la Liberté, 186.

II. La liberté de Dieu dans la création, 187. — Ordre de l'univers, 190. — L'optimisme rejeté par les théologiens chrétiens, et particulièrement par Scot, 195.

Ch. IX. *Les genres, l'individu, la matière première*. 202

I. L'universel logique et l'universel métaphysique, 205. — La matière de l'idée générale est fournie par la sensation ; l'intellect y ajoute la forme de l'universalité, 206. — Il ne s'ensuit pas que l'idée générale n'ait pas son fondement dans les choses, 209. — Critique du nominalisme : notre pensée n'est jamais absolument créatrice, 209 ; la génération suppose des espèces naturelles, 211. — La doctrine d'Occam et le nominalisme de Roscelin ou de Hobbes et de Condillac, 213. — Le réalisme de Guillaume de Champeaux et celui de Duns Scot, 217. — L'unité, « moindre que l'unité numérique » de Scot et la « similitude » d'Occam, 221.

II. L'individuation. Critiques de Scot contre les systèmes antérieurs : L'individualité ne s'explique pas par une négation, 223 ; ni par l'existence actuelle, 223 ; ni par le prétendu caractère individuel de toute nature, 224 ; ni par une certaine réunion d'accidents, 225 ; ni par quelque relation nécessaire, 226. — Le principe d'individuation n'est pas la matière étendue, 226, mais un principe formel qui s'ajoute à la nature spécifique, 228. — Importance excessive attribuée par Fréd. Morin à l'*hæccéité* de Scot, 231. — Comment on doit restreindre le problème de l'individuation, 232. — Solution spiritualiste de la question, 236.

III. Théorie de la matière dans Aristote, 238. — Comment Scot la modifie pour la concilier avec l'idée de la création, 242. — Il soutient, contre saint Thomas, qu'il y a de la matière dans les êtres spirituels, 246 ; que Dieu a pu faire une matière tout à fait informe, 249. — Tendance panthéiste attribuée à Scot par suite de sa doctrine sur la matière première, 250. — Avicembron, 251. — La doctrine de Scot sur la matière commune et la physique céleste, 254. — Doctrine des Pères sur la matière primordiale, 255. — Doctrine de saint Bonaventure, 257.

IV. Dieu rentre-t-il dans un genre ? 259. — Comment Scot distingue le genre métaphysique et le genre logique, 260. — Sa solution est semblable à celle de saint Thomas, 261, et n'est pas une doctrine panthéiste, 262.

Ch. X. *Les principes de la morale*. 264

La conscience morale suivant Scot, 264. — Comment il distingue ce qui est nécessaire en soi et ce qui l'est pour notre intelligence, 265. — Doctrine excessive de M. Sécrétan, 267. — Doctrine d'Occam sur les lois morales, 268. — Scot : distinction des deux Tables ; de quels préceptes on peut être dispensé, 269. — Antécédents de sa doctrine : saint Bonaventure, 272, saint Bernard, 273. — Doctrine de saint Thomas sur l'invariabilité des lois morales, 274 ; casuistique de son exégèse, 276. — La doctrine de Scot sur les principes de la morale n'est pas la conséquence logique de sa métaphysique, 278. — Doctrine tyrannique de Scot au sujet du baptême des infidèles, 280.

Ch. XI. *Résumé de la philosophie de Duns Scot* 283

Notice bibliographique. 287

Imprimerie générale de Châtillon-sur-Seine. — A. Pichat

ERRATA

P. 14, note 3, *au lieu de* : Laard; *lisez* : Lajard.
P. 31   *mettez* I *après le titre du chapitre.*
P. 43, l. 12, *au lieu de*: introduissent, *lisez* : introduisent.
P. 57, l. 15.   —   conbinaisons, *lisez* : combinaisons.
P. 59, note 1 l. 9,   —   complexuum, *lisez* : complexum.
P. 65, note 1,   —   φαντάσματος ἐστὶν, *lisez* : φαντάσματός ἐστιν.
P. 70, note 3,   —   intentivæ, *lisez* : intuitivæ.
P. 77, l. 18,   —   : 4, *lisez* : 4 :
P. 83, l. 4,   —   pourrions, *lisez* : pouvions.
P. 85, note l. 3,   —   est sensus. Deus, *lisez* : est sensus : Deus.
P. 89, l. 6,   *avant*, Augustin, *mettez* : «.
P. 89, l. 7, *au lieu de* : « l'air, *lisez* : l'air.
P. 91, note 2, l. 2,   —   ἔστι, *lisez* : ἐστι.
Ibid. l. 4,   —   θῖον, *lisez* : θεῖον.
Ibid. l. 8,   —   ou, *lisez* : où.
P. 99, note 4,   —   opinion sain, *lisez* : opinion de saint.
P. 100, l. 22,   —   s'était trouvé, *lisez* : se trouve.
P. 107, l. 7,   —   partout où y a, *lisez* : partout où il y a.
P. 110, l. 5,   —   et le support, *lisez* : ou le support.
P. 112, l. 12, *avant* : suivant, *mettez* 1.
P. 121, l. 1, *au lieu de* : d'Argentine, *lisez* : de Strasbourg.
P. 142, l. 1,   —   vrai, *lisez* : vraie.
P. 156, note 1,   —   διττόν, *lisez* : διττὸν.
P. 159, note 2,   —   γὰρ εἰσὶν, *lisez* : γάρ εἰσιν.
P. 165, note,   —   intellectu, *lisez* : intellectus.
P. 167, note 3,   —   διαιρέσεως, *lisez* : διαιρέσεως.

P. 181, l. 9,	—	crées, *lisez* : créées.
P. 186, nots l. 7,	—	suffifit, *lisez* : sufficit.
P. 188, l. 2,	*au lieu de*:	pent, *lisez* : peut.
P. 191, note 3,	—	loquentur, *lisez* : loquuntur.
P. 196, l. 5,	—	qu'il ne faut, *lisez* : qu'il ne fait.
P. 210, note 5,	—	Mataphys. *lisez* : Metaphys.
P. 214, l. 9,	*mettez* : [3] *à la ligne* : 10.
P. 230, l. 18,	*mettez* : [4], *à la ligne* 19.
P. 233, l. 1,	*au lieu de* : Suarez [1], *lisez* : Suarez.
— l. 9,	—	[2], *lisez* : [1].
— l. 11,	—	[3], *lisez* : [2].
P. 254, l. 3,	—	M. Morin, *lisez* : Fréd. Morin.

ERNEST THORIN, ÉDITEUR

ALBERT (M.). — *Le culte de Castor et Pollux en Italie.* Grand in-8°, avec planches. 5 50

ARBOIS DE JUBAINVILLE (H. d'). — *Cours de littérature celtique*, tomes I et II. Chaque volume. 8 »

BAYET. — *Histoire de la peinture et de la sculpture chrétiennes en Orient.* Grand in-8°. 4 50

BEAUDOUIN. — *Du dialecte chypriote.* In-8° 5 »

BLOCH (G.) — *Origines du sénat romain.* Grand in-8°. 9 »

CAGNAT (R.). — *Cours élémentaire d'épigraphie latine.* Grand in-8°. 6 »
— *Exploration archéologique et épigraphique en Tunisie.* — 3 fascicules gr. in-8°, avec cartes et planches. Chaque fascicule. 7 50

CARTAULT. — *La trière athénienne.* Grand in-8°, planches. 12 »

COLLIGNON (Max.). — *Essai sur les monuments grecs et romains relatifs au mythe de Psyché.* Grand in-8°. 5 50
— *Catalogue des vases peints du musée de la Société archéologique d'Athènes.* Grand In-8°, avec planches. 10 »

CROISET (Alf. et Maurice). — *Histoire de la littérature grecque.* 4 vol. in-8°. (sous presse.)

DENIS (J.). — *Histoire des théories morales dans l'antiquité.* 2e édit. 2 vol. in-8°. 10 fr.

DUBOIS (M.). — *Les ligues étolienne et achéenne.* Grand in-8°, avec cartes. 7 »

DUGIT (E.). — *L'aréopage athénien.* In-8°. 4 »

DUMONT (Alb.). De l'Institut — *Terres cuites orientales.* In-4° 4 »
— *Peintures céramiques de la Grèce propre.* In-4°. 7 50
— *Inscriptions et monuments figurés de la Thrace.* Grand in-8°. 5 »
— *Fastes éponymiques d'Athènes.* Gr. in-8°. 5 »
— *Inscriptions céramiques de Grèce.* Grand in-8°, avec fig. et pl. 18 »
— *Etudes d'archéologie athénienne.* Grand in-4°, avec planches. 5 »

FERNIQUE. — *Préneste, ville du Latium.* 1 vol. Grand in-8°, avec planches. 7 50

FUSTEL DE COULANGES, de l'Institut. — *Etude sur le texte de la loi salique: De Migrantibus.* In-8°. 2 »

GASQUY (A.) — *Cicéron jurisconsulte*, 1 vol. in-8° 5 »

GIRARD (P.). — *L'asclépiéion d'Athènes.* Grand in-8°, avec planches. 5 50

GRAUX. — *Mélanges Graux.* Recueil d'érudition classique à la mémoire de Charles Graux. 1 magnifique volume gr. in-8°, avec planches en héliogravure et un portrait. 50 »

HAUSSOULLIER. — *La vie municipale en Attique.* Grand in-8°. 5 »

HAUVETTE-BESNAULT (A.). — *Les stratèges athéniens.* Grand in-8°. 5 »

HOMOLLE (Th.). — *Archives de l'intendance sacrée à Délos (315-316 avant J.-Ch.).* Grand in-8° avec une planche en héliogravure 5 50

HUMBERT (G.) — *Essai sur les finances et la comptabilité publique chez les Romains.* 2 vol. gr. in-8°. 18 »

HUMBERT (J.), correspondant de l'Institut. — *Mythologie grecque et romaine.* Nouvelle édition, in-8° 5 »
— Le même ouvrage, édition in-12. 2 »

JOLY (H.). *L'instinct.* 2e éd. In-8°. 7 50

JULLIAN (C.). — *Transformations politiques de l'Italie.* Grand in-8°. 4 50

LA BLANCHÈRE (R. de) — *Terracine.* Grand in-8°, avec planches. 10 »

LAFAYE (G.). — *Histoire du culte des divinités d'Alexandrie hors de l'Egypte.* 1 vol. grand in-8°, avec planches. 10 »

LOISEAU (A.). — *Histoire de la langue française.* 2e éd. Grand in-18 jésus. 4 50
Ouvrage couronné (Médaille d'or).
— *Histoire de la littérature portugaise.* In-18 jésus. 4 »
Ouvrage couronné (Médaille d'or).

LYALL (sir). — *Etudes sur les mœurs sociales et religieuses de l'Extrême-Orient.* In-8°. 12 »

MARTHA (J.). — *Les sacerdoces athéniens.* Grand in-8°. 5 »
— *Catalogue des figurines en terre cuite du musée de la Société archéologique d'Athènes.* Grand in-8°, avec planches. 12 50

MARTIN (Alb.). — *Les cavaliers athéniens.* 1 vol. grand in-8°. 18 »
— *Scolies d'Aristophane.* In-8°. 10 »

MOMMSEN (Th.) et **MARQUARDT** (J.). — *Manuel des antiquités romaines.* Traduit de l'allemand en français sous la direction de M. Gustave Humbert. 14 vol. gr. in-8° (sous presse et en préparation.)
En vente : *Le Droit Public Romain*, par Th. Mommsen. T. I. 10 »

PERROT (G.). de l'Institut — *Le droit public d'Athènes.* In-8°. 7 50

PERROUD. — *De syrticis emporiis.* In-8°. 5 »

PETIT DE JULLEVILLE (L.). — *La Grèce sous la domination romaine.* 3e éd. in-12° 3 50

POIRET (J.). — *Essai sur l'Éloquence judiciaire à Rome pendant la République.* 1 vol. in-8°. 5 »

POTTIER (E.). — *Les lécythes blancs attiques à représentations funéraires.* Grand in-8°, avec planches. 6 »

POTTIER (E.) et **REINACH** (S.). — *La nécropole de Myrina.* 2 vol. grand in-4°, dont un de 52 planches. 120 »

RIEMANN (O.). — *Langue et grammaire de Tite-Live.* 2e édit. Grand in-8°. 9 »
— *Recherches sur les îles Ioniennes.* 3 fascicules. Grand in-8°. 10 50

SIDOINE APOLLINAIRE. — *Œuvres complètes* (texte latin, publié par E. Baret). 1 fort vol. grand in-8°. 16 »

SUMNER-MAINE (H.). — *Histoire des institutions primitives.* 1 vol. in-8°. 10 »
— *Etudes sur l'ancien droit et la coutume primitive.* 1 vol. in-8°. 10 »
— *Essai sur le Gouvernement populaire.* 1887. 1 vol. in-8°. 7 50

THOMAS (Em.). — *Scoliastes de Virgile. Essai sur Servius et son commentaire sur Virgile.* In-8°. 8 »

VEYRIES (A.). — *Les figures criophores dans l'art grec, l'art gréco-romain et l'art chrétien.* Grand in-8°. 2 25

WILLEMS (P.). — *Le sénat de la république romaine.* 2e éd. 3 vol. gr. in-8°. 22 »
— *Le droit public romain.* 5e éd. 1 vol. r. in-8°. 14 »
— *Les Élections municipales à Pompéi.* in-8° 2 50

www.ingramcontent.com/pod-product-compliance
Lightning Source LLC
Chambersburg PA
CBHW071138160426
43196CB00011B/1932